DESAFIOS DA GESTÃO PÚBLICA DE SEGURANÇA

DESAFIOS DA GESTÃO PÚBLICA DE SEGURANÇA

organizadores

Fátima Bayma de Oliveira
Deborah Moraes Zouain
Marco Aurélio Ruediger
Vicente Riccio

FGV EDITORA

FAPERJ
Fundação Carlos Chagas Filho de Amparo à Pesquisa do Estado do Rio de Janeiro

ISBN — 978-85-225-0721-4

Direitos desta edição reservados à

EDITORA FGV
Rua Jornalista Orlando Dantas, 37
22231-010 — Rio de Janeiro, RJ — Brasil
Tels.: 0800-21-7777 — 21-2559-4427
Fax: 21-2559-4430
e-mail: editora@fgv.br — pedidoseditora@fgv.br
web site: www.fgv.br/editora

Impresso no Brasil / *Printed in Brazil*

1ª edição — 2009

PREPARAÇÃO DE ORIGINAIS: Ana Paula Dantas

EDITORAÇÃO ELETRÔNICA: Gama 9 Comunicação

REVISÃO: Fatima Caroni e Marco Antonio Corrêa

CAPA: aspecto:design

Ficha catalográfica elaborada pela
Biblioteca Mario Henrique Simonsen / FGV

Desafios da gestão pública de segurança / Orgs. Fátima Bayma de Oliveira...[et al.]. — Rio de Janeiro : Editora FGV, 2009.

284 p.

Inclui bibliografia.

1. Segurança pública — Rio de Janeiro (RJ). 2. Violência — Rio de Janeiro (RJ). 3. Criminalidade urbana — Rio de Janeiro (RJ). I. Oliveira, Fátima Bayma de. II. Fundação Getulio Vargas.

CDD – 363.3098153

Sumário

Prefácio

A deterioração do nosso sentimento de segurança é presença constante nas primeiras páginas dos jornais.

Causas existem. Mesmo sem discuti-las, não receamos afirmar que a reversão do quadro em que nos encontramos depende de uma sequência de políticas públicas bem desenhadas e geridas com muito cuidado.

Temos consciência de que a ação necessária é muito mais complexa do que simplesmente ter ousadia. Apesar de indispensável, é fundamental que tenha continuidade por meio de mais políticas públicas.

É preciso estabelecer um ciclo de inteligência, dotado de certa acuidade, garantindo, ao longo do tempo, uma posição convergente, que fique evidente em uma sensível e sustentável melhora das estatísticas, ainda tão comprometidas com a manifestação da insegurança geral.

A Fundação Getulio Vargas trabalha há 64 anos para estimular o desenvolvimento nacional e desenvolve, sobretudo, soluções para os problemas na área de administração pública. É da nossa tradição não somente focar em resultados, mas também fazer interessantes exercícios teóricos.

Guardo a esperança de que essa obra seja portadora de propostas que possam articular soluções, e que estas resultem na fortificação do sentimento de segurança do povo brasileiro.

Carlos Ivan Simonsen Leal
Presidente da Fundação Getulio Vargas

Apresentação

Refletir coletivamente sobre segurança, particularmente no Rio de Janeiro, vem ao encontro de uma expectativa da sociedade, ansiosa pela articulação de modelos que possam alimentar soluções.

Percebendo a variedade de abordagens que participam da compreensão extensiva do tema e sua importância na construção de uma paz, cada vez mais distante, a Fundação Getulio Vargas (FGV) decidiu inseri-lo no rol dos seus seminários, desejosa que dos pronunciamentos dos especialistas venham sinais de esperança.

Mais uma vez, a FGV, por meio do seu presidente, Carlos Ivan Simonsen Leal, age proativamente, fazendo do seminário nacional Desafios da Gestão Pública de Segurança um espaço para a articulação de propostas competentes, objetivando uma solução estratégica integrada.

Preservou-se o modelo organizacional já consagrado. Os encontros orais, após gravação seguida de transcrição, geraram os textos que integram este livro.

Buscando uma compreensão imediata da estrutura lógica que apóia a organização da obra, enunciamos seus principais objetivos:

- identificar os elementos que sustentam o cenário, objeto dos pronunciamentos;
- destacar os aspectos comprometidos com a preservação da cidadania no cenário de referência;
- evidenciar os vários olhares relacionados com o estabelecimento da segurança da população, contida no cenário;

- apreciar os agentes promotores da violência, perturbadores da segurança;
- evidenciar práticas internacionais de sucesso orientadas para o combate à violência e restauradoras da segurança.

Este livro está dividido em cinco partes, com os capítulos de cada orador. Cada parte define uma combinação temática entre os artigos que o compõem.

"Uma referência para o cenário" se estabelece pelas contribuições de Rui Barreto e Diógenes Dantas Filho.

"Cidadania" é objeto de abordagens específicas elaboradas por Ana Maria Cardachevski, Ronaldo Teixeira da Silva e Cícero Mauro Fialho Rodrigues.

"Segurança" traz as contribuições de Cláudio Pereira de Souza Neto, José Mariano Beltrame, Luis Felipe Salomão, Gerson Borges, Fátima Bayma, Deborah Zouain, Zeca Borges, Marco Aurélio Ruediger, Vicente Riccio e Marcelo Côrtes Neri.

"Violência" reúne textos elaborados por Istvan Kasznar, Newton de Oliveira, Faustino Teixeira, Dom Affonso Gregory, Daniel Cerqueira, Maurício Jorge Pereira da Motta, Ricardo Balestreri e André Luiz de Souza Batista.

"Estudos de Casos" recebe as contribuições dos especialistas estrangeiros Jorge Daniel Castro Castro e Wesley G. Skogan.

Cabe-nos destacar a ajuda incansável de Marcelo de Souza dos Santos e Selma Pereira, garantindo elevada eficiência na condução dos processos administrativos.

A realização do seminário e a edição deste livro contaram com a valiosa contribuição da Divulgar, para quem enviamos todo o nosso reconhecimento.

Agradecemos a todos que de uma forma ou de outra contribuíram para tornar esta obra uma realidade.

Finalmente, cabe-nos a esperança de estar contribuindo para a construção de um país mais feliz e seguro.

Fátima Bayma de Oliveira

PARTE 1

UMA REFERÊNCIA PARA O CENÁRIO

Pensando a segurança na cidade do Rio de Janeiro

Rui Barreto*

Gostaria de abordar apenas o problema ligado à segurança da cidade do Rio de Janeiro, por julgar haver uma diferença muito grande entre a segurança do país e a da nossa cidade. São duas situações completamente diferentes. A primeira marcada por uma brutal incapacidade de prever as adversidades e a segunda definida pela existência no Rio de Janeiro dos maiores contingentes de jovens do mundo. Por outro lado, a Justiça não está preparada para enfrentar o mundo em que vivemos. Também a burocracia e a polícia não estão.

É voz corrente que a nossa área da segurança pública está totalmente despreparada para enfrentar esse quadro de insegurança, que cada vez mais se agrava. Não há entrosamento entre a polícia e os outros setores que cuidam da segurança. O maior crime que se comete percentualmente, no estado e na cidade do Rio de Janeiro, é o roubo, que chega a 70%. Vamos juntar essa informação com a de que temos o maior contingente de jovens do mundo, a maior mortandade por violência no Brasil, e que na cidade do Rio de Janeiro essa violência atinge os jovens. A existência do ambiente criminal está na impossibilidade de se criar o empreendedorismo popular, pois não temos condições de dar aos grupos de jovens acesso a uma educação qualificada, criando empregos para tirá-los da ociosidade. Vou abordar uma questão muito coerente com o que afirmei, e que talvez ajude a identificar a razão fundamental da existência do estado de insegurança em que vivemos, exclusivamente produto do ócio. O estado do Rio de Janeiro era o maior produtor de café do Brasil,

---

* Ex-presidente da Associação Comercial do Rio de Janeiro.

com 60% da produção brasileira e responsável por 80% da receita cambial do país. Era o setor de maior índice de emprego do estado. Hoje produz apenas 5% do café do país. Enquanto Minas Gerais produzia 3 milhões de saca/ano, hoje produz 20 milhões. O Espírito Santo produzia 1,5 milhão, hoje mais de 10 milhões, e assim sucessivamente em todos os estados produtores.

Na questão do arroz, a situação do estado do Rio de Janeiro é ainda mais dramática. Era o maior produtor de arroz da região Sudeste, alimentando-a com 100% do consumo de arroz. Hoje, toda a região Sudeste, inclusive o estado do Rio de Janeiro, depende exclusivamente do arroz do Rio Grande do Sul. As regiões Norte e Noroeste do estado do Rio de Janeiro foram as de maior renda *per capita* do Brasil. Hoje, elas possuem uma renda *per capita* menor do que a média do Nordeste do Brasil. As cidades do interior fluminense, que representavam a maior população urbana do país, hoje estão perdendo essa população, a cada ano. A rural quase nem existe. Conheci várias cidades que tinham 30 mil habitantes e hoje apresentam 5 ou 6 mil. Para onde está indo a população? Por que, a cada ano, essas cidades diminuem? A participação fluminense na agricultura nacional era a maior do país. E o setor da agricultura era o maior do estado do Rio. Hoje representa apenas 1% do PIB do estado. Os seus campos foram abandonados. Por falta de mão de obra, procura-se desenvolver neles a cultura de eucalipto. Será a desertificação da região. E para onde foi a população fluminense? Não desejando assustar ninguém, sabemos que ela foi formar as 700 favelas que temos só na cidade do Rio de Janeiro. Para os que ainda não crêem, segundo o IBGE, 87% da população favelada do Rio de Janeiro vêm da região norte e noroeste do estado do Rio, justamente a maior região produtora de café do nosso país, outrora. A população favelada, formada por pessoas desempregadas e desqualificadas profissionalmente, vive no ócio, fator altamente gerador de aumento demográfico. Somando-se à falta de oportunidade, é criado o submundo da miséria e da pobreza. E como não temos condições de qualificá-los, forma-se uma massa imensa de jovens em um ambiente gerador de crime, principalmente o roubo, para satisfazer as necessidades básicas pessoais ou da família. Até mesmo vaidades, como tênis, celulares, televisões ou carros. Não é de se estranhar, portanto, que o roubo é o maior índice de criminalidade e a morte por violência é a maior causa de mortandade da juventude em nossa cidade. Aí está a razão primordial de vivermos em um ambiente de violência descontrolada. E quanto mais se prendem jovens nas penitenciárias, mais profissionais do crime se formam. É um círculo vicioso que não sabemos como acabará.

Como vemos, a causa maior da violência na cidade do Rio de Janeiro está no abandono do campo e das atividades de maior agregação de empregos, principalmente da mão de obra não qualificada.

Eu vivi a época em que o Rio de Janeiro não tinha mais do que 10 favelas. Hoje, nós estamos com quase 700 e outras novas estão surgindo. Tudo aqui abordado, repito há mais de 50 anos. Como presidente da Associação Comercial do Rio de Janeiro, patrocinei e participei de mais de 100 seminários sobre o tema. Estamos cansados de focalizar o problema das favelas e as possíveis soluções. Nada muda. Elas continuam crescendo. A juventude vai morrendo. Incrivelmente, 70% das penitenciárias do Rio de Janeiro estão cheias de gente que cometeu crime de roubo. Foram parar ali, presos em flagrante pelo roubo de um celular, por exemplo. Como não têm dinheiro e advogados, ficam presos. Como o processo criminal é lento, ficam presos sem culpa formada. Vão aprendendo, com os mais velhos, a roubar com mais eficiência e profissionalização.

Militarização da segurança pública

Diógenes Dantas Filho*

O surgimento de forças policiais modernas no Ocidente no século XIX decorreu da necessidade de maior prioridade à segurança pública. Era preciso, então, uma estrutura permanente e profissional que estivesse sempre nas ruas. E, assim, nasceram as polícias mais presentes e atuantes.

A Polícia Metropolitana de Londres, fundada em 1829, é o exemplo de formação de uma polícia autônoma e profissional. Os ingleses temiam o exemplo francês de uma polícia a serviço de objetivos políticos e capaz de ameaçar as liberdades individuais. Até então, a tradição francesa de policiamento era a mais influente na Europa, com um modelo bipartido: Guarda Civil no campo e Tenência de Polícia, em Paris. Porém, àquela época, a criminalidade não chegava aos pés da que se vê hoje, e o quadro psicossocial do Brasil é completamente diferente do europeu.

Segundo notícias de jornal, as táticas de ação do Batalhão de Operações Especiais (Bope), moldadas nos violentos confrontos em favelas, vão cruzar as fronteiras das comunidades cariocas até chegar ao conhecimento da polícia do Haiti, que vive ambiente de guerra para a manutenção da paz nas cidades. O filme *Tropa de elite*, de grande aceitação nacional e internacional, contribuiu para a divulgação dessa problemática.

A polícia carioca é uma das que mais mata no Brasil. Um policial morto corresponde ao óbito de 40 criminosos e, lamentavelmente, também de ino-

---

*Doutor em planejamento e estudos militares.

centes. Suas ações estão mais para emprego militar do que policial, pois faz uso da massa com grande efetivo nos empreendimentos diante das facções criminosas, como tem ocorrido no Complexo do Alemão, no Rio de Janeiro.

O Instituto Brasileiro de Pesquisa Social (IBPS) realizou recentemente uma pesquisa que atesta o seguinte:

> O governo estadual também é malvisto, especialmente devido à política de confrontação com os bandidos, que não tem dado resultados na opinião dos moradores: 53,5% das comunidades foram alvo de alguma operação policial, mas, na opinião de 55,5% dos moradores, essas operações em nada contribuem para diminuir o poder do crime organizado nas favelas. Para a maioria deles (33,6%), os resultados da política de enfrentamento têm sido negativos.

Pode-se tirar dos fundamentos das operações militares na ofensiva algumas características em áreas edificadas, tais como: observação e campo de tiro reduzidos, máximo de descentralização, risco de emboscadas, necessidade de cobertura aérea com helicóptero e cuidados especiais com a população civil.

Nos conflitos atuais, as operações de inteligência são fundamentais e, em muitos casos, têm prevalência sobre as operações de combate. A surpresa é de vital importância. As operações exigem liberdade de ação, iniciativa, liderança e discernimento tático, empregando tropas especiais como aeromóvel, paraquedistas e comandos.

Tudo leva a crer que o Bope tenha suas origens e princípios calcados nesses fundamentos militares.

Porém, não podemos confundir os conceitos de tropa operacional com os de uma tropa de elite, que deve ser bem selecionada, bem comandada e bem adestrada, para cumprir a missão com o mínimo de risco residual e o máximo de preservação da população civil.

Os reais índices de violência no estado do Rio de Janeiro vêm aumentando. A atual forma de policiamento mostra a exaustão do modelo reativo, com uso abusivo de meios coercitivos e a morte de inocentes. Deve-se ter cuidado com o encantamento de grupos de policiais que empregam técnicas e táticas que, ainda, não apresentaram efetividade em termos de resultados globais positivos e permanentes. Os fundamentos das operações militares propiciam valiosos ensinamentos para ações policiais urbanas, mas o ambiente de guerra jamais deverá ser criado onde deve existir a paz.

PARTE 2

CIDADANIA

A contribuição da cultura na construção da cidadania

Ana Maria Cardachevski*

Buscando contribuir para as reflexões sobre a importância de políticas e ações culturais nos processos de cidadania, dividi este texto em três partes:

- panorama e distinções — referências para relação violência/segurança pública e para a noção acertada de cultura;
- indicações e destaques para estratégias decorrentes de boas experiências com cultura e lazer no contexto do controle da violência e para a segurança;
- princípios elementares de políticas culturais para a cidadania — o Sesc-SP.

Todas as medidas públicas já tomadas em nome do desenvolvimento e a favor da cultura para a cidadania sempre nos parecem menos urgentes do que quando os processos de cidadania estão associados à segurança pública ou à sua falta.

Questões ligadas à segurança nos grandes centros urbanos brasileiros emergem do cenário de violência com custos altíssimos. Panorama esse que mesmo para se falar de intervenções culturais não pode estar ausente, até por que, muitas vezes, é para minimizar o impacto gerado pela violência que diversas iniciativas culturais têm sido promovidas.

---

* Socióloga com mestrado em ciência política pela Pontifícia Universidade Católica de São Paulo (PUC-SP), atua na Assessoria Técnica e de Planejamento do Sesc-SP, na consecução dos projetos voltados aos equipamentos de lazer e cultura e no planejamento de ações específicas e estratégias de atualização conceitual da entidade.

Sabemos hoje, pelos dados apresentados pelo Ipea na pesquisa sobre o custo da violência no Brasil, que além dos R$ 92,2 bilhões gastos em 2004 (correspondente à metade do valor total do PIB), ainda há os custos imateriais, que não são contabilizados, mas são conseqüências graves que atingem a saúde mental e as perspectivas pessoais dos muitos envolvidos, familiares e amigos, em episódios violentos.

As vítimas ocultas, como definem alguns, são adultos, crianças e jovens que projetos específicos têm procurado apoiar. O projeto Favela Sonho, implantado na favela do Jacarezinho, aqui no Rio, já atendeu muitas crianças com aporte psicológico e, como esse, outros projetos têm procurado contribuir para a melhoria da auto estima e do estado de segurança e tranquilidade dos atingidos, direta ou indiretamente.

Mas percebemos que, mesmo sendo louváveis, esses esforços vêm para diminuir os estragos feitos por uma situação que depende de transformações urgentes, pois é considerada, hoje, uma das realidades mais violentas do mundo.

Do mesmo modo que o Ipea conseguiu realizar esse estudo sobre estimativas do custo da violência, outras iniciativas devem ser produzidas, pois assim é possível subsidiar políticas públicas segundo critérios de racionalidade e de efetividade.

Algumas boas iniciativas já conseguiram reduzir os índices de violência, como em Belo Horizonte, onde foram estrategicamente envolvidas organizações sociais, com representantes da Polícia Civil e da Polícia Militar, além de gestores municipais de saúde e assistência social, bem como organizações não governamentais.

Nas demais capitais brasileiras, há outros bons projetos que também mereceriam destaque, dados os princípios comuns que parecem os mais importantes no sucesso dos resultados:

- fortalecimento da mobilização comunitária na solução de problemas de segurança pública;
- mobilização de órgãos públicos e organizações não governamentais para a prestação de serviços de saúde, educação, assistência social, segurança pública e atenção especial ao público jovem com idades entre 12 e 24 anos;
- oferta de oportunidades de desenvolvimento nas áreas de educação, cultura e lazer, assim como qualificação profissional do público freqüentador do programa;
- difusão da cultura da paz e criação de ambientes próprios a discussões sobre vida coletiva e segurança;

- apoio e valorização de manifestações culturais locais e da inclusão social como *parti pris* à cidadania.

Chamo a atenção para as medidas de lazer e cultura que têm sido adotadas e a maneira integrada como aparecem, nesse e em outros projetos, que têm o objetivo específico de conter a violência. Nesses projetos, tais conteúdos culturais têm a missão de criar oportunidades novas para o conhecimento e para as potencialidades artísticas e manifestações socioculturais e artísticas. Além disso, buscam suprir deficiências do sistema escolar e o decorrente fracasso que redunda na expressiva exclusão de jovens, já que educação escolar pública não pode ser mais e apenas mero direito à vaga e, sim, superação de condições e valores que segregam e excluem-nos do mundo do conhecimento e do desenvolvimento de habilidades singulares.

Quanto à cultura, podemos afirmar que no sentido amplo é quase tudo. Vivemos imersos em regras, códigos de conduta e a própria educação tem a incumbência de transmitir a herança cultural, que muitas vezes nem escolhemos.

Algumas distinções sobre a cultura são importantes, porque a ação e os programas, como os do Sesc e de outras instituições, dependem de discussões internas para que conceitos sejam definidos e eleitos, sobretudo quanto aos alcances na transformação social que a cultura pode ter.

Até hoje a idéia de cultura está muito ligada às artes ou às belas-artes, já que ser "culto", ainda hoje, indica o qualificativo de quem detém muito conhecimento, principalmente, artístico.

Para complicar um pouco mais, há outras distinções como: cultura de massas, cultura globalizada, cultura no sentido antropológico, cultura de dominação, entre outras. E cada uma dessas definições carrega significados que variam de acordo com a forma e o conteúdo e, ainda, com as propostas que a transformam em práticas culturais, efetivamente.

Assim, as políticas culturais públicas ou privadas são recortes da cultura transformados em práticas de fomento, acesso, formação etc. E podem ser mais ou menos adequadas como meio, em se tratando de projetos de mudança social.

Se tratando da realidade cultural brasileira — mesmo com todos os atuais esforços do MinC em estabelecer um Sistema Nacional de Cultura — podemos afirmar que está muito longe do aceitável para qualquer plano básico de desenvolvimento. Como bem lembrou Celso Furtado (em *O capitalismo global*), o desenvolvimento, sem os valores das coletividades e os sistemas simbólicos que constituem as culturas, não é nada

> porque não preocupar-se prioritariamente com o significado das coisas, com os constrangimentos que modulam as opções essenciais dos indivíduos, com a lógica dos fins? Se a política de desenvolvimento objetiva enriquecer a vida dos homens, seu ponto de partida terá de ser a percepção dos fins, dos objetivos que se propõem alcançar os indivíduos e a comunidade. Portanto, a dimensão cultural dessa política deverá prevalecer sobre todas as demais.

Nesse sentido, ainda é difícil crer que as políticas culturais possam promover práticas de cidadania, se o acesso é um dos primeiros grandes desafios a serem vencidos, segundo os dados atuais do cenário da cultura brasileira:

- mais de 90% dos municípios não possuem salas de cinema, teatro, museus e espaços culturais multiuso;
- apenas 13% dos brasileiros frequentam cinema alguma vez por ano;
- 92% dos brasileiros nunca frequentaram museus;
- 93,4% dos brasileiros jamais frequentaram alguma exposição de arte;
- 78% dos brasileiros nunca assistiram a espetáculo de dança, embora 28,8% saiam para dançar;
- o brasileiro lê em média 1,8 livro *per capita*/ano (contra 2,4 na Colômbia e 7 na França, por exemplo);
- 73% dos livros estão concentrados nas mãos de apenas 16% da população;
- o preço médio do livro de leitura corrente é de R$ 25,00, muito elevado quando se compara com a renda do brasileiro nas classes C/D/E;
- dos cerca de 600 municípios brasileiros que nunca receberam uma biblioteca, 440 ficam no Nordeste e apenas dois no Sudeste;
- 82% dos brasileiros não possuem computador em casa, destes, 97,4% são das classes D/E e 70% não têm qualquer acesso à internet (nem no trabalho, nem na escola);
- 56,7% da população ocupada na área de cultura não têm carteira assinada ou trabalha por conta própria;
- a média brasileira de despesa mensal com cultura por família é de 4,4% do total de rendimentos, acima da educação (3,5%), não variando em razão da classe social, ocupando a 6ª posição dos gastos mensais da família brasileira.

Embora não possa descrever aqui, por enquanto,[1] índices e dados sobre possibilidades de lazer da população, particularmente nos grandes centros urbanos, devo assinalar que as ofertas não são muitas e o "ideário de futilidades" da TV ainda povoa de forma imperativa o tempo livre da população. Poderia se fazer frente às poucas opções, se o número de equipamentos e áreas, com monitores e educadores, fosse suficiente para atender à população, principalmente de baixa renda, a maior atingida.

No caso de São Paulo, corroborando essa carência, temos no bairro da Zona Leste, o mais populoso, o maior índice de famílias com altas taxas de vulnerabilidade social e também o menor número de equipamentos socioculturais e de lazer da cidade.

Sabemos dos desafios da gestão pública para contornar essa e outras necessidades. Reconhecemos a eficiência na realização de campanhas e eventos culturais, alguns deles implementados com a parceria do Sesc-SP. Mas, assim como os eventos, com seu poder de impacto extraordinário, são importantes nas intervenções culturais, as atividades permanentes também o são. A socióloga Isaura Botelho define o alcance das políticas culturais de duas maneiras: a sociológica ou a antropológica. Na primeira, são estabelecidas as linhas gerais de ação e o plano de intervenção. Na segunda, são tratados os aspectos ligados ao cotidiano, as ações vinculadas à comunidade, em respeito ao perfil do frequentador e suas aspirações e desejos.

Seguindo esse exemplo, podemos inferir que é preciso unir as duas dimensões para a efetividade das políticas culturais. Pois é preciso garantir o acesso. E acesso é democratização. E democratização é respeito à diversidade e ao processo de constituição da cidadania. E reconhecimento da diversidade é acolhimento de desejos e aspirações diferentes. A alteridade, o reconhecimento do outro são vias democráticas que se constituem e a cultura colabora para dar significado ao processo de cidadania.

Ainda quanto ao acesso à cultura, que, com os dados revelados pelo MinC, é um grande desafio a vencer, lembro de fato recente envolvendo a pirataria e o consumo do DVD do filme *Tropa de elite*. Além de uma série de aspectos, um salta aos olhos e incide na falta de uma política de acesso cultural. Ou seja, o mercado da pirataria floresce e se aproveita dos altos preços dos produtos culturais. Antes do lançamento, 10% da população paulistana já tinham visto o filme. E esse ritmo impôs a antecipação do lançamento.

Com um país de forte cultura visual como é o nosso, poder-se-ia investir bem mais em conteúdos televisivos nacionais e de qualidade. Embora seja outra discussão, é sempre bom lembrar a importância cultural que a TV pública, não comercial, pode vir a ter nesse processo de cidadania, principalmente pela forma imperativa com que a TV e seus conteúdos habitam os lares brasileiros de todas as faixas de renda.

Outras boas experiências

O Sesc-SP integra o movimento *Nossa São Paulo: outra cidade*, que surgiu da iniciativa de organizações da sociedade civil e foi criado a partir da constatação de que é preciso viabilizar processos que, por sua exemplaridade, possam recuperar para a sociedade os valores do desenvolvimento sustentável, da ética e da democracia participativa. Sua estratégia é comprometer a sociedade e sucessivos governos com uma agenda e um conjunto de metas, visando oferecer uma melhor qualidade de vida para todos os habitantes da cidade. O movimento é apartidário e inter-religioso, congrega muitas lideranças, mas não tem presidente nem diretoria, é aberto e procura atuar em rede.

O movimento, inspirado na bem-sucedida experiência da cidade de Bogotá, entre outras brasileiras, pretende acompanhar permanentemente os principais indicadores e metas do Executivo e do Legislativo municipais, contribuindo para a eficácia e transparência das políticas públicas e para a efetiva participação da sociedade civil na elaboração de propostas e no monitoramento do desempenho dos órgãos responsáveis por sua execução.

Por intermédio dessa participação do Sesc-SP, pudemos conhecer melhor a experiência em seus princípios e a contabilidade após anos de implemento de ações e reformas preconizadas. Mas o brilho colombiano dessa experiência bem-sucedida acontece principalmente por ser esse um país dilacerado pela insurreição armada da guerrilha, do narcotráfico e dos paramilitares. A taxa de homicídios entre 1993 e 2006 diminuiu 77,5%, o que corresponde a uma queda de 80 para 18 homicídios por 100 mil habitantes. Em pouco mais de uma década, os planos da municipalidade conseguiram reverter a situação da violência, garantindo outra qualidade de vida aos munícipes.

Tudo bem que possam ser apontadas, naquelas experiências, muitas diferenças na gestão da segurança, a começar pela administração pública eficiente, reforma completa da polícia e repressão em doses baixas. Mas isso não existia e foi conquistado, é parte das mudanças. Mesmo com a autonomia que lá têm os municípios e a responsabilidade constitucionalmente atribuída, podemos nos inspirar em alguns desses ingredientes para implementar novos modelos de ação, avançando nas medidas preventivas que envolvem a recuperação do espaço urbano para a convivência e o lazer.

Segundo o sociólogo Hugo Acero, que foi secretário de Segurança em três gestões municipais de Bogotá, foi criado um sistema unificado de informação da violência e delinqüência do qual fazem parte a Polícia Nacional, a Receita Federal e a administração municipal. Também foi implantado um plano de convivência e segurança cidadã com programas preventivos e coercitivos, estimulando a participação dos cidadãos e do setor privado.

No que diz respeito à cultura, podemos dizer que é um dos princípios de todo o programa desenvolvido em Bogotá. Além do fortalecimento da cultura da convivência por meio da divulgação de princípios e de atividades de lazer, um conjunto de medidas preventivas, tendo em vista resolver os conflitos de maneira mais pacífica, recuperando áreas deterioradas e atendendo a população mais vulnerável, foi disseminado como plano de segurança e cultura cidadã.

Para o lazer foi construída uma ciclovia que passa por toda a cidade e aos finais de semana materializa um circuito de atrações e atividades nas diversas ruas e alamedas ao longo dela. Como as ações de cultura e lazer adotadas dependem de investimentos, o programa é desenvolvido com parte do orçamento público.

Embora muitas outras iniciativas da sociedade civil possam estar aqui reunidas, dependem da integração com a administração pública, para serem, de fato, efetivas e democráticas. Isso é o que buscamos todos. A aliança entre governo e não governo e cada qual cumprindo a sua parte.

Princípios elementares de políticas culturais para a cidadania: o Sesc-SP

A atuação do Sesc, não só em São Paulo, mas no Brasil, volta-se à melhoria da qualidade de vida do trabalhador do comércio e serviços e da comunidade. Em São Paulo também buscamos implementar e dar suporte a iniciativas que tanto favorecem a cultura regional quanto a cultura urbana, tanto as de cunho popular quanto erudito, tanto as expressões de raízes quanto as de vanguarda e experimentais, aí incluídas as manifestações mais significativas de outros países, as quais procuramos trazer e apresentar ao público, como um diálogo indispensável para a vida cultural. Ao mesmo tempo, não se privilegia nenhuma linguagem em particular, à medida que a ação do Sesc transita entre quase todas as modalidades culturais, como o teatro, o cinema, a dança, a música, as artes plásticas e a literatura.

Nesse conjunto de intervenções e propostas realizadas, muitas vezes em parceria com outras instituições, o Sesc busca reiterar estratégias socioeducativas por meio de seminários, publicações, mostras, cursos, oficinas, exposições, debates, endossando os seguintes valores e possibilidades:

- formação e informação;
- acessibilidade e democratização;
- inovação e respeito às diversas tendências;
- distribuição geográfica, valorização da identidade nacional fora do eixo Sul/Sudeste;
- inclusão, diversidade e pluralidade cultural.

A instituição está fortemente comprometida com o social e, portanto, sempre inovou nas formas de atendimento. Todas as semanas mais de 300 mil pessoas entram nas unidades do Sesc para algum tipo de atendimento.

Assim, temos uma permanente atenção voltada aos aspectos da democratização da cultura, da oferta do patrimônio cultural de nossa sociedade para o acesso de um maior número de pessoas. O perfil dos matriculados no Sesc aponta cerca de 70% do público como situado na faixa de renda de até cinco salários mínimos, segmento importante de nossa população que estaria excluído do acesso aos bens culturais se a entidade não lhes oferecesse tais oportunidades. Além disso, o Sesc está aberto à comunidade, onde as desigualdades sociais em face da cultura não são menos graves. Em 2006 o Sesc-SP realizou:

- 4.468 espetáculos musicais;
- 4.972 espetáculos teatrais;
- 3.330 sessões de cinema;
- 842 apresentações de dança;
- 517 exposições;
- 6.336 oficinas;
- 543 seminários e debates;
- bibliotecas e salas de leitura registraram 4.300 atendimentos, em consultas a livros e revistas;
- no lazer e na educação foram registrados mais de 50 mil alunos.

De acordo com nossa experiência em ação sociocultural, costumamos eleger como objetivos gerais das políticas culturais as seguintes capacidades:

- contribuir para que cada cidadão aumente sua condição de análise e crítica, em relação a si mesmo, aos outros e à situação nacional. O que depende de condições de comunicação e expressão local e nacional e da difusão dos "bens e produtos culturais", e da constituição de espaços de debates;
- tornar as populações capazes, graças a um esforço intelectual crítico, de interpretar, compreender, sobretudo confrontar a realidade com os pla-

nos e projetos de desenvolvimento. O que se pode conseguir por meio da expressão, da discussão coletiva, das trocas de opinião para criar o hábito da síntese e da integração;

- estimular atitudes criadoras e imaginativas que, em determinada situação, procurem todas as possibilidades existentes para estimular valores geradores de novos valores;
- contribuir para organizar a vida no tempo livre, de modo que possa ser apropriado como tempo criativo para autoformação e desenvolvimento pessoal.

Numa entidade que adota esses princípios e incorpora essas questões temos procurado desenvolver uma ação socioeducativa própria, gerando uma tecnologia social de acordo com as características e demandas locais. A maneira para articular educação e cultura foi estabelecida a partir dos princípios do que seria o desenvolvimento das potencialidades de todo cidadão em suas diversas idades. Dessa forma, fortalecemos no Sesc, ao longo de muitos anos, a ética educativa, não formal e voltada à cidadania e à democracia.

Como uma agência educativa não formal, pudemos criar e recriar estratégias, adotar conceitos, para atender às transformações políticas, culturais e sociais que nos acompanham no Brasil. Nosso objetivo nunca foi o de criar pessoas brilhantes, para despontar no cenário cultural, mas de provocar e estimular um processo de autoformação permanente, segundo a ideia do "aprender a aprender".

Naturalmente temos nos apoiado em teóricos importantes como Joffre Dumazedier, Pierre Furter, Edgar Morin, Paulo Freire, entre outros, para legitimar nossas concepções de que as pessoas precisam de formação contínua ao longo de sua vida, pois o conhecimento e a cultura humanizam o sentido da existência.

Com os bons resultados apresentados por diversas experiências, podemos estar mais seguros sobre as possibilidades da sociedade educativa. E o quanto pode ser eficaz contra a barbárie que tem se desenhado com o aumento da violência e o esgarce do tecido social.

Agentes como a escola, os centros culturais e desportivos, os institutos de atendimento e serviço público, entre outros, podem vir a integrar um projeto educativo global, cabendo a cada um deles a atenção educativa para com seus usuários e contribuintes segundo a ética da formação cidadã. A incorporação dos princípios da educação permanente pelo Sesc convive com os princípios da educação pelo lazer e da ação cultural. São referências que não se excluem, somam-se. Vejamos alguns desses princípios que articulam educação e cultura:

- com o propósito da continuidade, a educação tende a fazer do indivíduo o senhor de seu próprio desenvolvimento cultural;
- a perspectiva da educação permanente procura valorizar o assunto e o interesse por este, sem os critérios de seleção e as hierarquias que marcam outros grupos de formação;
- estimular nos indivíduos atitudes criadoras em determinadas situações, para que novos valores sejam suscitados;
- proporcionar a cada cidadão referências socioculturais que lhe aumentem a capacidade analítica de sua realidade.

Nota

[1] Há uma pesquisa em fase de conclusão desenvolvida pelo Centro de Estudos da Metrópole (CEM) sobre práticas de lazer urbano.

Programa Nacional de Segurança Pública com Cidadania (Pronasci)

Ronaldo Teixeira da Silva*

O Programa Nacional de Segurança Pública com Cidadania (Pronasci) propõe-se a promover uma mudança de paradigma para o setor no país. Essa proposta teve origem em 16 de março de 2007, quando o ministro Tarso Genro chegou ao Ministério da Justiça e instituiu um grupo de trabalho para a formulação do programa. Naquela oportunidade, poder-se-ia imaginar que o ministro da Justiça convocaria os principais nomes da área da segurança pública no país — policiais federais, civis e militares, profissionais que, regra geral, se dedicam exclusivamente às questões ligadas ao setor. O ministro, no entanto, tinha em mente algo diferente; formou-se, então, um grupo heterogêneo constituído não só por policiais, mas também por educadores, psicólogos, assistentes sociais e juristas.

O resultado foi uma proposta que prevê a superação da dicotomia entre políticas tradicionais de segurança — mais armas, mais viaturas, mais repressão — e políticas sociais — mais emprego, mais saúde, mais educação. O Pronasci propõe substituir simbolicamente um "ou" — polícias repressivas *ou* políticas sociais — por um "e". É preciso implementar medidas de segurança pública com ações sociais, articulando prevenção *e* repressão.

A mudança de paradigma refere-se, também, a uma nova forma de articular a ação dos agentes estatais. A Constituição Federal estabelece que segurança pública é prerrogativa dos governos estaduais; com o Pronasci,

* Secretário executivo do Pronasci. Chefe de gabinete do ministro da Justiça.

o governo federal propõe-se a partilhar essa responsabilidade, envolvendo também os municípios nesse esforço para qualificar a gestão das políticas de combate à violência e à criminalidade. Trata-se de uma iniciativa que reforça a orientação conceitual do Sistema Único de Segurança Pública (Susp), uma conquista do primeiro mandato do presidente Luiz Inácio Lula da Silva.

O Pronasci tem um conjunto amplo de objetivos: a valorização dos profissionais de segurança pública; a ressocialização de pessoas que cumprem penas restritivas de liberdade; a integração de adolescentes e jovens às políticas sociais do governo; o acesso à Justiça em territórios de falta de coesão social e desintegração familiar; a intensificação do combate ao crime organizado e à corrupção policial; a recuperação dos espaços urbanos. Todos esses objetivos estão sustentados na promoção dos direitos humanos, considerando-se questões raciais e de gênero e a imensa diversidade cultural brasileira.

O programa tem um público-alvo preferencial: os jovens, em especial os presos ou egressos do sistema prisional. A população carcerária do país alcança, hoje, cerca de 420 mil pessoas; 65% são jovens com idades entre 18 e 24 anos. Destes, 70% reincidem no crime após saírem da prisão. Se o sistema prisional não for de fato transformado, ele continuará a ser o que a pesquisadora Marisa Feffermann chamou de "fábrica de monstros". É por isso que o programa dará prioridade ao jovem preso, ao jovem egresso do sistema prisional, ao jovem em situação infracional e ao adolescente em conflito com a lei, em especial aqueles adolescentes e jovens na faixa dos 15 aos 29 anos.

Há ainda o egresso do serviço militar. Esse jovem também faz parte do público-alvo do Pronasci, por duas razões. A primeira é que ele pode atuar na identificação de outros jovens em áreas conflagradas das regiões metropolitanas brasileiras, com a finalidade de encaminhá-los aos programas sociais do governo. A segunda é que, infelizmente, o jovem egresso do serviço militar está sendo cooptado pelo crime organizado. A cada ano, 80 mil jovens deixam os quartéis do país; parte deles acaba atuando como mão de obra qualificada para o crime.

De início, o Pronasci será desenvolvido em 11 regiões metropolitanas do Brasil — Belém, Belo Horizonte, Brasília, Curitiba, Maceió, Porto Alegre, Recife, Rio de Janeiro, Salvador, São Paulo e Vitória —, selecionadas em razão de seus altos índices de violência.[1]

Evidentemente, isso não significa que outras áreas não sejam alcançadas pelo programa; os projetos de âmbito local do Pronasci serão desenvolvidos inicialmente apenas nos 11 territórios mencionados, mas o programa inclui também ações de caráter estrutural, que alcançarão todo o país, com a modernização das instituições policiais, a valorização dos profissionais de segurança e dos agentes penitenciários e o enfrentamento à corrupção policial e ao crime organizado.

A modernização das instituições começa por medidas legislativas, como a regulamentação do Sistema Único de Segurança Pública (Susp). O Susp foi criado pela Constituição Federal, mas só agora, duas décadas após a promulgação da Carta de 1988, esse processo se completa. Paralelamente, o governo federal propõe uma lei orgânica para a Polícia Civil, de forma a padronizar os procedimentos policiais em todas as regiões, sem deixar de levar em conta, evidentemente, a diversidade dos contextos locais. O Pronasci prevê também a construção de estabelecimentos penais especiais para jovens, com salas de aula e espaços para a arte, o esporte e o lazer, de modo a reduzir os índices de reincidência no crime nessa população. A Força Nacional de Segurança Pública foi, da mesma forma, integrada ao programa, para manter à disposição dos governos estaduais um efetivo de policiais que poderá ser empregado em qualquer eventualidade.

Além dessas medidas, o Pronasci prevê ações para combater a violência nas estradas. O projeto Controle de Rodovias será estendido a todos os estados brasileiros. Santa Catarina, por exemplo, não está entre os territórios prioritários para a execução dos projetos de âmbito local do Pronasci, mas, no que diz respeito às ações estruturais, tem um elevado grau de participação no programa. Junto com Minas Gerais, Santa Catarina tem um dos mais altos índices de violência no trânsito do país; por essa razão, terá prioridade em ações como o aumento do efetivo da Polícia Rodoviária Federal e a redução do tempo de resposta no atendimento a ocorrências de trânsito nas rodovias.

A valorização dos profissionais de segurança pública e dos agentes prisionais começa pelo projeto Bolsa-Formação. Todos os policiais que tenham renda mensal de até R$ 1,4 mil — em todo o país, não apenas nos 11 territórios prioritários para as ações locais do Pronasci — poderão se candidatar a receber uma bolsa de até R$ 400 para participar de cursos de capacitação profissional. Em cinco anos, o Bolsa-Formação deverá alcançar pelo menos 200 mil dos 600 mil policiais do país.

O Pronasci ajudará ainda a melhorar as condições de moradia dos policiais. Um convênio com a Caixa Econômica Federal permitiu o lançamento de um plano de financiamento habitacional específico para profissionais de segurança pública. Atualmente, o policial, dependendo do lugar onde reside, precisa tirar a farda antes de ir para casa, para não ser identificado pelos criminosos. Com o plano habitacional do Pronasci, o governo federal espera reverter esse quadro e oferecer condições dignas de moradia aos policiais brasileiros.

Uma das principais ações do Pronasci no que se refere à valorização dos profissionais da área é a criação da Rede Nacional de Altos Estudos em Segurança Pública (Renaesp). Já foram cadastradas, em todas as regiões do país, 81 instituições de ensino superior, que passarão a oferecer cursos de capacitação para policiais — em áreas como tecnologias e armas não letais, toxicologia, medicina legal, entomologia, policiamento comunitário, mediação de conflitos — e a produzir estudos que subsidiem a construção de uma nova inteligência para o combate ao crime. Quando o Pronasci começou a ser elaborado, constatou-se que não havia uma vasta bibliografia na área da segurança pública no Brasil; a Renaesp permitirá superar essa dificuldade.

No que se refere às ações de enfrentamento à corrupção e ao crime organizado, o Ministério da Justiça enviou ao Congresso Nacional propostas de mudanças na legislação, como a reforma do Código de Processo Penal, destinada a tornar mais ágil a tramitação de processos dessa natureza, a nova lei sobre o crime de lavagem de dinheiro e a lei de tipificação do crime organizado. Pode-se destacar, ainda, a estruturação das ouvidorias e das corregedorias — não há como combater a corrupção policial sem corregedorias fortes e autônomas —, a instalação de laboratórios de lavagem de dinheiro (três já foram instalados, e a previsão é de que sejam 14 em um prazo de dois anos) e o projeto da Polícia Federal para o controle de fronteiras.

Os projetos de âmbito local estão agrupados em três programas: Território de Paz, Integração do Jovem e da Família e Segurança e Convivência. O programa Território de Paz corresponde a uma etapa prévia ao desenvolvimento de outras ações locais e tem por objetivo viabilizar a chegada do Pronasci a áreas conflagradas. Em certos lugares, como o Complexo do Alemão, no Rio de Janeiro, isso ocorrerá com a participação da Força Nacional de Segurança Pública e das polícias Civil e Militar. No entanto, o emprego da Força Nacional deverá levar em conta as peculiaridades de cada região. O entorno de Brasília, por exemplo, tem um elevado índice de roubos a transeuntes, superior, por exemplo, ao do Rio de Janeiro; nem por isso há razões que justifiquem o mesmo tipo de intervenção nos dois locais, uma vez que a região do entorno de Brasília não está submetida da mesma forma à ação do tráfico de drogas.

A finalidade da ação da Força Nacional, quando ela se fizer necessária, será a instalação de gabinetes de gestão integrada da segurança pública, com a participação não só de policiais e autoridades da área, mas de representantes das comunidades. Em paralelo, deverão ser instalados conselhos comunitários de segurança pública, de modo a aumentar o engajamento das populações nas ações do programa em cada área. O Ministério da Justiça aportará recursos para a formação de equipes multidisciplinares, com psicólogos, líderes comunitários, pedagogos e policiais, para auxiliar as comunidades na elaboração de um plano de comunicação comunitária destinado a divulgar o Pronasci entre os moradores.

As ações do segundo programa local serão desenvolvidas simultaneamente à constituição dos territórios de paz. À medida que forem instalados o gabinete de gestão integrada e o conselho comunitário de segurança, as equipes multidisciplinares do Pronasci darão início à identificação de famílias da comunidade que possam ser atendidas por ações do programa. Por exemplo, digamos que a equipe multidisciplinar identifique uma família, em situação de risco, formada por uma mãe e seus cinco filhos. A mãe será encaminhada ao projeto Mulheres da Paz — um curso de formação de líderes comunitárias femininas —, passará a receber uma bolsa e se tornará apta a identificar jovens e outras famílias em situação de risco na sua comunidade. Digamos, ainda, que um dos filhos dessa mulher esteja preso; ele terá a oportunidade, então, de reduzir o tempo de prisão em troca do estudo, como já ocorre com os apenados que trabalham, e de cumprir a pena em um estabelecimento penal especial para jovens. Os outros filhos poderão ser integrados ao Protejo, um projeto similar ao Mulheres da Paz que oferece uma bolsa a jovens em territórios sem coesão social, para oferecer a eles a formação de promotores legais juvenis.

O Programa de Integração do Jovem e da Família conta com a participação de outros órgãos do governo federal. O Ministério da Saúde está capacitando seus agentes comunitários para ajudar a identificar famílias em situação de risco que façam parte do público-alvo do Pronasci. A Secretaria Especial de Direitos Humanos, da mesma forma, está auxiliando o Ministério da Justiça em uma proposta de reformulação dos conselhos tutelares.

O terceiro programa local propõe a criação de um novo modelo de polícia, a reorganização dos espaços urbanos, a oferta de educação de qualidade e a construção de um percurso social formativo para os jovens que hoje estão em situação de risco. No que se refere ao policiamento atual, o padrão é o da radiopatrulha: dois policiais em uma viatura fazem a ronda em uma determinada região, mas em geral não entram nas áreas conflagradas. O Pronasci prevê a substituição desse modelo de policiamento pelo da Polícia Comunitária Cidadã: uma polícia mais próxima da comunidade, capaz de assegurar a boa convivência entre os moradores. A Renaesp terá um papel fundamental para que se consiga atingir esse objetivo.

A reorganização dos espaços urbanos ocorrerá de forma simultânea à execução de ações do Programa de Aceleração do Crescimento (PAC). Nos 11 territórios prioritários do Pronasci, haverá ações do PAC; estão previstas, por exemplo, 386 obras de reurbanização de favelas.

O Ministério da Justiça firmou convênio com o Ministério da Educação para a ampliação de projetos de ensino nas áreas prioritárias do Pronasci — como o Brasil Alfabetizado, o Proeja, a educação a distância e os cursos preparatórios para o Exame Nacional do Ensino Médio (Enem). O Enem, hoje, pode ser um caminho de acesso ao ensino superior, na medida em que o exame habilita os jovens a se candidatarem às bolsas do Programa Universidade para Todos (Prouni). Esses projetos serão levados também aos jovens presos, de modo a oferecer a eles a oportunidade de ressocialização.

A construção do percurso social formativo dos jovens em situação de risco se completa com a construção de novos espaços de convivência nas comunidades. O Ministério da Cultura integrou-se a esse esforço e deverá instalar 306 pontos de cultura nos 11 territórios prioritários do Pronasci, para estimular a música e a arte nessas áreas. Também serão criados museus comunitários, para registrar a transformação de locais conflagrados em territórios de paz.

As 94 ações do Pronasci, em si, não são inéditas. Ao contrário, trata-se de um conjunto de experiências na área da segurança pública que tiveram sucesso no Brasil — como a restrição no horário de venda de bebidas alcoólicas, adotada em Diadema (SP) — ou em outros países. No entanto, o programa é inovador no que se refere ao modelo de gestão e à articulação que ele promove entre diferentes órgãos e níveis de governo. As instâncias de gestão do Pronasci envolvem o conselho de ministros, do qual participam 14 ministérios, o comitê gestor, presidido pelo ministro Tarso Genro, a secretaria executiva do programa e os gabinetes de gestão integrada nos estados e nos municípios.

O Ministério da Justiça dispõe de instrumentos de avaliação das ações do Pronasci. Mas, além da utilização desses instrumentos, foi assinado um convênio com a Fundação Getulio Vargas (FGV), que viabilizará a avaliação externa do programa. A FGV desenvolveu indicadores que permitirão medir o impacto que o Pronasci terá sobre as comunidades às quais ele será estendido.

Para tornar viável esse programa, o presidente Luiz Inácio Lula da Silva disponibilizou um orçamento de R$ 6,7 bilhões para os próximos quatro anos — recursos independentes do orçamento ordinário do Ministério da Justiça, que serão aplicados exclusivamente em ações de segurança. Com esse investimento, será possível mudar o paradigma da segurança pública no país. Mais do que isso, com o Pronasci será possível levar o Estado brasileiro a lugares nos quais ele nunca antes foi presente.

Nota

1 Posteriormente, mais duas regiões passarão a ser consideradas prioritárias para a execução das ações locais do Pronasci: a Região Metropolitana de Fortaleza (CE), em razão da gravidade do problema da prostituição infantil, e o Acre, por sua condição de estado fronteiriço.

A matriz da educação diante do contexto da violência e da criminalidade

Cícero Mauro Fialho Rodrigues*

Falar sobre violência e criminalidade, com o enfoque da educação, implica necessariamente abordar o tema da cidadania, que é uma noção desenvolvida ao longo da história da humanidade, visando exatamente à convivência harmoniosa e participativa dos componentes de um determinado grupo social reunido num mesmo espaço e sob um mesmo código de conduta. A cidadania é, pois, uma noção dinâmica — em transformação — e seu sentido varia em função dos grupos sociais e das civilizações. E, mesmo que assim não fosse, a maior dificuldade que surge é como possibilitar, na prática, que sua significação seja apreendida e vivida por indivíduo. Esse objetivo jamais será alcançado plenamente, tendo em vista os impasses gerados por fatores sociológicos, psicológicos, filosóficos e espirituais. Isso, no entanto, não deve ser motivo para se desistir da luta por um mundo melhor. Pelo contrário, compreendendo que essa dinâmica é inerente a tudo que vive, desenvolver o conceito e a prática da cidadania, a cada momento, é uma atitude ética e própria de quem deseja aproveitar, construtivamente, todas as oportunidades que a vida oferece.

Em nosso contexto, a partir de recentes conquistas democráticas como a Constituição de 1988, denominada "Constituição cidadã", este termo vem sendo empregado, e entendido, como uma forma de garantia dos direitos

* Mestre em matemática. Foi diretor do Instituto de Matemática, diretor do Centro de Estudos Gerais e reitor por dois mandatos da Universidade Federal Fluminense. Recebeu várias distinções como a Medalha Tiradentes, Personalidade Educacional. Atualmente é o representante do MEC no estado do Rio de Janeiro.

individuais e coletivos das mais diferentes ordens. Dependendo das circunstâncias, do contexto político ou social e também das crises emergentes, não é incomum estarmos nos referindo, com esse termo, ao direito à liberdade de pensamento e expressão, ao direito de ir e vir, aos direitos humanos, e aos direitos do consumidor, dos jovens e dos adolescentes, dos idosos e tantos outros. Estes são, certamente, aspectos da cidadania decorrentes da democracia que vamos aos poucos construindo, mas não a esgotam. O incomum é mantermos atrelada a essas noções a sua contrapartida necessária de deveres e obrigações, normalmente entendida como quinhão apenas dos agentes públicos. Não é de estranhar que assim seja, tendo em vista o caldeirão de injustiças sociais no qual nos movemos, a distância entre o "Brasil legal" e o "Brasil real", onde a máxima "todos são iguais perante a lei" às vezes é vista ou entendida como "alguns são mais iguais do que outros". Completa o quadro o crescente índice de escolaridade de nossa população aliado à globalização da informação, tudo para facilitar uma maior consciência política e o gradativo rompimento de uma cultura de passividade e subjugação a uma prática oligárquica francamente antirrepublicana.

Desde seus primórdios, na Grécia Antiga, a cidadania, entendida como a capacidade de opinar e decidir sobre os rumos da sociedade, concedida a poucos detentores de terras, que não precisavam trabalhar para sobreviver, se alarga em seu conceito e se torna cada vez mais inclusiva. Não é de se espantar que ela acabe desembocando na realidade do "cidadão universal", no bojo da crescente globalização em curso.

Um aspecto importante dessa evolução é o fato de que, em tempos antigos, a cidadania dizia respeito apenas aos direitos políticos dos indivíduos e que, recentemente, estando esses direitos mais consensualizados (pelo menos nas democracias consolidadas), o enfoque passa a se dar no âmbito dos direitos sociais, explicitados nos ideais republicanos.

As causas da violência e da criminalidade são bastante variadas e diversificadas, abrangendo questões socioeconômicas, culturais, psicológicas, filosóficas e educacionais, mas sempre permeadas pelo conflito básico indivíduo *versus* sociedade.

Nascemos munidos, entre outros, do instinto de preservação, o que nos torna, em tenra idade, essencialmente egoístas. Mas carregamos também um alto potencial de adaptabilidade ao ambiente que nos cerca, conforme nos revelam estudos recentes sobre o início e a essência da vida, sendo essa adaptabilidade caracterizada pela capacidade de aprender (incorporar e utilizar conhecimentos). Esse mecanismo é vital para a preservação de qualquer organismo vivo e mesmo para a preservação das espécies.

O processo de aprendizagem não se dá necessariamente pelo ensino formal. Na história da humanidade, o ensino formal, conforme o conhecemos hoje, é bastante recente. Inicialmente reservada às elites, principalmente ao clero, só posteriormente a educação foi estendida a camadas cada vez maiores da população e, hoje, é reclamada e postulada como um direito de todos, com algumas exceções de países não democráticos. No Brasil, somente a partir de 1759, após a partida dos jesuítas, a educação tornou-se pública e laica. E até recentemente as mulheres eram impedidas de seguir um curso superior. No entanto, por mais recente que tenha sido a implantação da educação formal, com a consequente necessidade de sistematização do conhecimento, ela produziu em pouco tempo uma revolução na sociedade como nunca imaginada. Os avanços tecnológicos e as mudanças de hábitos e comportamentos a que assistimos hoje foram sequer elementos de ficção científica há poucas gerações. Porém, as benesses do conhecimento acumulado e dos bens e serviços em uso continuam atingindo parcelas privilegiadas e restritas da população, sendo essa uma causa evidente da escalada de revolta e violência e mesmo da criminalidade. Num contexto de fácil acesso à informação e da crescente divulgação do direito dos cidadãos, o discurso e as promessas dos políticos e dirigentes, tão distantes da realidade em que vivemos, não têm contribuído muito para diminuir o sentimento de revolta e de injustiça que perpassa a sociedade. As práticas correntes de corrupção, escândalos e conchavos políticos são também uma forma de violência contra a população, provavelmente maior que a violência do tradicional "marginal". A impunidade é outro fator dilapidador da harmonia social. Num e noutro caso observa-se a ausência ou a distorção da educação.

Usamos aqui a palavra educação para indicar o processo intencional e formal em que uma geração passa às gerações seguintes o conhecimento acumulado pela humanidade e a cultura, os hábitos e os valores da sociedade em que vive. O processo ensino-aprendizagem acontece em toda a vida e em todas as circunstâncias. Pressupõe a existência de um agente que ensina (mesmo que não seja intencional) e de um agente que aprende (mesmo que não seja intencional) e, repetimos, acontece em todos os momentos da vida. Na educação, o mesmo esquema se repete, algumas vezes com enfoque no ensinar e outras vezes no aprender, conforme as circunstâncias o exijam. Atualmente, as preocupações têm se centrado no aprender e no seu agente — o aluno, embora nos pareça que esse processo seja indissociável, aplicando-se aqui mais a noção de sincronicidade do que a de causa e efeito.

Entre os direitos assegurados na Constituição, destacamos o direito à educação, conforme descrito no art. 205: "A educação, direito de todos e dever do Estado e da família, será promovida e incentivada com a colaboração da sociedade, visando ao pleno desenvolvimento da pessoa, seu preparo para o exercício da cidadania e sua qualificação para o trabalho".

Observamos que, ao estabelecer um direito, o constituinte se preocupa em dizer de quem é o dever e a que ele se destina, a saber:

- pleno desenvolvimento da pessoa;
- preparo para o exercício da cidadania;
- qualificação para o trabalho.

O pleno desenvolvimento da pessoa deve contemplar as dimensões física, emocional, intelectual e moral, aí incluídos a autonomia, o senso crítico e os limites de sua liberdade no convívio social. Este último tem sido tema de discussões filosóficas e político-ideológicas e se inclui também no "preparo para o exercício da cidadania". A "educação para a cidadania" tem sido objeto de estudos, trabalhos e ações específicas e é o espaço onde se pretende desenvolver valores como a tolerância, a solidariedade, o respeito, a responsabilidade e outros, tão necessários à construção de uma sociedade mais justa e harmoniosa.

Os três aspectos destacados na Constituição são interdependentes e se colocam apenas como recorte de uma questão mais ampla e complexa, que é a educação. Assim, a qualificação para o trabalho, que tem sido a preocupação principal da educação superior (mas não só dela) não pode estar dissociada de outros aspectos, sob pena de reproduzirmos cada vez mais as distorções socioeconômicas e os consequentes conflitos daí decorrentes. Uma qualificação para o trabalho permeada pelos dois aspectos anteriores certamente produzirá trabalhadores capazes de intervir de forma positiva, não só nas relações trabalhistas, mas também na socialização dos bens e serviços prestados à população. As universidades públicas não devem se pejar de receber a elite socioeconômica em seu corpo discente, mas sim de deixar esses alunos saírem (seja qual for a sua origem) instrumentados para aprofundar ainda mais as distorções sociais. Formar profissionais conscientes da realidade do país e do mundo e imbuídos de respeito aos indivíduos e às instituições, de solidariedade e responsabilidade social deve ser o principal objetivo de qualquer instituição de formação profissional, seja ela pública ou privada.

Várias iniciativas têm sido tomadas na direção de uma "educação para a cidadania", notadamente na educação básica. Essa é uma preocupação de parte de nossos educadores, que tentam resgatar a função educativa das escolas. Na verdade, essas não têm dado conta sequer da tarefa de transmitir conhecimentos básicos de língua portuguesa e matemática, conforme atestam as avaliações nacionais e internacionais mais recentes. Felizmente, ainda temos bons educadores que, na sua prática diária, vão além de simplesmente repassar conhecimentos. Configuram ações isoladas com excelentes resultados para seus alunos, mas sem impacto na educação nacional como um todo. Uma ação, em nível nacional, foi deflagrada em 2004 pelo Ministério da Educação (MEC), por meio do Programa Ética e Cidadania. Os municípios ou escolas que aderem ao programa recebem material ou recursos do MEC para desenvolver as atividades voltadas ao tema. A escola deve criar uma comissão ou grupo de interessados, que recebem um kit básico com as instruções para a implantação do programa e, periodicamente, material suplementar. As ações são apenas sugeridas. Podem ser criadas disciplinas específicas, temas transversais em algumas ou em todas as disciplinas e outras atividades suscitadas pelo tema. Deve-se envolver o máximo de pessoas da comunidade, tais como os próprios professores, os dirigentes, o pessoal de apoio, os parentes dos alunos e mesmo outros membros da comunidade. O importante é se criar um clima de constante atenção às questões éticas e de cidadania e, principalmente, vivenciar essas questões, em vez de apenas abordá-las teoricamente. Essas atividades visam educar para a cidadania tanto os educandos da escola (alunos) quanto os educadores (professores). Até 2007 já tinham sido atendidos cerca de 2.581.000 alunos e 93 mil docentes de 2.200 escolas em 626 municípios de todas as 27 unidades federadas.

O público atendido por esse programa é ainda muito pequeno, se atentarmos para o fato de termos 5.565 municípios, cerca de 130 mil escolas públicas e aproximadamente 45 milhões de alunos. No entanto, um passo importante já foi dado com a criação do programa e a disponibilização de recursos para sua implantação, que espera uma maior adesão dos municípios do país.

O estímulo à educação para a cidadania torna-se, então, uma ação de caráter relevante, mas que deve estar compreendida numa política mais ampla de busca da excelência no sistema educacional.

A educação brasileira enfrenta sérios problemas, tanto no âmbito quantitativo quanto no qualitativo. Estatísticas do ano de 2005 revelam que apenas 37,8% das crianças até seis anos estão na creche ou pré-escola; que apenas 82% dos jovens entre 15 e 17 anos estão na escola e, destes, só 46,9% estão no ensino médio; já das crianças entre sete e 14 anos, 94,8% estão no ensino fundamental. Atingimos a universalização do ensino apenas nos jovens que frequentam a primeira fase do ensino fundamental, com uma taxa de 97%. Quanto à educação superior, amargamos a taxa de 12% dos jovens entre 18 e 24 anos nesse nível de ensino. Países nossos vizinhos exibem taxas bem melhores e nosso próprio Plano Nacional de Educação (PNE) prevê a taxa de 30% até o final da atual década.

Se a esses números acrescentarmos as taxas de desistência e de repetência (das maiores do planeta) e os 10,5% de analfabetos, além dos analfabetos funcionais, teremos um quadro pouco animador da educação no país.

Quanto à qualidade, assunto controverso, trazendo em seu bojo a questão da avaliação, gostaríamos de abordar apenas alguns pontos que são visíveis a qualquer um que olhe para o nosso sistema educacional. Eis algumas constatações que indicam, ou mesmo propiciam, a baixa qualidade do nosso ensino:

- os alunos estão terminando a primeira fase do ensino fundamental sem dominar as operações básicas de matemática e sem entender textos elementares;
- as comparações propiciadas pelo Programa Internacional de Avaliação de Alunos (Pisa), com jovens de 15 anos, colocam o Brasil nos últimos lugares em relação aos países da Organização para a Cooperação e o Desenvolvimento Econômico (OCDE);
- nossa educação é mais voltada para alcançar o sucesso econômico e profissional, dando-se pouca atenção ao desenvolvimento integral do indivíduo, tal como a seu potencial artístico, físico, de relacionamento (consigo mesmo, com outros indivíduos, com grupos e com a natureza). Neste particular, a permanência na escola em tempo integral é de fundamental importância;
- em muitas escolas não temos acesso à internet e mesmo à energia elétrica; suas instalações físicas são inadequadas em termos de mobiliário, ventilação, luminosidade etc.;
- nossa população lê muito pouco (1,8 livro por ano por pessoa). Não bastam boas bibliotecas, é preciso que se crie um ambiente atrativo e se desenvolva desde cedo o gosto pela leitura. Se os próprios professores não desenvolveram esse gosto (e muitas vezes nem têm condições de desenvolvê-lo), imagine os alunos;
- orientação alimentar (para os alunos e para suas famílias) é outro item de suma importância e que sequer é cogitado nas escolas. Pensem na economia futura em termos de atendimento à saúde.

A essa lista poderíamos acrescentar muitos itens para constatarmos quão longe estamos do que é preconizado em nossa Constituição e em mandamentos daí derivados, tais como a Lei de Diretrizes e Bases da Educação Nacional (LDB) e o Plano Nacional de Educação (PNE).

Parece-nos claro que uma educação, nos moldes preconizados pelo art. 5º da nossa Constituição, com todos os seus desdobramentos (a maioria aqui não abordados), seria propiciadora de uma nova sociedade, certamente com menos gastos em saúde e segurança, por exemplo, mas, acima de tudo, com maior bem-estar para todos, com menos desigualdades e mais confiança entre as pessoas e as instituições.

A superação desses problemas é possível e viável. A história de outros países que deram esse salto quantitativo e qualitativo na educação e avançaram no seu desenvolvimento econômico e na qualidade de vida da sua população nos dá essa certeza. É necessário, no entanto, decisão política em todos os níveis e efetivo engajamento de toda a sociedade no sentido de que a educação seja, de fato, priorizada como política de Estado. Aliás, a própria Constituição explicita tal visão ao declarar que a "educação é direito de todos e dever do Estado e da família e será promovida e incentivada com a colaboração da sociedade".

Recentemente, em abril de 2007, o governo federal, por meio do Ministério da Educação (MEC), seguindo os passos do PAC, lançou o Plano de Desenvolvimento da Educação (PDE). Trata-se de plano abrangente, que aborda os principais aspectos da questão, buscando organicidade e visão sistêmica da educação. Há uma mudança de patamar na atuação do MEC, na medida em que as transferências voluntárias desse órgão para os municípios, estados e Distrito Federal são feitas dentro de critérios que eliminam práticas persistentes e indesejáveis como o "balcão" e a descontinuidade das políticas em função das trocas dos mandatários desses entes. Para a consecução dessas transferências voluntárias por parte do MEC, que passa assim a exercer efetivamente sua função redistributiva e supletiva, esses entes têm que ter elaborado seu plano de ações articuladas, onde estão estabelecidas todas as suas necessidades (para melhorar a qualidade do ensino) a curto e médio prazos, com projeções até o ano de 2021. Estão previstas 40 ações, algumas já existentes e outras criadas, tendo em vista as necessidades para atender essa visão sistêmica; isso apenas na educação básica. Está prevista também a ampliação da rede de educação profissional e tecnológica com a criação de Institutos Federais de Educação, Ciência e Tecnologia (Ifets), ultrapassando o dobro do número das unidades de ensino tecnológico existentes e incentivando a formação para o magistério e para as engenharias. Pretende-se passar, até 2010, das 140 unidades existentes, para 354. As licenciaturas são incrementadas por meio da Universidade Aberta do Brasil (UAB), que estará atendendo 350 mil estudantes até 2010 e a Educação Superior Federal passa a receber investimentos maciços, visando à ampliação de vagas e melhoria da qualidade de ensino. A ampliação prevista conta com a criação de 10 novas universidades federais e a expansão das já existentes. Pretende-se alcançar 1 milhão de matrículas no sistema presencial. O PDE, na perspectiva de um plano de ações, objetiva assim dar concretude às metas previstas no PNE.

Apesar de o PDE prever um considerável reforço orçamentário adicional até 2010 e dar forte ênfase à valorização do magistério, tendo inclusive encaminhado ao Congresso Nacional proposta de estabelecimento de um piso salarial de R$ 950,00 para os professores, entendemos que os itens "financiamento da educação" e "valorização do magistério" permanecem como pontos vulneráveis de nossa educação. São questões que extrapolam as competências diretas do MEC, visto que o orçamento é atribuição do Congresso Nacional e a valorização do magistério depende diretamente de ações dos governos estaduais e municipais. O Brasil investe hoje cerca de 4,5% do PIB em educação, percentual bem inferior aos 7% previstos originalmente no PNE e praticado por países vizinhos da América Latina e países desenvolvidos, os quais já têm a educação num patamar estável em termos de quantidade e qualidade. O Brasil, que precisa ter um incremento substancial para atingir esse patamar, necessitaria investir um pouco mais, talvez em torno de 8% a 10%, conforme defendem algumas correntes de educadores. Para nos convencermos de que falta vontade política nesse particular, basta lembrar que a DRU (desvinculação das receitas da União) subtrai 20% dos 18% de impostos que são destinados à educação, conforme o art. 212 da Constituição Federal. É um flagrante desrespeito à Constituição, representando uma perda de cerca de R$ 6,5 bilhões anuais, e que conta com a passividade e desinteresse de nossos parlamentares, com raríssimas exceções. A idéia de que recursos empregados na educação constituem gasto e não investimento é bastante difundida entre nossos governantes, principalmente depois que assumem o poder. Se não houver um clamor popular, pressionando não apenas prefeitos e governadores, mas também vereadores e deputados, dificilmente sairemos dessa situação de penúria e desvalorização do magistério. É preciso que atentemos para o fato de que a violência, por exemplo, além dos conhecidos malefícios que traz para a sociedade, acarreta, ainda, prejuízo anual da ordem de 10,5% do PIB, conforme cálculos efetuados pelo BID. Apenas esse dado já seria razão suficiente para se aumentar o investimento em educação.

Quanto à valorização do magistério, colocam-se hoje como essenciais, além de um novo patamar salarial (cerca de 50% dos professores da educação básica recebem menos de R$ 850,00), planos de carreira, qualificação continuada e condições dignas de trabalho para todos os profissionais: professores e pessoal de apoio. Sem essas condições mínimas, o ensino público de qualidade continuará a ser um sonho distante. Basta comparar as condições vigentes nas escolas particulares mais bem posicionadas na avaliação promovida pelo MEC e as existentes nas nossas escolas públicas. Apenas a dedicação e a real vocação para o magistério, por parte ponderável de nossos professores, não serão suficientes para que se produzam as transformações necessárias em nosso sistema educacional. Um sistema educacional qualificado pode não resolver todos os problemas ligados à violência e à criminalidade. Mas, sem a sua ampla ação programática, torna-se realmente impossível resolvê-los.

PARTE 3

SEGURANÇA

Parâmetros para a conceituação constitucionalmente adequada da segurança pública

Cláudio Pereira de Souza Neto*

Introdução

Este estudo verifica o que a Constituição Federal tem a dizer sobre a segurança pública. A Constituição de 1988 lhe reservou capítulo específico (art. 144), em que a caracteriza como "dever do Estado" e como "direito e responsabilidade de todos", devendo ser exercida para a "preservação da ordem pública e da incolumidade das pessoas e do patrimônio". A Constituição estabelece ainda os órgãos responsáveis pela segurança pública: a Polícia Federal, a Polícia Rodoviária Federal, a Polícia Ferroviária Federal, as polícias civis estaduais, as polícias militares e os corpos de bombeiros. A história constitucional brasileira está repleta de referências difusas à segurança pública. Mas, até a Constituição de 1988, não havia capítulo próprio, nem previsão constitucional mais detalhada, como agora se verifica. Por ter "constitucionalizado",[1] em detalhe, a segurança pública, a Constituição de 1988 se individualiza ainda no direito comparado, em que também predominam referências pontuais.

A constitucionalização traz importantes consequências para a legitimação da atuação estatal na formulação e na execução de políticas de segurança. As leis sobre segurança, nos três planos federativos de governo, devem estar em conformidade com a Constituição Federal, assim como as respectivas estruturas administrativas e as próprias ações concretas das autoridades policiais. O

*Professor da Universidade Federal Fluminense e da pós-graduação da Universidade Gama Filho. Doutor em direito pela Universidade do Estado do Rio de Janeiro. Advogado e conselheiro federal da OAB.

fundamento último de uma diligência investigatória ou de uma ação de policiamento ostensivo é o que dispõe a Constituição. E o é não apenas no tocante ao art. 144, que concerne especificamente à segurança pública, mas também no que se refere ao todo do sistema constitucional. Devem ser especialmente observados os princípios constitucionais fundamentais — a república, a democracia, o Estado de direito, a cidadania, a dignidade da pessoa humana —, bem como os direitos fundamentais — a vida, a liberdade, a igualdade, a segurança. O art. 144 deve ser interpretado de acordo com o núcleo axiológico do sistema constitucional, em que se situam esses princípios fundamentais — o que tem grande importância, como se observará, para a formulação de um conceito constitucionalmente adequado de segurança pública.

A partir da afirmação da prevalência normativa dos princípios fundamentais, este estudo cumpre duas tarefas: apresentar um conceito constitucionalmente adequado de segurança pública; examinar os limites e as possibilidades do controle jurisdicional das políticas de segurança. Preliminarmente, enfatiza-se apenas que as práticas policiais ainda não se submeteram ao programa democrático instituído pela Constituição de 1988. Não são, nesse sentido concreto, práticas constitucionalizadas, comprometidas com a construção de uma república de cidadãos livres e iguais e com a promoção da dignidade da pessoa humana. No campo da segurança pública, a constitucionalização efetiva da ação governamental ainda figura como objetivo a ser alcançado pelo inconcluso processo brasileiro de democratização.

O conceito de segurança pública entre o combate e a prestação de serviço público

Há duas grandes concepções de segurança pública que rivalizam desde a reabertura democrática e até o presente, passando pela Assembléia Nacional Constituinte: uma centrada na idéia de combate; outra, na de prestação de serviço público.[2]

A primeira concebe a missão institucional das polícias em termos bélicos: seu papel é "combater" os criminosos, que são convertidos em "inimigos internos". As favelas são "territórios hostis", que precisam ser "ocupados" por meio da utilização do "poder militar". A política de segurança é formulada como "estratégia de guerra". E, na "guerra", medidas excepcionais se justificam. Instaura-se então uma "política de segurança de emergência" e um "direito penal do inimigo".[3] O "inimigo interno" anterior — o comunista — é substituído pelo "traficante", como elemento de justificação do recrudescimento das estratégias bélicas de controle social.[4] O modelo é reminiscente do regime militar e, há décadas, tem sido naturalizado como o único que se encontra à disposição dos governos, não obstante sua incompatibilidade com a ordem constitucional brasileira. O modelo tem resistido pela via da impermeabilidade das corporações policiais, do populismo autoritário de sucessivos governos e do discurso hegemônico dos meios de comunicação social.[5] Com os atentados de 11 de setembro, voltou a ser praticado no plano internacional. Elevado à condição de única alternativa eficaz no combate ao terrorismo, tem justificado violações sucessivas aos direitos humanos[6] e às normas mais básicas que regem o convívio entre as nações.[7]

A segunda concepção está centrada na idéia de que a segurança é um "serviço público" a ser prestado pelo Estado.[8] O cidadão é o destinatário desse serviço. Não há mais "inimigo" a combater, mas cidadão para servir. A polícia democrática, prestadora que é de um serviço público, em regra, é uma polícia civil, embora possa atuar uniformizada, sobretudo no policiamento ostensivo. A polícia democrática não discrimina, não faz distinções arbitrárias: trata os barracos nas favelas como "domicílios invioláveis";[9] respeita os direitos individuais, independentemente de classe, etnia e orientação sexual; não só se atém aos limites inerentes ao Estado democrático de direito, como entende que seu principal papel é promovê-lo. A concepção democrática estimula a participação popular na gestão da segurança pública; valoriza arranjos participativos e incrementa a transparência das instituições policiais.

Para ela, a função da atividade policial é gerar "coesão social",[10] não pronunciar antagonismos; é propiciar um contexto adequado à cooperação entre cidadãos livres e iguais.[11] O combate militar é substituído pela prevenção, pela integração com políticas sociais, por medidas administrativas de redução dos riscos e pela ênfase na investigação criminal. A decisão de usar a força passa a considerar não apenas os objetivos específicos a serem alcançados pelas ações policiais, mas também, e fundamentalmente, a segurança e o bem-estar da população envolvida.

A diferença entre as duas concepções revela-se, por exemplo, na forma como lidam com o envolvimento de policiais em episódios de confronto armado. No mesmo período (de 1995 a 1998), os governos do estado do Rio de Janeiro e do estado de São Paulo davam respostas divergentes para esse tipo de evento. No Rio de Janeiro, a política de segurança era comandada por um general, que instituiu a gratificação por bravura (apelidada de "gratificação faroeste").[12] Se o policial se envolvia em confronto armado, era gratificado pecuniariamente. O resultado foi o aumento da truculência policial e a simulação reiterada de situações de confronto, com a elaboração de "autos de resistência" fraudulentos. Em São Paulo, a Secretaria de Segurança instituiu o Proar (Programa de Acompanhamento de Policiais Envolvidos em Ocorrência de Alto Risco). Quando o policial se envolvia em confrontos, era afastado das ruas e submetido a tratamento psicológico; não recebia qualquer tipo de gratificação por bravura. O objetivo da política era reduzir o arbítrio de autoridades policiais e circunscrever o uso da força aos casos de necessidade efetiva. Essas formas de lidar com episódios de confronto armado revelam a divergência fundamental entre as duas concepções de segurança pública. Enquanto a primeira entende o policial como *combatente*, que deve ser premiado por seu heroísmo; a segunda lhe confere a condição de servidor que, para dar conta de suas importantes responsabilidades, deve estar psicologicamente apto.[13]

No art. 144, quando tratou especificamente da segurança pública, a Constituição não optou, com a precisão desejável, nem por um nem por outro modelo. Por um lado, concebeu como finalidade das políticas de segurança a preservação da "incolumidade das pessoas e do patrimônio". Por outro lado, manteve parte importante da polícia militarizada. Embora subordinadas aos governadores dos estados, as polícias militares continuam previstas como "forças auxiliares e reservas do Exército" (art. 144, §5º). A Constituição Federal, no capítulo específico sobre a segurança pública, está repleta de conceitos imprecisos. É o caso de "ordem pública", que pode ser mobilizado, de acordo com as circunstâncias, para justificar um ou outro tipo de intervenção policial.[14] É passível de incorporações autoritárias, como as realizadas pelas políticas de "lei e ordem", de "tolerância zero".[15] Mas também pode habitar o discurso democrático, ao ser concebida como ordem republicana do Estado democrático de direito.

Contudo, apenas uma interpretação apressada poderia concluir que, por conta da ambiguidade que exibe no capítulo específico sobre segurança pública (art. 144), a Constituição pode justificar tanto políticas autoritárias quanto democráticas. Um conceito de segurança pública adequado à Constituição de 1988 é um conceito que se harmonize com o princípio democrático, com os direitos fundamentais e com a dignidade da pessoa humana. Por conta de sua importância para a configuração de um estado democrático de direito,[16] os princípios fundamentais produzem eficácia irradiante sobre os demais preceitos que compõem a Constituição,[17] inclusive sobre aqueles especificamente relacionados à segurança pública. Por essa razão, apenas as políticas de segurança pública alicerçadas em concepções democráticas, comprometidas com a observância efetiva desses princípios, são compatíveis com a Constituição Federal.

A segurança como direito fundamental, o princípio republicano e a exigência de universalização

A segurança pública é um serviço que deve ser universalizado de maneira igual. Além de resultar dos princípios fundamentais já mencionados, é a compreensão extraída do fato de o *caput* do art. 144 afirmar que a segurança pública é "dever do Estado" e "direito de todos". Desde o contratualismo dos séculos XVII e XVIII, preservar a "ordem pública" e a "incolumidade das pessoas e do patrimônio" é a função primordial que justifica a própria instituição do poder estatal. Na era moderna, a segurança era o elemento mais básico de legitimação do Estado, o mínimo que se esperava da política. Na retórica novecentista do *laissez faire*, a segurança chegava a ser concebida como a única função do Estado "guarda-noturno". O Estado social não só mantém a preocupação central com a segurança, como amplia o seu escopo, concebendo-a como "segurança social" contra os infortúnios da economia de mercado.[18]

O art. 5º da Constituição Federal, em seu *caput*, eleva a segurança à condição de direito fundamental. Como os demais, tal direito deve ser universalizado de maneira igual: não pode deixar de ser prestado à parcela mais pobre da população, ou prestado de modo seletivo. Além de ser decorrência da titularidade veiculada no *caput* do art. 144 ("a segurança direito de todos") e de sua jusfundamentalidade, a exigência da universalização igual da segurança pública, da não seletividade, decorre ainda do princípio republicano. Em uma república, o Estado é *res* pública, coisa pública. Por isso, a administração, em que se incluem os órgãos policiais, deve tratar todos os administrados com impessoalidade, de maneira objetiva e imparcial.[19] O administrador não pode conceder benefícios ou onerar os administrados tendo em vista seus preconceitos e preferências; não pode estabelecer distinções que adotem como critério a classe social, a cor da pele ou o local de moradia (Constituição Federal, art. 3º, IV).[20] O programa constitucional nos impõe a superação da tendência atual de se conceber parte da população como a que merece proteção — as classes média e alta — e parte como a que deve ser reprimida — os excluídos, os negros, os habitantes das favelas.[21]

O tema da universalização igual da segurança pública foi enfrentado pelo STF ao examinar uma questão específica de direito tributário. O STF tem entendido não ser válida a cobrança de "taxa de segurança pública". A taxa é um tipo de tributo que só pode ser exigido em razão do "exercício do poder de polícia"[22] e da prestação de "serviço público específico e divisível" (Constituição Federal, art. 145, I).[23] A instituição de taxa faz com que a tributação incida mais intensamente sobre os particulares que efetivamente demandam a atuação governamental. Mas a segurança pública não é um serviço público que possua beneficiários juridicamente individualizáveis e que possa ser compartimentada de tal modo que se identifique em que medida cada cidadão se beneficia. O STF tem entendido que, tanto por sua natureza quanto por imposição constitucional ("a segurança pública, dever do Estado, direito e responsabilidade de todos [...]"), se trata de serviço público inespecífico e indivisível, devendo, por essa razão, ser mantido por meio de impostos, não de taxas.[24] A compreensão inversa legitimaria a prestação do serviço em diferente quantidade ou qualidade conforme a capacidade econômica do contribuinte — o que seria inadmissível, já que uma distribuição formalmente igual da segurança é talvez o elemento primordial de legitimação do Estado moderno.

Isso não impede, contudo, que sejam constituídas empresas especializadas na prestação de serviço de segurança privada.[25] De acordo com o art. 10 da Lei nº 7.102/83, com a redação dada pela Lei nº 8.863/94, consideram-se serviços de segurança privada "proceder à vigilância patrimonial das instituições financeiras e de outros estabelecimentos, públicos ou privados, bem como a segurança de pessoas físicas" e "realizar o transporte de valores ou garantir o transporte de qualquer outro tipo de carga".[26] Tais atividades devem, contudo, se circunscrever à prestação do serviço de segurança privada, que não se confunde com o estabelecimento de associação de caráter paramilitar. A hipótese é expressamente vedada pela Constituição Federal que, ao garantir a "plena liberdade de associação", proscreve a de "caráter paramilitar" (art. 5º, XVII) e determina constituir "crime inafiançável e imprescritível a ação de grupos armados, civis ou militares, contra a ordem constitucional e o Estado Democrático" (art. 5º, XLIV). A Constituição brasileira é, portanto, incompatível com a criação de milícias urbanas ou rurais, como vem ocorrendo em diversas localidades brasileiras, em que grupos armados se constituem, seja para dar suporte à grilagem, seja para extorquir moradores de favelas, sob o pretexto de protegê-los.

Lei e ordem pública

No *caput* do art. 144, a Constituição determina que as políticas de segurança se destinem à "preservação da ordem pública" e à "incolumidade das pessoas e do patrimônio". É natural que essa seja a tarefa fundamental do serviço público de segurança prestado ao cidadão. No entanto, o uso da noção de "ordem pública" — que é um conceito jurídico indeterminado[27] — abre-se a diferentes apropriações, democráticas e autoritárias, comprometidas ou não com o respeito ao Estado democrático de direito e com a preservação da legalidade.

A noção de ordem pública já esteve no cerne dos discursos de legitimação das ditaduras. Para o pensamento autoritário, o fundamental é que tenha lugar uma decisão política capaz de estabelecer a ordem, de substituir o dissenso político pela adesão, ainda que imposta pela força, a um determinado conjunto de valores, subtraídos à esfera das divergências.[28]

Se a ordem está em confronto com a lei, a opção dos autoritários é sempre pela ordem.[29] Legitimidade e legalidade são concebidas como eventualmente antagônicas, não dimensões vinculadas de um mesmo arcabouço jurídico-institucional: mais importante que preservar a lei é manter a ordem, ditada pela vontade de quem teve força para tomar a decisão soberana.[30]

Essa orientação não é estranha à cultura das instituições policiais brasileiras. A lei é muitas vezes entendida como um entrave à garantia da ordem pública; e os direitos humanos, como obstáculos à atuação eficiente das autoridades policiais. Em pesquisa realizada pela Fundação João Pinheiro, da UFMG, foram entrevistados oficiais e praças que atuam em Belo Horizonte: 41,9% dos oficiais e 67,9% dos praças "concordaram totalmente" com a afirmação de que "o policial militar, hoje, encontra-se impossibilitado de realizar bem o seu trabalho, já que existem muitas leis que garantem direitos aos criminosos".[31] A partir dessa cultura institucional, a função das polícias é frequentemente entendida como a de manter a ordem, não a de preservar a lei. Legitimam-se, então, ações policiais truculentas, torturas e prisões arbitrárias. Em regra, essas práticas se articulam com um olhar seletivo, que constitui "inimigos da ordem". O papel geralmente recai sobre os excluídos, em especial sobre os negros e os moradores de favelas, que figuram como alvo principal da persecução criminal. Trata-se da conhecida "reação em cadeia da exclusão social", que atinge parte considerável da população brasileira, reduzida à condição de "subcidadania".

Uma ordem pública democrática, em contraste, é aquela estruturada pela Constituição e pelas leis. Preservar a ordem pública significa, sobretudo, preservar o direito, a ordem juridicamente estruturada, garantir a legalidade. Políticas públicas e ações policiais que desconsiderem os direitos fundamentais transgridem, até não mais poder, a própria ordem pública que pretendem preservar. A democracia política depende do exercício do poder em conformidade com o direito. Não é difícil constatar que apenas essa orientação é compatível com a Constituição Federal de 1988, e que, por essa razão, grande parte das políticas de segurança praticadas nas últimas duas décadas está em confronto, aberto ou velado, com a presente ordem constitucional.

O tema da vinculação dos órgãos policiais à legalidade pode ser apresentado ainda como problema de "desenho institucional". Hoje, observa-se, em diversos ramos do direito, progressiva flexibilização da legalidade. Tradicionalmente, entendia-se que a administração pública estaria vinculada positivamente à lei: só poderia agir quando o legislador assim determinasse.[32] Atualmente, propõe-se que o administrador não mais se vincule estritamente à lei, mas ao direito, que também é composto por princípios.[33] Se houver um princípio constitucional que dê fundamento ao ato administrativo, este será considerado válido, mesmo que não se baseie em uma norma legal. Semelhante tem ocorrido com os juízes. O juiz do passado deveria aplicar a lei. O juiz de hoje também está autorizado a aplicar princípios e a ponderar as consequências concretas de suas decisões.[34] Quanto às autoridades policiais, esse é um problema de desenho institucional, porque lhes imputar um ou outro papel depende de uma decisão política, assentada em uma avaliação do contexto em que as instituições se inserem.[35] No contexto presente, de violação continuada dos direitos humanos e da moralidade administrativa, não há dúvida de que a melhor alternativa é restringir a atuação policial aos procedimentos expressamente autorizados pelos textos legais.[36]

Quando a Constituição Federal confere às autoridades policiais o dever de preservar a ordem pública não está senão lhes incumbindo da função de manter e promover a ordem republicana, assentada no respeito à legalidade e aos direitos fundamentais. Mas, no Brasil, a exceção se converteu em norma, instaurando-se, de fato, um "estado de exceção permanente".[37] Parte do território não está submetida ao Estado de direito, e parte da população tem suas liberdades correntemente desrespeitadas. A efetivação da Constituição demanda que se institua aqui a "exceção da exceção",[38] que se supere a "ilegalidade normal" das políticas de segurança e se universalizem as garantias do Estado democrático de direito.

Limites e possibilidades do controle jurisdicional das políticas públicas de segurança

Tradicionalmente, a interferência jurisdicional na execução de ações de segurança tem se concentrado na reparação de danos provocados a particulares.[39] Se o policial se excede na execução de suas tarefas, se viola direitos fundamentais, ao fazer um uso desproporcional dos meios coercitivos de que dispõe,[40] além de ser pessoalmente responsabilizado, dará lugar ainda à responsabilização da própria administração pública.[41] A ordem jurídica brasileira atribui ao Estado responsabilidade objetiva.[42] Os atos praticados pelo policial são considerados atos do órgão a que está vinculado,[43] e podem, por isso, ser imputados à administração.

A responsabilidade pode decorrer ainda da omissão estatal. Se o Estado tem o dever de prestar o serviço, e não o faz, omitindo-se na prática de ações concretas, deve ser responsabilizado. Contudo, o Judiciário tem sido bastante exigente quanto à verificação de nexo de causalidade entre a omissão estatal e o dano causado. O STF entendeu, por exemplo, inexistir "nexo de causalidade entre o assalto e a omissão da autoridade pública que teria possibilitado a fuga de presidiário, que veio integrar a quadrilha que praticou o delito, cerca de 21 meses após a evasão".[44] Não se pode, de fato, responsabilizar o Estado por todos os crimes que são praticados, sob o argumento de que seu dever é evitar que isso ocorra.[45] Do contrário, ao invés de financiar políticas universalistas, os recursos públicos acabariam por se destinar apenas à recomposição de danos individuais.[46]

Questão mais complicada diz respeito ao controle de políticas de segurança pública, não apenas de uma ação concreta ou da norma que lhe dá fundamento.[47] Hoje, a atuação judiciária no controle das políticas públicas se intensifica,[48] o que deve ocorrer também no campo das políticas de segurança. O Judiciário pode controlar a juridicidade do treinamento adotado pelos órgãos policiais ou dos procedimentos definidos nos manuais das corporações. Pode, ainda, proscrever a utilização de certo tipo de veículo em incursões em áreas de grande concentração populacional ou o uso de determinado tipo de arma ou munição. O Judiciário deve fazê-lo em conformidade com uma concepção constitucionalmente adequada da segurança pública, que se harmonize com os princípios constitucionais fundamentais, de modo a impedir a execução de políticas inspiradas em concepções bélicas e autoritárias.

Também no tocante às políticas públicas, o controle jurisdicional pode recair sobre a omissão estatal.[49] O Judiciário já teve ocasião para decidir que o Estado não pode deixar de executar determinadas políticas no setor da segurança. Foi o que concluiu o Tribunal de Justiça-RS, por exemplo, ao determinar que o Estado mantivesse programas de internação para adolescentes infratores, incluindo no orçamento a verba necessária.[50] Contudo, no controle das omissões estatais, cabe ao Judiciário adotar especial cautela. Para ponderar os diversos fatores envolvidos na formulação e na execução de políticas, o Executivo é mais talhado que o Judiciário. Este se organiza para examinar casos concretos e normas abstratas; aquele considera a ampla complexidade de fatores sociais e econômicos que lhes são subjacentes.[51] Cabe ao Judiciário, sobretudo, observar o que tradicionalmente se denomina "princípio da realidade"[52] e "reserva do possível".[53] De fato, muitas vezes, não há recursos materiais disponíveis para a execução de determinada política. A atuação judiciária, nesse campo, pode ter lugar, mas deve se dar de maneira moderada e subsidiária às decisões do Executivo e do Legislativo.[54]

Observe-se um exemplo. Em determinada cidade, há um contingente de policiais. O governo estadual resolve deslocá-lo para outra área. O Ministério Público não concorda com a medida e ajuíza ação civil pública, suscitando o princípio da vedação do retrocesso.[55] Uma vez que o direito fundamental à segurança já havia sido concretizado, o Estado não mais poderia retroceder. O Judiciário defere o pedido e determina a realocação dos policiais na cidade de origem. Esse tipo de provimento jurisdicional pode, evidentemente, pôr em risco a racionalidade da ação estatal. Trata-se de decisão que, se não estiver fundamentada em outros elementos que não apenas o princípio da vedação do retrocesso, tende a impedir a distribuição racional e equilibrada dos escassos recursos públicos. A circunstância do direito à segurança já ter sido concretizado em determinado local não significa que deva continuar a sê-lo se há outros lugares em que a prestação do serviço seja mais urgente ou necessária. No controle das omissões legislativas e do retrocesso na execução de políticas de segurança, apenas em hipóteses extremas justifica-se a interferência jurisdicional.

Há ainda uma última distinção indispensável. Ao julgar casos concretos, no âmbito criminal, "o compromisso do Poder Judiciário é com um julgamento ético e justo ao jurisdicionado e não com políticas públicas de segurança".[56] Quando se defende a possibilidade do controle jurisdicional das políticas de segurança, não se está sustentando que o juiz criminal deva julgar casos concretos considerando as políticas estatais para o setor. Restringir a liberdade individual, na sua dimensão mais nuclear, com o objetivo de garantir a execução de políticas de segurança significaria relativizar o valor do ser humano, convertê-lo em meio para a promoção de metas coletivas. Isso corresponderia a adotar pressupostos utilitaristas incompatíveis com a dignidade da pessoa humana, que não podem predominar em um estado democrático de direito.[57]

Conclusão

As maiores ameaças à democracia e ao Estado de direito no Brasil de hoje advêm das políticas de segurança pública, que têm assumido uma orientação predominantemente autoritária. A política de "combate"; a criação de "inimigos públicos"; a criminalização do negro e do pobre; o apelo ao emprego das Forças Armadas: é nesse tipo de retórica que germinam os elementos irracionais do ambiente cultural adequado à emergência do autoritarismo. Não há dúvidas de que parte considerável da população brasileira é objeto de práticas autoritárias. Não há dúvida tampouco de que, em parcela do território, não vigora o Estado democrático de direito. A imprensa, quando flerta com esse imaginário, não está senão fomentando as bases culturais que põem em xeque a estabilidade das instituições democráticas. O Judiciário e o Ministério Público, quando se omitem no controle das políticas de segurança, ou decidem em desconformidade com a lei e o direito, não cumprem um dos principais papéis que a Constituição de 1988 lhes incumbiu: a defesa das instituições democráticas. Romper com a ilegalidade normal das políticas de segurança figura ainda como um objetivo fundamental a ser perseguido pelo Estado brasileiro, como etapa indispensável de nosso processo civilizatório e como condição de possibilidade do progresso social.

Referências bibliográficas

ACKERMAN, Bruce. The emergency constitution. *Yale Law Journal*, v. 113, n. 5, 2004.

ÁPPIO, E. *Controle judicial das políticas públicas no Brasil*. Curitiba: Juruá, 2005.

ARAGÃO, Alexandre Santos de. *A dimensão e o papel dos serviços públicos no Estado contemporâneo*. 2005. Tese (Doutorado em Direito) — USP, São Paulo.

ÁVILA, Ana Paula Oliveira. *O princípio da impessoalidade da administração pública*: para uma administração imparcial. Rio de Janeiro: Renovar, 2004.

BANDEIRA DE MELLO, Celso Antônio. *Curso de direito administrativo*. São Paulo: Malheiros, 2002.

BARCELLOS, Ana Paula de. *A eficácia jurídica dos princípios constitucionais:* o princípio da dignidade da pessoa humana. Rio de Janeiro: Renovar, 2002.

______. Constitucionalização das políticas públicas em matéria de direitos fundamentais: o controle político-social e o controle jurídico no espaço democrático. *Revista de Direito do Estado*, n. 3, 2006.

BARROSO, Luís Roberto. Neoconstitucionalismo e constitucionalização do direito (o triunfo tardio do direito constitucional no Brasil). *RDA*, v. 240, p. 20, abr./jun. 2005.

______.; BARCELLOS, Ana Paula de. O começo da história. A nova interpretação constitucional e o papel dos princípios no direito brasileiro. In: ______. (Org.). *A nova interpretação constitucional*: ponderação, direitos fundamentais e relações privadas. Rio de Janeiro: Renovar, 2003.

BATISTA, Vera Malaguti. Intolerância dez, ou a propaganda é a alma do negócio. *Discursos Sediciosos: Crime, Direito e Sociedade*, n. 4, 1997.

BELLI, Benoni. *Tolerância zero e democracia no Brasil:* visões da segurança pública na década de 90. São Paulo: Perspectiva, 2004.

BENJAMIN, Walter. Sobre o conceito de história (Tese 8). In: *Obras escolhidas*, v. 1. São Paulo: Brasiliense, 1994.

BERCOVICI, Gilberto. *Constituição e estado de exceção permanente:* atualidade de Weimar. São Paulo: Azougue, 2004.

______. *Soberania e Constituição*: poder constituinte, estado de exceção e os limites da teoria constitucional. 2005. Tese (Titularidade) — Faculdade de Direito, USP, São Paulo.

BINENBOJM, Gustavo. *Uma teoria do direito administrativo.* Rio de Janeiro: Renovar, 2006.

BUCCI, M. P. D. *Direito administrativo e políticas públicas.* São Paulo: Saraiva, 2002.

CAMPOS, Francisco. A política e o nosso tempo. In: *O Estado nacional.* Brasília: Senado Federal, 2001.

CANOTILHO, J. J. Gomes. Metodología "fuzzy" y "camaleones normativos" en la problemática actual de los derechos económicos, sociales y culturales. *Derechos y Libertades — Revista del Instituto Bartolomé de las Casas*, n. 6, p. 44, fev. 1998.

CASTRO, Guilherme Couto e. *A responsabilidade civil objetiva no direito brasileiro*: o papel da culpa em seu contexto. Rio de Janeiro: Forense, 1997.

CERQUEIRA, Carlos M. Nazareth. Remilitarização da segurança pública: a operação Rio. *Discursos Sediciosos: Crime, Direito e Sociedade,* n. 1, 1996.

______. *O futuro de uma ilusão*: o sonho de uma nova polícia. Rio de Janeiro: Freitas Bastos, 2001.

CLAUSEWITZ, Carl von. *Da guerra.* São Paulo: Martins Fontes, 1996.

COMPARATO, Fábio Konder. Ensaio sobre o juízo de constitucionalidade de políticas públicas. In: BANDEIRA DE MELLO, Celso Antônio (Org.). *Estudos em homenagem a Geraldo Ataliba*: direito administrativo e constitucional. São Paulo: Malheiros 1997.

DUGUIT, Léon. *Traité de droit constitutionnel.* Paris: Ancienne Librairie Fontemoing, 1928. t. II.

FARIAS, José Fernando Castro. *A origem do direito de solidariedade.* Rio de Janeiro: Renovar, 1998.

______. *A teoria do estado no fim do século XIX e no início do século XX*: os enunciados de Léon Duguit e de Maurice Hauriou. Rio de Janeiro: Lumen Juris, 1999.

FAVOREU, Louis. La constitutionnalisation du droit. In: *L'unité du droit*: mélanges en homage à Roland Drago. Paris: Economica, 1996.

FOLLIS, Luca. Laboratory of war: Abu Ghraib, the human intelligence network and the Global War on Terror. *Constellations*, v. 14, n. 4, p. 636, dez. 2007.

GOUVÊA, Marcos Maselli. *O controle judicial das omissões administrativas.* Rio de Janeiro: Forense, 2003.

GRAU, Eros Roberto. *A ordem econômica na Constituição de 1988.* 11. ed. São Paulo: Malheiros, 2006.

HELLER, Hermann. Démocratie politique et homogénéité sociale. *Revue Cités*, n. 6, p. 205, maio 2001.

JACKOBS, Günther; CANCIO MELIÁ, Manuel. *Derecho penal del enemigo.* Madri: Civitas, 2003.

MENDONÇA, José Vicente S. de. A vedação do retrocesso: o que é e como perder o medo. *Revista de Direito da Associação dos Procuradores do Novo Estado do Rio de Janeiro*, v. XII, 2003.

MESQUITA NETO, Paulo. Violência policial no Brasil: abordagens teóricas e práticas de controle. In: PANDOLFI, Dulce et al. (Orgs.). *Cidadania, justiça e violência.* Rio de Janeiro: FGV, 1999.

MOREIRA NETO, Diogo de Figueiredo. *Curso de direito administrativo.* 10. ed. Rio de Janeiro: Forense, 1992.

MORETZSOHN, Sylvia. *Imprensa e criminologia:* o papel do jornalismo nas políticas de exclusão social. Covilhã: Universidade da Beira Interior, 2003.

MÜLLER, Friedrich. Que grau de exclusão social ainda pode ser tolerado por um sistema democrático? *Revista da Procuradoria-Geral do Município de Porto Alegre*, ed. especial, out. 2000.

MUNIZ, Jacqueline; PROENCA JUNIOR, Domínio. Os rumos da construção da polícia democrática. *Boletim IBCCrim*, v. 14 , n. 164, jul. 2006.

SANFORD, Levinson. Preserving constitutional norms in times of permanent emergencies. *Constellations*, v. 13, n. 1, 2006.

SANTIN, Valter Foleto. *Controle judicial da segurança pública*: eficiência do serviço na prevenção e repressão ao crime. São Paulo: RT, 2004.

SAPORI, Luís Flávio. Os desafios da polícia brasileira na implementação da "ordem sob a lei". In: RATTON, José Luiz; BARROS, Marcelo (Coords.). *Polícia, democracia e sociedade*. Rio de Janeiro: Lumen Juris, 2007.

SARLET, Ingo Wolfgang. *Dignidade da pessoa humana e direitos fundamentais na Constituição Federal de 1988*. Porto Alegre: Livraria do Advogado, 2002.

______. In: LEITE, George Salomão (Org.). *Dos princípios constitucionais*: considerações em torno das normas principiológicas da Constituição. São Paulo: Malheiros, 2003.

______. Direitos fundamentais sociais e proibição do retrocesso: algumas notas sobre o desafio da sobrevivência dos direitos sociais num contexto de crise. *Revista do Instituto de Hermenêutica Jurídica*, n. 2, 2004.

SARMENTO, Daniel. Interesses públicos vs. interesses privados na perspectiva da teoria e da filosofia constitucional. In: ______. (Org.). *Interesses públicos versus interesses privados:* desconstruindo o princípio da supremacia do interesse público. Rio de Janeiro: Lumen Juris, 2005.

SCHMITT, Carl. *Political theology*: four chapters on the concept of sovereignty. Cambridge: Mass.; London: The MIT Press, 1988.

______. *O conceito do político*. Petrópolis: Vozes, 1992.

______. *Teoría de la constitución*. Madrid: Alianza, 1996.

SCHULTE, Bernd. Direitos fundamentais, segurança social e proibição do retrocesso. In: SARLET, Ingo W. (Org.). *Direitos fundamentais sociais*: estudos de direito constitucional, internacional e comparado. Rio de Janeiro: Renovar, 2003.

SILVA, Jorge da. *Segurança pública e polícia*: criminologia crítica aplicada. Rio de Janeiro: Forense, 2003.

SILVA, José Afonso da. *Curso de direito constitucional positivo*. São Paulo: Malheiros, 2001.

SILVA, Virgílio Afonso da (Org.). *Interpretação constitucional*. São Paulo: Malheiros, 2005.

SIQUEIRA CASTRO, Carlos Roberto. *A Constituição aberta e os direitos fundamentais*. Rio de Janeiro: Forense, 2003.

SOUZA, Jessé. *A construção social da subcidadania*: para uma sociologia política da modernidade periférica. Belo Horizonte: UFMG, 2003.

SOUZA, Luis Antonio Francisco de. Polícia, direito e poder de polícia. A polícia brasileira entre a ordem pública e a lei. *Revista Brasileira de Ciências Criminais*, v. 11, n. 43, abr./jun. 2003.

SOUZA NETO, Cláudio Pereira de. A interpretação constitucional contemporânea entre o construtivismo e o pragmatismo. In: MAIA, Antônio Cavalcanti et al. (Orgs.). *Perspectivas atuais da filosofia do direito*. Rio de Janeiro: Renovar, 2005.

______. *Teoria constitucional e democracia deliberativa*. Rio de Janeiro: Renovar, 2006.

______; MENDONÇA, José Vicente Santos de. Fundamentalização e fundamentalismo na interpretação do princípio constitucional da livre iniciativa. In: ______.; SARMENTO, Daniel (Orgs.). *A constitucionalização do direito*: fundamentos teóricos e aplicações específicas. Rio de Janeiro: Lumen Juris, 2006.

STRUCHINER, Noel. *Para falar de regras*: o positivismo conceitual como cenário para uma investigação filosófica acerca dos casos difíceis do direito. 2005. Tese (Doutorado) — Departamento de Filosofia, PUC-Rio, Rio de Janeiro.

TORRES, Ricardo Lobo. O mínimo existencial, os direitos sociais e a reserva do possível. In: NUNES, António José Avelãs; COUTINHO, Jacinto Nelson de Miranda (Orgs.). *Diálogos constitucionais*: Brasil-Portugal. Rio de Janeiro: Renovar, 2004.

VIANO, Emilio. Medidas extraordinarias para tiempos extraordinarios: política criminal tras el 11.09.2001. *Revista Brasileira de Ciências Criminais*, n. 52, 2005.

WACQUANT, Loïc. A globalização da "tolerância zero". *Discursos Sediciosos: Crime, Direito e Sociedade*, ano 5, n. 9 e 10, 2000.

______. A ascensão do Estado penal nos EUA. *Discursos Sediciosos: Crime, Direito e Sociedade*, n. 11, 2002.

ZAFFARONI, Eugenio Raúl. *O inimigo no direito penal*. Rio de Janeiro: Revan, 2007.

Notas

[1] Em outro estudo, elaborado em coautoria com Santos de Mendonça, procuramos esclarecer os diversos sentidos em que o termo "constitucionalização do direito" é empregado: "a primeira acepção — constitucionalização-inclusão — é imediata. Determinado assunto, antes tratado pela legislação ordinária, ou simplesmente ignorado, passa a fazer parte do texto constitucional. É a 'constitucionalização-elevação' de Favoreu, transferência para a Constituição da sede normativa da regulação da matéria (...). A segunda acepção — constitucionalização-releitura — só veio a receber maior atenção nos dias de hoje. Desde que a Constituição passou a ser compreendida como norma jurídica dotada de superioridade formal e material em relação às demais, era questão de tempo até que se passasse a denominar como 'constitucionalização do direito' a percepção, mais ou menos difusa, de que todas as normas infraconstitucionais deviam pagar algum tributo de sentido à norma máxima. O fenômeno, no Brasil, vem sendo descrito e justificado em diversos estudos, com ênfase nas pesquisas recentes sobre a 'filtragem constitucional', a eficácia privada dos direitos fundamentais e a formação de um direito civil-constitucional" (Souza Neto e Mendonça, 2006). Cf. Favoreu (1996) e Barroso (2005).

[2] Cf. Cerqueira (2001); Dornelles, Sulocki, Muniz e Proença Junior (2006); Souza (2003) e Silva (2003).

[3] Cf. Zaffaroni (2007); Jackobs e Cancio Meliá (2003).

[4] A concepção autoritária se apóia em um modelo de sociedade centrado no conflito. Nessa tradição da teoria política, se inserem autores como Maquiavel, Hobbes e Schmitt, que compartilham um ponto de vista pessimista sobre os seres humanos, ao caracterizá-los como vocacionados para a prática de hostilidades recíprocas. Para Schmitt, por exemplo, a política se define como relação "amigo-inimigo" (Schmitt, 1992). Se o meio social se caracteriza pelo conflito, o poder político deve interferir incisivamente na limitação da liberdade, deve decidir os conflitos sociais e estabelecer a ordem. Não é por outra razão que desse tipo de construção resultam Estados autoritários. A ditadura não é vista como algo negativo, mas como alternativa aceitável à desordem e à guerra, que ameaçariam em maior grau a vida e a propriedade das pessoas. Assume preocupante pertinência a conhecida sentença de Clausewitz, para o qual "a guerra não é somente um ato político, mas um verdadeiro instrumento político, uma continuação das relações políticas, uma realização destas por outros meios" (Clausewitz, 1996:27).

[5] Cf. Cerqueira (1996); Silva e Moretzsohn (2003).

[6] Nos Estados Unidos, após os atentados de 11 de setembro, foi editada a legislação de emergência, chamada USA Patriot Act, que prevê, entre outras medidas, a ampliação da possibilidade de prisão para investigações, de buscas em domicílio e de escutas telefônicas, além de restringir os contatos dos investigados com seus advogados. Cf. Ackerman (2004) e Viano (2005).

[7] Após os atentados de 11 de setembro, os EUA têm iniciado uma "guerra global contra o terrorismo", em que se incluem "ações preventivas", sem declaração formal de guerra, em qual-

quer lugar no globo, e o uso corrente de operações clandestinas. Cf. Follis (2007:636): "A resposta da administração foi a elaboração da 'doutrina Bush' e a implementação da guerra global contra o terrorismo. Desde setembro de 2002, o presidente Bush procura distingui-la de qualquer outra guerra em que os EUA tenham se engajado no passado, enfatizando que ela não se apóia em nenhuma declaração formal de guerra ou de fim das hostilidades; não tem nenhum inimigo claramente definido; e não está confinada a nenhuma região geográfica particular. Talvez mais importante, o presidente tem frequentemente enfatizado que, ao lado das operações convencionais, a guerra contra o terror demanda operações secretas e clandestinas".

8 Pode-se argumentar que a segurança pública não pode ser definida como serviço público, mas como atividade de polícia administrativa, já que serviria à restrição da liberdade individual. O exercício do poder de polícia seria "função exclusiva de Estado". Contudo, a garantia da segurança pública exibe caráter tipicamente prestacional. O elemento dominante da noção é a atuação positiva do Estado, no sentido de proteger a segurança, não a limitação da liberdade dos que atentam contra a segurança. Essa ênfase à atuação positiva do Estado é atribuída à noção de segurança pública pelo já referido caput do art. 144 da Constituição Federal. Para a reconstrução do debate sobre o conceito de serviço público, ver Aragão (2005). Para a caracterização da segurança como serviço público, ver Santin (2004).

9 A condição de "domicílio inviolável" já foi reconhecida aos casebres das favelas pelo Supremo Tribunal Federal, em decisão monocrática. Cf. STF, *DJU*, 15 set. 1997, SS nº 1.203, min. Celso de Mello. Na verdade, aplica-se também aqui o parâmetro geral constituído pelo STF para interpretar o conceito de casa para efeito de inviolabilidade domiciliar: "Para os fins da proteção jurídica a que se refere o art. 5º, XI, da Constituição da República, o conceito normativo de 'casa' revela-se abrangente, por estender-se a qualquer aposento de habitação coletiva, desde que ocupado (CP, art. 150, §4º, II)".

10 Como se sabe, a idéia de "coesão social" é qualificada, por importantes publicistas, como a principal tarefa a ser exercida pelo Estado quando este presta serviços públicos. A noção tem origem na "Escola do Serviço Público", desenvolvida no início do século XX, na França. De acordo com Léon Duguit (1928:59), seu principal precursor, serviço público pode ser definido como "toda atividade cuja realização deve ser assegurada, regulada e controlada pelos governantes, porque a consecução dessa atividade é indispensável à concretização e ao desenvolvimento da interdependência social, e é de tal natureza que só pode ser realizada completamente pela intervenção da força governante". Como se vê, o conceito de Duguit está fortemente assentado nas idéias de *solidariedade* e de *cooperação*. Cf. Farias (1998). Na literatura jurídica brasileira atual, sobre a noção de "coesão social", como a que explica e legitima a instituição de serviços públicos, cf. Grau (2006) e Aragão (op. cit.: 357). De acordo com este último: "o fundamento último da qualificação jurídica de determinada atividade como serviço público foi e é ser pressuposto da coesão social e geográfica de determinado país e da dignidade de seus cidadãos".

11 A concepção democrática entende que o cidadão também é talhado para a cooperação social. Nessa vertente do pensamento político estão autores como Rousseau, Heller e Habermas. A polêmica entre Heller e Schmitt, sobre o "conceito do político", ajuda a

esclarecer o papel fundamental que a idéia de cooperação exerce no regime democrático. Heller se contrapõe à perspectiva de Carl Schmitt, ao sustentar que o que caracteriza a democracia é exatamente a existência de um "fundamento comum para a discussão", de um *fair play* diante do adversário público, de uma "unidade na multiplicidade de opiniões". Essa unidade é obtida quando está garantido certo grau de "homogeneidade social" (esta é concebida por Heller em termos econômicos), que é capaz de gerar "uma consciência do sentimento do 'nós'", "uma vontade comunitária que se atualiza". Ao invés de justificar a ditadura, como ocorre na vertente autoritária, a perspectiva democrática enfatiza a necessidade de se garantirem as condições econômicas e sociais para que todos os cidadãos se vejam motivados a cooperar, por receberem da coletividade o tratamento que lhes é devido por questões de justiça. Sobre o lugar da cooperação social na teoria constitucional contemporânea, ver Souza Neto (2006).

[12] Decreto nº 21.753/95.

[13] Os exemplos são lembrados por Cerqueira (2001).

[14] Cf. Sulocki.

[15] Cf. Batista (1997); Belli (2004) e Wacquant (2000).

[16] Não há hierarquia formal entre as normas constitucionais, mas há hierarquia material. Como esclarece Barcellos (2002), embora os princípios "não disponham de superioridade hierárquica sobre as demais normas constitucionais, até mesmo por força da unidade da Constituição, é fácil reconhecer-lhes uma ascendência axiológica sobre o texto constitucional em geral" Cf. Grau (op. cit.) e Silva (2005:123).

[17] Cf. Barroso e Barcellos (2003). No interior do sistema de direitos fundamentais, há a necessidade de se proceder a uma "interpretação conforme a dignidade humana". Algumas notas em torno da relação entre o princípio da dignidade da pessoa humana e os direitos fundamentais na ordem jurídica constitucional brasileira (Sarlet, 2002).

[18] O neoliberalismo, relativamente à segurança, empreende um duplo movimento. De um lado, dissolve as conquistas do estado social quanto à segurança social. De outro, hipertrofia o controle penal, como mecanismo de contenção dos excluídos. Daí a percepção de que o estado social transita para o estado penal (Wacquant, 2002).

[19] No âmbito infraconstitucional, a noção de imparcialidade está expressamente prevista na Lei nº 8.429/92, cujo art. 11 determina: "constitui ato de improbidade administrativa que atenta contra os princípios da administração pública qualquer ação ou omissão que viole os deveres de honestidade, imparcialidade, legalidade e lealdade às instituições (...)". No constitucionalismo estrangeiro, a "imparcialidade", ao invés da "impessoalidade", é utilizada, entre outras, pela Constituição portuguesa, cujo art. 266, 2, determina: "Os órgãos e agentes administrativos estão subordinados à Constituição e à lei e devem actuar, no exercício das suas funções, com respeito pelos princípios da igualdade, da proporcionalidade, da justiça, da imparcialidade e da boa-fé". A imparcialidade aparece ainda na Constituição italiana (art.

97): "As administrações públicas são organizadas segundo as disposições legais, de modo que sejam assegurados o bom andamento e a imparcialidade da administração". Na literatura jurídica brasileira, cf. Ávila (2004).

[20] Os atos administrativos que violam a imparcialidade são nulos. A dogmática especializada há muito trata do tema, e tradicionalmente caracteriza a violação da imparcialidade como hipótese de *desvio de finalidade*. Cf. Lei nº 4.717/65, art. 2º, alínea "e". A vinculação dos atos administrativos ao interesse público não significa, obviamente, que a administração pública não possa atender aos interesses privados dos administrados. Pode fazê-lo. Deve apenas, quando acolhe demandas individuais, agir de acordo com padrões objetivos e imparciais, aplicáveis a todos que se encontrem nas mesmas condições. Nessas hipóteses, o interesse público estará justamente no atendimento às pretensões particulares.

[21] Cf. Siqueira Castro (2003:266).

[22] A referência a "poder de polícia" contida no preceito constitucional tributário tem um sentido diferente do que recebe no contexto das políticas de segurança pública. Poder de polícia é conceito básico do direito administrativo: traduz a noção de que a administração pública tem a faculdade de restringir a liberdade dos particulares com a finalidade de realizar o interesse público. Quando a liberdade do particular é limitada pela administração pública — quando, por exemplo, o particular se submete às normas estabelecidas pela vigilância sanitária —, tem lugar a ocorrência do fato gerador de uma taxa. De acordo com o art. 78 do Código Tributário Nacional, "considera-se poder de polícia atividade da administração pública que, limitando ou disciplinando direito, interesse ou liberdade, regula a prática de ato ou abstenção de fato, em razão de interesse público concernente à segurança, à higiene, à ordem, aos costumes, à disciplina da produção e do mercado, ao exercício de atividades econômicas dependentes de concessão ou autorização do poder público, à tranqüilidade pública ou ao respeito à propriedade e aos direitos individuais ou coletivos". Não é só isso que ocorre quando o Estado cria estruturas administrativas para preservar a ordem pública e a incolumidade das pessoas e do patrimônio, isto é, para prover "segurança pública". O que há, no contexto particular ora examinado, é a prestação de um *serviço público*. Mas não de um serviço público específico e divisível, como o fornecimento de água ou luz, cuja prestação também é fato gerador de taxa.

[23] De acordo com o art. 77 do Código Tributário Nacional, "as taxas (...) têm como fato gerador o exercício regular do poder de polícia, ou a utilização, efetiva ou potencial, de serviço público específico e divisível, prestado ao contribuinte ou posto à sua disposição". Segundo o art. 79, "os serviços públicos a que se refere o art. 77 consideram-se: I — utilizados pelo contribuinte: a) efetivamente, quando por ele usufruídos a qualquer título; b) potencialmente, quando, sendo de utilização compulsória, sejam postos à sua disposição mediante atividade administrativa em efetivo funcionamento; II — específicos, quando possam ser destacados em unidades autônomas de intervenção, de unidade, ou de necessidades públicas; III — divisíveis, quando suscetíveis de utilização, separadamente, por parte de cada um dos seus usuários".

[24] STF, *DJU* , 20 maio 2005, Rcl-AgR nº 2.617, rel. min. Cezar Peluso; *DJU* 18 jun. 2004,

ADI nº 2.424, rel. min. Gilmar Mendes; e *DJU,* 22 out. 1999, ADI-MC nº 1.942, rel. min. Moreira Alves.

[25] Em alguns casos, o STF vem entendendo, até mesmo, ser responsabilidade do particular prover a segurança. É o que ocorre com os estabelecimentos bancários, cuja função fundamental é justamente garantir a segurança do patrimônio dos correntistas. De acordo com o STF, "pelo fato de a segurança pública ser dever do Estado, isso não quer dizer que a ocorrência de qualquer crime acarrete a responsabilidade objetiva dele, máxime quando a realização deste é propiciada, como no caso entendeu o acórdão recorrido, pela ocorrência de culpa do estabelecimento bancário, o que, conseqüentemente, ensejou a responsabilidade deste com base no art. 159 do Código Civil" (STF, 19 out. 1999, AI-AgR nº 239.107, rel. min. Moreira Alves). Não é por outra razão que a lei veda "o funcionamento de qualquer estabelecimento financeiro onde haja guarda de valores ou movimentação de numerário, que não possua sistema de segurança" (art. 1º da Lei nº 7.102/83).

[26] No âmbito federal, cf. Lei nº 9.017/95; Decreto nº 89.056/83; Decreto nº 1.592/95; Portaria do Departamento de Polícia Federal nº 292/95; Portaria do Departamento de Polícia Federal nº 1.129/95; Portaria do Departamento de Polícia Federal nº 387/06.

[27] Cf. Binenbojm (2006:212): "Com efeito, as normas jurídicas podem trazer, em seu enunciado, conceitos objetivos (idade, sexo, hora, lugar), que não geram dúvidas quanto à extensão de seu alcance; conceitos cujo conteúdo é decifrável objetivamente, com recurso à experiência comum ou a conhecimentos científicos (chuva de granizo, morte natural, tráfego lento); e, finalmente, conceitos que requerem do intérprete da norma uma valoração (interesse público, urgência, bons antecedentes, notório saber, reputação ilibada, notória especialização). Estes últimos integram o que se entende por conceitos jurídicos indeterminados, cujo processo de aplicação causa dúvidas e controvérsias, propugnando-se ora por um controle jurisdicional amplo, ora um controle limitado, dependendo de sua associação ou dissociação da discricionariedade".

[28] No ambiente de radicalização que caracterizou a década de 1930, alguns juristas, afinados com a contenção do pluralismo, lançaram mão dessa construção. No Brasil, foi o caso de Francisco Campos. Em texto de 1935, de nítido corte fascista, o autor observa que "as decisões políticas fundamentais são declaradas tabu e integralmente subtraídas ao princípio da livre discussão" (Campos, 2001:28).

[29] Essa concepção foi especialmente desenvolvida por Carl Schmitt (1996), para quem a Constituição (aquilo que o autor denomina "Constituição em sentido positivo") deve ser definida como a "decisão política fundamental" do poder constituinte. Em face dela, "todas as regulações normativas" seriam "secundárias"; não se confundiria, consequentemente, com um conjunto de "leis constitucionais". É especialmente nos contextos de *exceção* que a "decisão política fundamental" aflora sobre as "leis constitucionais".

[30] Cf. Schmitt (1988).

[31] Os dados foram colhidos em pesquisa da Fundação João Pinheiro, concluída em 2001, e são reproduzidos em Sapori (2007:126).

32 O tema é enfrentado no seguinte aresto: "O ato administrativo, no Estado Democrático de Direito, está subordinado ao princípio da legalidade (CF/88, art. 5º, II, 37, *caput*, 84, IV), o que equivale assentar que a administração só pode atuar de acordo com o que a lei determina. Assim, ao expedir um ato que tem por finalidade regulamentar a lei (decreto, regulamento, instrução, portaria etc.), não pode a administração inovar na ordem jurídica, impondo obrigações ou limitações a direitos de terceiros" (STJ, *DJU*, 6 dez. 2004, REsp nº 584.798, rel. min. Luiz Fux).

33 A Lei nº 9.784/99, que regula o processo administrativo no âmbito da União, já incorpora, no art. 2º, parágrafo único, inciso I, essa referência à vinculação à lei e ao direito: "Nos processos administrativos serão observados, entre outros, os critérios de: I — atuação conforme a lei e o Direito". Essa nova tendência, ainda não consolidada, caracterizou, por exemplo, um dos primeiros atos de grande repercussão editados pelo Conselho Nacional de Justiça. Refiro-me à Resolução nº 7, de 18 de outubro de 2005, que, com vistas à concretização dos princípios da moralidade e da impessoalidade, consagrados no art. 37, *caput*, da Constituição, proscreveu, no âmbito do Poder Judiciário, a prática do nepotismo, e definiu quais condutas podem ser assim classificadas. A questão já foi submetida ao Supremo Tribunal Federal, que confirmou a possibilidade (STF, *Informativo* STF 416, ADC-MC nº 12, rel. min. Carlos Britto).

34 Cf. Souza Neto (2005).

35 Cf. Struchiner (2005:165): "Não existe nenhum motivo para acreditar que o modelo formalista é o mais adequado para todas as esferas ou ambientes de tomada de decisões jurídicas. É possível, por exemplo, que uma sociedade não queira que os policiais tenham a capacidade de deliberar acerca das justificativas subjacentes às regras em cada momento de aplicação das mesmas, porque não teriam condições de entender as razões que explicam a sua existência, ou porque, em função do cargo que ocupam, não teriam a isenção necessária para avaliar essas razões. Por outro lado, é possível que a mesma sociedade confie amplamente nos juízes das cortes superiores. Nesse caso, a existência de um modelo particularista seria mais adequada. O ponto é que a escolha por um ou outro modelo é contextual. A escolha por um modelo de regras, isto é, um modelo acontextual (que não avalia todos os aspectos do contexto, mas apenas os fatores previamente estabelecidos e destacados como relevantes pelas regras) é em si mesma uma escolha feita contextualmente e depende principalmente do grau de confiança que existe em relação aos responsáveis pela tomada de decisões".

36 Não foi outra a percepção que inspirou o ato constituinte, ao positivar, com *status* jusfundamental, uma série de direitos e garantias especialmente dirigidos à limitação da persecução criminal. No art. 5º, a Constituição caracterizou a casa como "asilo inviolável do indivíduo"; instituiu a inviolabilidade do "sigilo da correspondência e das comunicações telegráficas, de dados e das comunicações telefônicas"; caracterizou a prática da tortura como crime inafiançável e insuscetível de graça ou anistia; assegurou aos presos o "respeito à integridade física e moral"; estabeleceu que ninguém deve ser "processado nem sentenciado senão pela autoridade competente"; proscreveu a utilização das provas ilícitas; instituiu a impossibilidade de alguém ser preso "senão em flagrante delito ou por ordem escrita e fundamentada de auto-

ridade judiciária competente"; determinou a comunicação imediata da prisão de qualquer pessoa, bem como o local onde se encontre, ao juiz competente e à família do preso ou à pessoa por ele indicada; assegurou ao preso a prerrogativa de permanecer calado, bem como de contar com a assistência da família e de advogado; atribuiu-lhe o direito à identificação dos responsáveis por sua prisão ou por seu interrogatório policial; conferiu às autoridades judiciárias o dever de relaxar imediatamente as prisões ilegais; determinou a impossibilidade da prisão "quando a lei admitir a liberdade provisória, com ou sem fiança". Cf. CF, art. 5º, incisos XI, XII, XLIII, XLIX, LIII, LVI, LXI, LXII, LXIII, LXIV, LXV e LXVI.

[37] Sobre o conceito de estado de exceção permanente, cf. Ackerman e Bercovici (2004); Sanford (2006).

[38] Cf. Benjamin (1994): "A tradição dos oprimidos nos ensina que o 'estado de exceção' em que vivemos é a regra. Precisamos construir um conceito de história que corresponda a essa verdade. Nesse momento, perceberemos que nossa tarefa é instaurar o real estado de exceção; com isso, nossa posição ficará mais forte na luta contra o fascismo." Ver também Bercovici (2005).

[39] Há diversos tipos de controle das ações de segurança. Mesquita Neto (1999) identifica quatro estratégias básicas. O primeiro tipo é o "controle externo e formal/legal", que se dá por meio dos poderes Executivo, Legislativo e Judiciário, especialmente do Ministério Público. Essa estratégia "visa controlar principalmente usos ilegais da força física por policiais". O segundo tipo é o "controle interno e formal/legal", que é feito por meio da ação disciplinar dos superiores e das corregedorias de polícia. O terceiro tipo é o "controle externo e informal/convencional das polícias", que se verifica "através da imprensa, da opinião pública, da universidade, de grupos de pressão, particularmente das organizações de direitos humanos nacionais e estrangeiras". Aqui têm especial importância os "conselhos comunitários", que possuem, como uma de suas funções principais, justamente controlar as ações de segurança. O quarto tipo é o "controle interno e informal/convencional", que se dá por meio da "profissionalização das polícias e dos policiais".

[40] De acordo com o STJ, "o uso de algemas pela força policial deve ficar adstrito a garantir a efetividade da operação e a segurança de todos os envolvidos". No caso, contudo, o STJ entendeu que "demonstra-se razoável o uso de algemas, mesmo inexistindo resistência à prisão, quando existir tumulto que o justifique". Por isso, resolveu afastar "a condenação da União por danos morais" (STJ, *DJU,* 10 nov. 2006, REsp nº 571.924, rel. min. Castro Meira).

[41] STJ, *DJU,* 3 jun. 2002, REsp nº 331.279, rel. min. Luiz Fux: "A perda precoce de um filho é de valor inestimável, e portanto a indenização pelo dano moral deve ser estabelecida de forma equânime, apta a ensejar indenização exemplar. Ilícito praticado pelos agentes do Estado incumbidos da segurança pública"; STJ, *DJU,* 17 nov. 2003, REsp nº 505.080, rel. min. Luiz Fux: "O ilícito foi praticado justamente pelos agentes públicos — policiais militares — incumbidos de zelar pela segurança da população, por isso, a fixação da indenização deve manter-se inalterada como meio apto a induzir o Estado a exacerbar os seus meios de controle no acesso de pessoal, evitando que ingresse nos seus quadros pessoal com personalidade deveras desvirtuada para a função indicada. A prática de ilícito por agentes do Estado incumbidos da segurança pública impõe a exacerbação da condenação".

42 Como se sabe, de acordo com o art. 37, §6º, da Constituição Federal, a administração responderá "pelos danos que seus agentes, nessa qualidade, causarem a terceiros, assegurado o direito de regresso contra o responsável nos casos de dolo ou culpa". Desse modo, a administração pública será responsabilizada pelo erro médico ocorrido no curso de procedimento executado por servidor em hospital público (STF, *DJU*, 21 dez. 2004, AI nº 455.846, rel. min. Celso de Mello); será responsabilizada também pelos danos decorrentes de acidente de trânsito envolvendo veículo oficial (STF, *DJU*, 2 ago. 2002, RE-AgR nº 294.440, rel. min. Ilmar Galvão).

43 Cf. Silva (2001:651), é por essa razão, por exemplo, que, em muitos casos, são reconhecidos como válidos os atos praticados por agente irregularmente investido em função pública.

44 STF, *DJU*, 12 nov. 1999, AR nº 1.376, rel. min. Gilmar Mendes, rel. min. Cezar Peluso.

45 Cf. Bandeira de Mello (2002:871), para uns, na responsabilidade por omissão, exige-se culpa do Estado. Não haveria responsabilidade objetiva para outros, também nas hipóteses de omissão há responsabilidade objetiva do Estado. Exige-se, contudo, que seja uma "omissão específica". Não se pode tratar de "omissão genérica", hipótese em que a culpa deve necessariamente ser aferida. A tese é sustentada por Castro (1997:37). "Há duas possibilidades: ou existe ato ilícito do ente público e a indenização se justifica em razão da própria contrariedade à lei ou não existe e então seu fundamento está na razoável repartição do gravame pela coletividade, dentro de padrões civilizatórios que devem ser buscados. Daí não ser correto dizer, sempre, que toda hipótese proveniente de omissão estatal será encarada inevitavelmente pelo ângulo subjetivo. Assim o será quando se tratar de omissão genérica, não quando houver omissão específica, pois aí há dever individualizado de agir". Nesse sentido, cf. TJ-RS, j. 24 mar. 2006, EI nº 70.013.118.484, rel. des. Cláudio Baldino Maciel: "A responsabilidade imputável às concessionárias de serviço público é objetiva, fundada na teoria do risco administrativo, cuja previsão legal consta no art. 37, §6º da Constituição Federal, sendo reproduzida no art. 927, parágrafo único, do Código Civil de 2002. A aferição do dever indenizatório, neste caso, prescinde da prova do comportamento culposo do réu, somente podendo aquele ser afastado ou minorado ante a demonstração de que a vítima agiu com culpa exclusiva ou concorrente no evento danoso ou, ainda, de que o dano decorreu de caso fortuito, força maior ou fato de terceiro. Incomprovadas tais hipóteses, persiste o dever atribuível à concessionária diante da omissão específica quanto ao dever de sinalização e de manutenção de equipamentos de segurança ao longo da via".

46 Como ressaltado, a responsabilidade estatal deve ser especialmente afastada quando puder ser atribuída à empresa especializada em segurança privada, como ocorre com os estabelecimentos bancários. Cf. STF, j. 19 out. 1999, AI-AgR nº 239.107, rel. min. Moreira Alves.

47 Como esclarece Comparato (1997:352-353), política pública "não é uma norma nem um ato, (...) ela se distingue nitidamente dos elementos da realidade jurídica, sobre os quais os juristas desenvolveram a maior parte de suas reflexões, desde os primórdios da *jurisprudentia* romana. (...) A política aparece, antes de tudo, como uma atividade, isto é, um conjunto organizado de normas e atos tendentes à realização de um objetivo determinado.

[48] Cf. Appio (2005); Bucci (2002) e Comparato (1997).

[49] Em aresto sobre o direito à pré-escola, o STJ estabelece em que termos essa possibilidade pode se dar: "Embora inquestionável que resida, primariamente, nos Poderes Legislativo e Executivo, a prerrogativa de formular e executar políticas públicas, revela-se possível, no entanto, ao Poder Judiciário, ainda que em bases excepcionais, determinar, especialmente nas hipóteses de políticas públicas definidas pela própria Constituição, sejam estas implementadas, sempre que os órgãos estatais competentes, por descumprirem os encargos político-jurídicos que sobre eles incidem em caráter mandatório, vierem a comprometer, com a sua omissão, a eficácia e a integridade de direitos sociais e culturais impregnados de estatura constitucional" (STJ, *DJU*, 13 fev. 2006, REsp nº 718.203, rel. min. Luiz Fux).

[50] Cf. TJ-RS, *j.* 17 out. 2007, AI nº 70.020.195.616, rel. des. Sérgio F. V. Chaves: "1. Cabe ao ente municipal a responsabilidade pela implementação das políticas públicas de proteção a crianças e adolescentes, entre as quais está o programa permanente de atendimento a adolescentes autores de atos infracionais que devem cumprir medida socioeducativa em meio aberto. 2. A reiterada omissão do ente municipal, que vem sendo chamado a cumprir com seu encargo, legitima a ação do Ministério Público de postular ao Poder Judiciário a imposição dessas medidas. 3. É cabível a determinação de que a administração pública municipal estabeleça, na sua previsão orçamentária, as verbas destinadas à implementação e manutenção do referido programa de atendimento".

[51] Várias críticas têm sido formuladas à possibilidade de o Poder Judiciário atuar no controle de políticas públicas. Afirma-se que o controle judicial de políticas públicas viola o princípio da separação de poderes; viola o princípio democrático; desorganiza as políticas estabelecidas pela administração; não é capaz de mobilizar as informações técnicas necessárias; desconsidera os limites financeiros do Estado. O tema é complexo e não poderá ser examinado neste momento. Cf. Barcellos(2006) e Gouvêa (2003).

[52] Cf. Moreira Neto (1992:63): "as normas jurídicas, da mesma maneira que não devem enveredar pela fantasia, tampouco podem exigir o impossível; como ensina o brocardo, '*ad impossibilia nemo tenetur*'. (...) Sob o padrão da 'realidade', os comandos da administração, sejam abstratos ou concretos, devem ter sempre condições objetivas de serem efetivamente cumpridos em favor da sociedade a que se destinam. O sistema legal-administrativo não pode ser um repositório de determinações utópicas, irrealizáveis e inatingíveis, mas um instrumento sério de modelagem da realidade dentro do possível". Cf. ainda STJ, *DJU*, 21 set. 1998, REsp nº 169.876, rel. min. José Delgado: "As atividades de realização de fatos concretos pela administração dependem de dotações orçamentárias prévias e do programa de prioridades estabelecido pelo governante. Não cabe ao Poder Judiciário, portanto, determinar as obras que deve edificar, mesmo que seja para proteger o meio ambiente". Cf. TJ-RS, *DJU*, 9 jun. 2004, AI nº 70.008.095.077, rel. des. Araken de Assis: "A realização de fatos concretos pela administração, com a finalidade de desviar o curso de águas pluviais, subordina-se à prévia previsão orçamentária, ou seja, ao princípio da realidade, não cabendo ao órgão judiciário estabelecer prioridades e ordenar obras".

[53] De acordo com Canotilho (1998:44), a "reserva do possível" faz com que a concretização da dimensão prestacional dos direitos fundamentais se caracterize "1. pela gradualidade de sua realização; 2. pela dependência financeira de recursos do Estado; 3. pela tendencial

liberdade de conformação do legislador quanto às políticas de realização destes direitos; 4. pela insuscetibilidade de controle jurisdicional dos programas político-legislativos, a não ser quando estes se manifestem em clara contradição com as normas constitucionais ou quando, manifestamente, suportem dimensões pouco razoáveis." Cf. Torres (2004).

[54] Há exemplo no estado do Paraná de controle da omissão estatal na execução de políticas de segurança. Constam, de ação civil pública ajuizada pelo Ministério Público Estadual (promotor Denis Pestana), os seguintes pedidos: "destinar o necessário para a reforma da cadeia pública local, segundo normas de segurança e compatíveis com os artigos 88 e 120, da Lei de Execução Penal"; "destinar e manter no exercício de suas funções, nos municípios de Sabáudia e Arapongas, delegados, agentes, investigadores, escrivães, devidamente concursados junto a administração pública do Estado"; "destinar e manter, no exercício de suas funções nos municípios de Sabáudia e Arapongas, número suficiente de policiais militares, além dos já existentes"; "destinar e manter, aos policiais militares, no exercício de suas funções nos municípios referidos, armas em perfeitas condições de utilização e munição em quantidade suficiente"; "tomar as providências legais, em matéria administrativa e em matéria orçamentária, para cumprimento desta pretendida decisão judicial, imediatamente após seu trânsito em julgado"; "nos municípios de Sabáudia e Arapongas, nesta Comarca, destinem exclusivamente ao exercício das funções policiais, pessoas devidamente concursadas, impedindo nomeações de suplentes e *ad hoc* para qualquer atividade policial". A petição inicial pode ser encontrada em: <http://jus2.uol.com.br>.

[55] Cf. Mendonça (2003); Sarlet (2004) e Schulte (2003).

[56] TJ-RS, *DJ*, 18 out. 2005, Agr. nº 70.012.527.008, rel. des. Amilton Bueno de Carvalho.

[57] Esta demanda que a pessoa humana seja tratada como um fim em si mesmo, e nunca como meio para a promoção de finalidades de outrem. Sobre a versão kantiana da dignidade da pessoa humana, cf. Sarmento (2005) e Sarlet (2002).

Estratégias, política e gestão em segurança no Rio de Janeiro: um desafio de todos os cidadãos

José Mariano Beltrame*

A política de segurança delineada pelo governo Sérgio Cabral opera com quatro pilares bem definidos: inteligência, integração, corregedoria e gestão. O conceito de inteligência como base de todas e quaisquer ações operacional e de investigação foi a tônica no primeiro ano de trabalho da nossa administração. Nesse sentido, investimentos foram e estão sendo feitos para dar suporte ao serviço de inteligência, na área de polícia técnica e de capacitação profissional dos policiais, investigadores, delegados e oficiais da Polícia Militar. A concepção de uma polícia que atua efetivamente de forma integrada com diversos organismos nas esferas municipal, estadual e federal já vem rendendo resultados no combate ao crime organizado em todo o estado. Hoje, no combate ao crime, a Secretaria de Estado de Segurança (Seseg) atua em conjunto com Forças Armadas, Polícia Federal, Ministério Público, Guarda Municipal, Detro, Força Nacional de Segurança, entre outros órgãos.

Não há milagre nesse processo. Há gestão. Trabalhamos na segurança com critérios técnicos e administrativos que privilegiam a produtividade, a qualidade do serviço no atendimento à população e os resultados avaliados periodicamente de acordo com metas estabelecidas e atingidas. Implantamos a promoção por mérito em detrimento às indicações políticas para delegacias e batalhões. Hoje, acima de tudo, o policial precisa aprender a ser um gestor de pessoas e de recursos. A otimização dos setores administrativos e operacionais é uma revolução que vem acontecendo nos bastidores das polícias Civil e Militar.

* Secretário de Estado de Segurança do Rio de Janeiro.

Buscamos, da mesma forma, a melhoria da qualidade de trabalho e a integridade dos policiais com a aquisição de equipamentos novos e mais seguros.

Entendemos que não há como construir uma polícia cidadã sem levar em conta a transparência em sua relação com a sociedade. Por isso, a necessidade de rever e modernizar as estruturas das polícias Civil e Militar respeitando, obviamente, a natureza e a história dessas instituições. Fortalecemos a Corregedoria Geral Unificada e a Ouvidoria para combater a corrupção, punir maus policiais, mas também buscando a recuperação daqueles que cometeram desvios de conduta. Essas, em linhas gerais, foram as principais ações tocadas e que resumem a estratégia adotada.

Mas qual é o cenário em que a Secretaria de Segurança atua? No contexto do crime do Rio, é importante ressaltar alguns pontos cruciais que tangem a atuação da Seseg em seu plano estratégico e, principalmente, no plano operacional. O cenário que não pode deixar de ser considerado, quando fazemos uma análise sobre as características da criminalidade no Estado é, no mínimo, peculiar: o Rio de Janeiro possui *concorrência criminosa*. Ao contrário de São Paulo, por exemplo, onde existe o PCC (primeiro comando da capital), aqui, enfrentamos uma guerra entre facções. São quadrilhas de traficantes que se armam até os dentes para guerrearem entre si. A facção ADA (amigo dos amigos) contra o TCP (terceiro comando puro), o TCP contra o CV (comando vermelho) e por aí vai. Isso tudo para auferir mais lucro, assumindo pontos de venda de drogas de um e de outro. A violência imposta por eles aumentou porque as facções diversificaram suas ações. Os traficantes controlam a venda de gás, a eletrificação nas comunidades, TV a cabo, as vans, e assim sucessivamente.

A sociedade carioca não se esquece do que aconteceu aqui, na virada do ano 2006/07. “Comandos” incendiaram pessoas vivas dentro de um ônibus, impedindo-as, armados, de escapar. Nós não podemos conviver com isso. É a barbárie. O criminoso do Rio elaborou um comportamento, uma ética muito diferente de criminosos de outros estados. Aqui, perdeu-se o respeito pela autoridade do Estado. Em São Paulo, quando houve ataques coordenados pelo PCC e a cidade ficou refém, o estado teve de reagir à altura e muita gente morreu. O que há é um questionamento do estado, a tentativa de plantar algo paralelo a partir do enfrentamento e de ações de guerrilha, de terrorismo.

É necessário que o estado retome o seu território. A situação é traumática, mas como se chegou a esse ponto? Isso não começou em 1º de janeiro de 2007. É o resultado de décadas de ausência do poder público, cujo vácuo possibilitou o surgimento de áreas de exceção ocupadas por bandidos psicopatas. Essas quadrilhas promoveram, nos últimos anos, uma corrida armamentista criminosa característica de países em guerra. Diante dessa realidade, o traficante passou a ver a polícia como uma "facção" e não como representação do estado. Chamam a Polícia Militar de "comando azul". Portanto, absolutamente, nada vai ser viabilizado nessa cidade, se esses comandos do crime permanecerem.

Insistem em dizer que a "política da Secretaria de Segurança é de confronto", "que a política é de recrudescimento", "que a política é do fuzil". Isso não é verdade. Quando a polícia entra na comunidade, existe a possibilidade de confronto porque a bandidagem só age assim. Ninguém foge, ninguém se entrega. É uma luta por território e ponto final. É vida ou morte. Ninguém aqui quer matar ninguém. Ninguém defende mortes. Gostaríamos e trabalhamos para ser diferente nos médio e longo prazos, mas não dá para ser ingênuo com a situação do Rio. Na luta contra o crime, morre gente inocente e sofremos muito com isso. O policial erra? Claro. Enfrentar situações de vida ou morte com a obrigação de não cometer deslize é um desafio para poucos. Os policiais são treinados, mas podem cometer erros, pois são seres humanos trabalhando sob as piores pressões na vida cotidiana.

O Rio tem 750 favelas e cerca de 45% delas com presença de tráfico. Portanto, não vamos medir resultado apenas com prisões ou determinada quantidade de drogas apreendidas. Aliás, em uma lista de prioridades, o grande inimigo do Rio de Janeiro hoje chama-se fuzil. A Divisão de Fiscalização de Armas e Explosivos (Dfae) contabilizava dezenas de apreensões de fuzis, nos anos 1980 e início dos 1990. Na última década, entramos na casa do milhar. Uma mudança dramática no perfil: caem o uso e a apreensão de revólver, multiplica-se o fuzil. O efeito letal de um fuzil é algo absurdo e responsável por muitas das mortes de inocentes. Se a polícia diminuir o poder de fogo do tráfico, a letalidade vai cair. As operações de grande porte aumentam a segurança de todos e mostram a força do estado. Bandido nenhum pode ser maior que o estado. A situação do crime no Rio é muito peculiar. Praticamente, não existe fuzil em outros estados do país.

Quem vai cometer um crime não precisa da brutalidade de um fuzil. Em um ano, apreendemos 12 metralhadoras ponto 30, capazes de derrubar helicópteros. Isso é mais do que fora aprendido nos seis anos anteriores somados. O que o traficante pretende com bondes armados de fuzil? Proteger e conquistar território nas barbas do Estado organizado. Um bonde desse não se rende e tem um poder de destruição absurdo. O que a polícia pode negociar, na hora que cruza com uma situação como essa?

Nas operações no Complexo do Alemão e no morro Dona Marta, a polícia localizou e apreendeu dois paióis do tráfico. Em 2 m^2, dentro de uma sala, nós recolhemos mais munição do que a existente em um batalhão da área. Eu, como policial e na condição de secretário de Segurança, não durmo se não for lá buscar esse arsenal. Se, em uma batalha, morrem 12 pessoas, quando deixamos de lado, corre-se o risco de, no ano que vem, morrerem 24. Em 2010, vão morrer 36. Se não agirmos agora, esses criminosos vão se sentir à vontade — como sentiram-se em dezembro de 2006 — e vão dizer novamente: "hoje nós vamos barbarizar o Brasil". Portanto, temos que optar.

Ainda em relação aos confrontos em operações no Rio de Janeiro, é preciso esclarecer a relação entre inteligência policial e operação policial. Inteligência não significa ausência de confronto, como muitos imaginam. Por exemplo, o trabalho de inteligência realizado para prender os traficantes João Rafael da Silva, o Joca da Rocinha, em Fortaleza, e o traficante Marcelo PQD, na Ilha do Governador — duas ocasiões que não resultaram em confronto — é o mesmo trabalho de inteligência que se faz para obter informações sobre um paiol de armas na Favela da Coréia e no Complexo do Alemão. A inteligência, em sua essência, ou seja, a informação objetiva para que nós possamos fazer o planejamento operacional, é a mesma. A questão é que prender o Joca no aeroporto de Fortaleza, às 4 horas da manhã, é completamente diferente da realização de uma incursão policial para tirar 15 mil balas de fuzil 7.62 de um paiol na Grota, no interior do Alemão. Alguns críticos comparam o trabalho das polícias Civil e Militar do Rio ao da Polícia Federal que, segundo eles, "faz operações e não dá tiro em ninguém". Ora, o alvo da Polícia Federal está na avenida Vieira Souto, na Lagoa Rodrigo de Freitas, em Brasília. O meu alvo está na Vila Cruzeiro, onde um policial não anda três quadras sem correr o risco de ser alvejado. As emissoras de televisão mostraram para a sociedade as barricadas que foram erguidas naqueles locais. Os criminosos utilizam táticas de guerrilha e ficam entrincheirados em fortalezas posicionadas estrategicamente e recebem a polícia com tiros de fuzil, de metralhadora e com granadas.

Outra característica peculiar que reflete no padrão do crime verificado no Rio de Janeiro é a configuração geográfica da cidade. A violência aqui não é periférica como, por exemplo, é em Brasília. Lá, a cidade-satélite Ceilândia é uma região com alto índice de violência, mas está localizada a 40 km do Plano Piloto, o que reduz a sensação de insegurança dos moradores do Distrito Federal. Aqui, na Tijuca, na Zona Norte, nós temos 19 morros que se digladiam entre si e o cidadão da classe média está ali embaixo, vendo televisão, enquanto o seu filho está no colégio. Nós temos oito morros em Copacabana e, ali, a violência está instalada. Ela não é periférica, ela é visível. E os comandos criminosos instalados nesses pontos descem para o asfalto e afrontam o cidadão. Informações levantadas pela subsecretaria de inteligência revelam que traficantes estão migrando do Complexo do Alemão para comunidades da Zona Sul. Estão levando com eles armamento pesado. Ora, então eles, os bandidos, também usam a inteligência. Por que eles estão indo para o Pavão-Pavãozinho? Porque um tiro em Copacabana é uma coisa, um tiro lá no Alemão é outra. Uma ação policial em Copacabana tem uma repercussão muito grande porque as favelas e os comandos estão a metros das janelas da classe média.

O Rio de Janeiro tem núcleos criminosos. Nós não podemos permitir que 12 ou 13 marginais disseminem a neurose de violência entre 6 milhões de pessoas. Mas o Rio de Janeiro não é o Iraque. Há capitais brasileiras em situação crítica no setor de segurança, mas das quais nós não sabemos efetivamente os índices de criminalidade que têm porque eles não são revelados.

O Rio de Janeiro é uma cidade onde coexistem realidades extremas e opostas. A poucos quilômetros do apartamento de uma criança que mora no Leblon, outra criança mora na Grota, dormindo a 30 cm de uma vala de esgoto sanitário. É em locais como esse que brota este câncer que nos assola diuturnamente, é o câncer da violência. O fantasma do assalto no sinal de trânsito. Violência não é só tiro de fuzil. Violência é a pobreza, é a ignorância. A solução para esse quadro vai além da ação policial, significa dar qualidade e dignidade de vida a essas crianças, a esses jovens, ao cidadão. À medida que nós dermos qualidade de vida e dignidade, melhorarmos o nível de vida das pessoas, o índice de criminalidade cai. São políticas públicas que deveriam ter sido elaboradas há muito tempo.

Certa vez um repórter me fez uma pergunta: "Se o senhor tivesse um pedido para fazer e que pudesse ser realizado, qual pedido o senhor faria"? De imediato eu respondi: "uma opção para o jovem". E justifiquei. O jovem, hoje — e falo especialmente do jovem que mora em comunidade —, não tem opção. Não tem opção de educação, de lazer, de habitação, de trabalho. O exemplo dele é o bandido que é o dono da boca de fumo, que está lá *malhadão*, e que consegue o carro que quer porque manda roubar. Esse é o exemplo dele. Mas é uma falsa realidade, pois a opção pelo tráfico os leva à morte muitas vezes antes de completarem 20 anos de idade. E ele sabe disso. Ele está preparado para morrer com 20 anos porque o exemplo dele é esse. Com um radinho em cima de uma laje ele ganha por semana mais do que o pai e a mãe ganham em um mês de trabalho. Então, o que o pai e a mãe vão dizer para ele? "Eu ganho mais que vocês, sou eu que sustento isso aqui", é o que ele vai responder.

Um grupo de mães do Complexo do Alemão veio me procurar dizendo que seus filhos não tinham aulas havia dois meses por conta do cerco policial.

Elas queriam que a polícia saísse. E eu perguntei a elas: "que educação as senhoras estão dando para seus filhos, se as senhoras passam de mãos dadas com eles e a duas quadras dali tem dois, três marginais com fuzis fazendo a guarda daquele colégio? Que educação é essa?" Eu quero educação para o meu filho, mas onde tenha uma patrulha da polícia. Engana-se quem não começar a notar e a não levar essas coisas a sério. Nós temos que ter uma postura definitiva, ou nós estamos no lado de cá ou nós estamos no lado de lá.

E por falar em opção, nós colocamos o nome da operação que resultou na prisão do Joça da Rocinha de *operação cidadão carioca*, para agradecer ao cidadão carioca que nos deu a informação do seu paradeiro. Foi o exemplo de uma operação basicamente feita com a contribuição da sociedade. O denunciante não foi e não vai ser identificado.

Precisamos nos conscientizar de que lado nós estamos e não podemos usar de demagogia. Se não houver uma qualificação da vida, se não houver a dignidade no trato com o cidadão, os índices de criminalidade irão aumentar. O Rio de Janeiro tem, com este governo, uma oportunidade. Projetos como o Pronasci e o PAC são oportunidades para o Estado dar uma volta por cima. A ressocialização da Rocinha, do Complexo de Manguinhos e do Alemão são ações que coadunam com a opção pela paz. A Secretaria de Estado de Segurança vai fazer a sua parte, garantir a realização das obras e, depois, garantir a preservação da paz.

Um olhar da magistratura*

Luis Felipe Salomão**

É uma preocupação importante nos nossos dias, a que nos leva a refletir sobre os desafios da gestão pública de segurança e os possíveis modelos integrados, para enfrentar a violência.

Como magistrado, minha carreira se concentrou na atividade pública. Como cidadão e observador atento às atividades judiciárias, tenho militância em associações de magistrados, sendo ex-presidente de uma delas.

Neste texto, trabalho o tema violência pelo ângulo da magistratura, consciente da visão segmentada de quem sempre exerceu atividade judicante.

Proponho como ponto de partida uma fábula que circula na internet, envolvendo um grupo de caçadores de leão, na África.

Nos preparativos para a aventura, alguém lembrou da existência de uma flauta mágica, que ao ser tocada produzia sons que levavam o leão à docilidade de um animal doméstico, facilitando o abate. A contratação do flautista e seu instrumento no grupo produziram bons resultados iniciais.

Certo dia, o flautista se aproximou de um furioso leão e, por mais que se esforçasse, não conseguia produzir efeito. Ao final de algum tempo, o grupo foi exterminado pelo animal, com exceção de um único caçador fugitivo, que concluiu que o grupo fora vítima do surdinho.

A fábula nos permite inferir, por extensão, que os maus resultados da estrutura organizacional brasileira têm como uma das causas a inexistência de um pensar mais estratégico, quanto às adversidades. Parece ser proibido no contexto público, o aperfeiçoamento contínuo do planejamento de médio prazo.

---

* Este texto foi extraído de palestra proferida pelo autor na Fundação Getulio Vargas.

** Ministro do Superior Tribunal de Justiça. Membro da 2ª Seção e da 4ª Turma do STJ. Professor universitário e da Escola de Magistratura do Estado do Rio de Janeiro (Emerj). Professor *honoris causa* da Escola Superior de Advocacia, no Rio de Janeiro.

Quase 40% do PIB brasileiro estão concentrados nas mãos de 5% da população. O fato de que 10% dos mais ricos concentram quase 70% do PIB no Brasil dá ao país uma colocação no topo da lista em desigualdade social, segundo o BID.

São 60 milhões de pessoas vivendo abaixo da linha da pobreza, com mais de 12 milhões de crianças abandonadas.

O país tem cerca de 600 mil advogados, mas falta justiça. Possui em torno de 300 mil médicos, mas falta saúde. Um caos de contrastes que nunca nos permitiu programar, corretamente, essas questões, pelo menos do ponto de vista do Judiciário. Hoje, temos no Brasil a maior população jovem/adulta do mundo.

É a maior população entre 15 e 30 anos.

O nosso país em termos de Judiciário tem aproximadamente um juiz para cada 23 mil habitantes. Comparando-se com países desenvolvidos vamos encontrar valores mais baixos. Na Alemanha, um juiz para cada 3 mil habitantes; na França, para 7 mil; na Argentina, para 9 mil.

No Brasil, considerando todas as instâncias, um juiz julga 60 mil processos por ano. Na Alemanha, não passa de 600 processos por ano. No Brasil julga-se mal e demoradamente. A demora nos julgamentos é justificada por uma explicação intitulada judicialização das relações sociais, sobretudo após a Constituição de 1988.

Em 1988 foram ajuizados 350 mil processos em todas as esferas da Justiça. Em l996 já saltava para 5 milhões, atingindo 17 milhões em 2003. Em compensação, no mesmo período, o número de juízes não atinge o dobro. O aumento de demanda significa aumento de atribuições.

O Judiciário passa a ser o solucionador de todos os conflitos, o garantidor das promessas constitucionais, empregando a mesma estrutura do século passado. Apesar do avanço tecnológico, ainda existem comarcas no Brasil que não possuem um único computador.

O conjunto da administração pública não está preparado para os grandes desafios, impondo-se mudanças da polícia ao Judiciário.

Uma pesquisa feita por juízes, acerca da opinião em relação à impunidade e acerca dos problemas na área criminal, ratifica a necessidade de uma reflexão mais aprofundada, ante a falta de políticas para enfrentar a questão da segurança.

Consideremos duas vertentes distintas.

Uma preocupada com a competência e qualidade de vida do ser humano (o policial, o juiz, o promotor e os agentes) que atua na área de segurança e outra orientada para os elementos propiciadores do desenvolvimento de uma mudança de mentalidade quanto à instituição, abolindo o inquérito policial e introduzindo um Juizado de Instrução, traduzindo uma percepção da maioria dos juízes.

O inquérito policial como concebido hoje é quase uma antiprodução de provas e um canal aberto à impunidade.

Ele é uma herança do direito português de 1941 e poucos são os países que atribuem a mesma importância dada no Brasil. Posso dizer tratar-se de um sistema falido.

No contexto atual, no âmbito da delegacia, escutam-se o acusado e o indiciado, colhem-se provas testemunhais e, posteriormente, tudo será repetido em juízo. Tomemos como exemplo, nos processos do Tribunal do Júri, os crimes dolosos contra a vida. Essa prova é repetida três vezes. No âmbito da delegacia, segue-se o interrogatório pelo juiz para formar o conjunto de provas e depois, outra vez, perante o juiz.

Como imaginar que uma testemunha possa guardar o mesmo fato por muitos anos, repetindo os mesmos detalhes? Por isso, percebo a importância de mudanças no âmbito processual.

Está tramitando, presentemente, na Câmara dos Deputados, um pacote de projetos objetivando a agilização do processo criminal, sinalizando para uma nova realidade.

Durante um congresso de magistrados, ao final de 2006, procurou-se atribuir uma pontuação para alguns aspectos relacionados com a impunidade no Brasil, evidenciando, para mim, os insumos de retroalimentação da violência.

Dos juízes presentes, 86% apontaram, inicialmente, para o excesso de recursos na área criminal, seguindo-se a demora no encerramento do processo.

Para enfrentamento dessas constatações, os Juizados Especiais Criminais seriam um verdadeiro achado, não fosse o fato de que, hoje, os juizados estão abarrotados de delitos que dificultam a simplificação. Vale dizer, a grande maioria dos delitos nos juizados é de ameaças.

O terceiro aspecto, apontado pelos juízes como causa para a impunidade, é formado pelas deficiências presentes no inquérito policial, considerado por 74% dos juízes.

O quarto item é a falta de vagas no sistema penitenciário.

Uma pesquisa pessoal, realizada no Rio de Janeiro, indica que o maior contingente de presos hoje cumpre pena por roubo. Poderia ser traçada uma política de atuação judiciária comprometida com a previsibilidade de vagas.

Uma quinta abordagem, ratificada por 70% dos juízes, cita como causa importante para a impunidade a falta de cooperação entre a Polícia Militar, a Polícia Civil, o Ministério Público e o Poder Judiciário.

Em sexto lugar, quase repetindo o primeiro, estão as quatro instâncias de julgamento, um pano de fundo para o excesso de recursos. Qualquer causa criminal nos nossos dias pode chegar ao Supremo Tribunal Federal, pela via do *habeas-corpus*.

Em sétima posição, 67% dos juízes apontam como causa importante a insuficiência do sistema de proteção de vítimas.

Em oitavo lugar, a dificuldade de utilização de meios de prova, falta de estrutura material, falta de preparo para tocar os processos.

O nono lugar aponta o foro por prerrogativa de função, apontado por 46% dos juízes.

Finalmente, em décimo lugar, a atuação do Ministério, onde 40% dos juízes registram seu voto. Talvez, um jogo de diferenças entre juízes e promotores.

Outros posicionamentos registrados no congresso ajudam na alimentação das discussões sobre a violência:

- boa parte dos juízes não considera divergências de interpretação da lei entre juízes e tribunais como causa da impunidade;
- 34% dos juízes acham que o julgamento pelos tribunais do júri não tem importância para a impunidade;
- 40% dos juízes acham que a conceituação legal do crime de menor potencial não tem importância para a impunidade;
- 79% dos magistrados disseram que penas mais severas para agentes políticos em casos de corrupção e improbidade seriam a principal causa para o resgate da credibilidade do Judiciário;
- sistema mais efetivo de recuperação de bens e ativos decorrentes da prática do crime;
- aumento do tempo de cumprimento da pena;
- apenas 38% dos juízes foram favoráveis à diminuição da maioridade penal.

Quando refletindo aspectos limitadores do desenvolvimento do país, pensando gerar novos insumos para analisar a violência, foram registrados os aspectos que se seguem:

- 90% dos magistrados apontam a corrupção como um entrave significativo;
- a carga tributária;
- nível de educação da população.

A falta de previsibilidade apontada, inicialmente, os dados transcritos do congresso de juízes e uma crítica aos erros do passado com olhos no futuro melhor nos permitem inferir algumas considerações finais:

- não se vai a lugar algum sem uma integração das autoridades incumbidas de gerir o processo de repressão ao crime nos âmbitos federal, estadual e municipal;
- é preciso um trabalho árduo para estabelecer condições de excelência da programação e da previsibilidade;
- é importante construir o melhor perfil de demanda judicial;
- devem ser incentivados os juizados especiais para que possam cumprir a relevante tarefa constitucional que lhes foi destinada.

À medida que eu abri o texto com uma fábula de referência, cabe encerrá-lo com a mesma estratégia, registrando o seguinte adágio: "se o morcego não enxerga a luz não é por culpa do sol".

Inteligência estratégica x investigação policial no combate às organizações criminosas

Gerson Borges*
Fátima Bayma**
Deborah Moraes Zouain***

Realizamos, aqui, uma reflexão teórica acerca do conceito de inteligência e, a partir desse conceito, apresentamos as diferenças básicas entre a atividade de inteligência, a atividade de investigação policial e a análise criminal, procurando mostrar a importância de todas no combate às organizações criminosas, respondendo à seguinte pergunta: o que é mais eficaz, na área policial, no combate às organizações criminosas: a inteligência, a investigação ou a análise criminal?

Introdução

Após os atentados de 11 de setembro de 2001, os temas segurança e inteligência passaram a figurar nos fóruns internacionais e nas agendas de diversos países.

Com o fim da chamada "Guerra Fria", muitos teóricos acreditaram na utopia de um mundo seguro e sem violência, porém a realidade é bem diferente disso.

---

*Graduado em ciências navais pela Escola Naval, pós-graduado em alta dirección de seguridad, pela Universidad Comillas de Madrid, e em inteligência estratégica, pela Escola Superior de Guerra. É mestre em gestão empresarial, pela Fundação Getulio Vargas. Autor do livro *Seqüestros*: a liberdade tem preço e de diversos artigos na área de prevenção de riscos e perdas.
**Doutora em educação, mestre em administração, com especialização na França e na Bélgica. Professora titular da Fundação Getulio Vargas nos cursos de doutorado, mestrado e graduação em administração. Publicou diversos livros, artigos e coordenou vários cursos de pós-graduação e seminários nas áreas de educação a distância, gestão de saúde, gestão de negócios e tecnologia da informação.
***Doutora em engenharia de produção pela Coppe/UFRJ. Vice-diretora da Escola Brasileira de Administração Pública e de Empresas (Ebape) da Fundação Getulio Vargas. Chefe do Centro de Formação Acadêmica e Pesquisa da Ebape. Coordenadora do Núcleo de Estudos da Gestão de Justiça e Segurança da Ebape.

Hoje, vemos, cada vez mais, o crescimento acentuado da violência nos centros urbanos, movimentos separatistas, atividades de grupos terroristas etc. Nesse contexto, a atividade de inteligência tem fundamental importância, a fim de prevenir ações delituosas, por parte de grupos contrários às normas de condutas civilizadas da sociedade.

Porém, essa necessidade não nasceu em setembro de 2001.

Munique, 1972

> Eram aproximadamente 4 horas da manhã do dia 5 de setembro de 1972, quando oito vultos pularam o muro da Vila Olímpica em Munique na Alemanha. O *staff* da segurança notou o ocorrido e pensou tratar-se de atletas voltando de uma noitada na cidade. Iniciava-se ali o evento que iria mudar para sempre a estrutura dos serviços de inteligência e contra-inteligência da Europa e do mundo ocidental. Os trágicos resultados, como nos mostram os relatos da época, foram 11 atletas israelenses mortos e, é claro, esse fato teve conseqüências em todo o mundo. Mas por que aquilo teve tais conseqüências? Entre os mais variados motivos, um deve ser analisado, por ser parte do tema em questão: até aquele momento, 1972, os órgãos de inteligência na Europa eram "estanques", não se falavam e não trocavam informações de forma eficiente, o que levou diversos serviços de inteligência a ter fragmentos de informações que, se consolidados, poderiam ter evitado o desastre na Vila Olímpica. A partir de Munique e com o crescente número de atentados terroristas, principalmente na Europa e na África, esse quadro mudou completamente. Foram criados os chamados grupos de contraterrorismo e os órgãos de inteligência começaram, então, a trocar informações de forma efetiva, o que ajudou muito a prevenir diversos atentados e/ou a apoiar diversos governos na ocorrência de atentados terroristas em seus países, quer seja por meio de assessores para negociar, quer seja com equipes de unidades de contraterrorismo.

Isso ocorreu em 1972, há exatos 36 anos, e verificamos que as premissas de antes daquele ano na Europa ainda acontecem no Brasil de forma bastante acentuada — as áreas de inteligência dos mais diversos órgãos do Estado simplesmente não trocam informações com a competência e a oportunidade que deveriam.

A inteligência

Historicamente, a inteligência surgiu como instrumento para assessoramento de estratégias militares, sendo posteriormente utilizada como instrumento de assessoramento do Estado.

Segundo Cepik (2003), "as primeiras organizações permanentes e profissionais de inteligência e de segurança surgiram na Europa moderna a partir do século XVI, no contexto da formação dos Estados nacionais, como forma predominante de estruturação da autoridade política moderna".

Não podemos esquecer que o processo de afirmação dos Estados nacionais foi bastante conturbado, com disputas e conflitos sociais complexos. Assim, a necessidade de informações sobre outros estados, governantes e a própria população teve como resultado a formação de organizações que pudessem fornecer aos mandatários os subsídios necessários para a sua tomada de decisão.

Ao longo do tempo, a necessidade de informações nas guerras, na diplomacia e na segurança interna dos países reafirmou a necessidade de uma organização que pudesse congregar essas responsabilidades.

Embora as organizações criadas à época para realizar essas tarefas tenham se extinguido, e as organizações de inteligência atuais tenham um espectro muito maior e mais complexo de responsabilidades, sua atribuição final permaneceu praticamente imutável: assessorar o Estado com informações para a tomada de decisões.

Devemos partir do que realmente significa inteligência, que tem as mais variadas definições, nos mais diversos órgãos.

A inteligência tem três aspectos principais que devem ser entendidos de forma separada, porém estão intrinsecamente relacionados — a atividade de inteligência, o produto final dessa atividade e, finalmente, a organização que efetivamente realiza essa atividade.

A atividade de inteligência de acordo com o *Manual de Inteligência* do Sistema Brasileiro de Inteligência (Sisbin) é "um instrumento de Estado, para assessoramento das autoridades governamentais no planejamento, na execução e no acompanhamento das políticas de Estado".

Daí utilizarmos aqui o termo inteligência como a inteligência de Estado.

O produto final da inteligência é um conhecimento confiável para um usuário, adquirido e trabalhado por meio de metodologia específica, para a tomada de decisão no âmbito do Estado e, para tal, deve ser tratado com um grau de sigilo adequado.

De acordo com Washigton Platt (1957), "*intelligence* é um termo específico e significativo derivado da informação, informe, fato ou dado que foi selecionado, avaliado, interpretado e, finalmente, expresso de tal forma que evidencie sua importância para determinado problema de política nacional corrente".

Nesse conceito de Platt, informação não é inteligência, sendo esta bem mais ampla do que aquela.

Quanto ao terceiro aspecto — organização que efetivamente realiza essa atividade —, é importante ressaltar que tal organização deve ser formada com pessoal especializado nas mais diversas áreas do conhecimento e também na área específica de inteligência, a fim de produzir conhecimentos oportunos para a tomada de decisão. Para essa formação, um processo seletivo rigoroso deve ser levado em consideração, em virtude da sensibilidade e do sigilo dos assuntos que serão tratados no âmbito da organização.

Finalmente, um aspecto a ser levado em consideração é a continuidade dos recursos humanos dessa área específica. Não é interessante que esses profissionais sejam transferidos de função com frequência, tendo em vista a necessidade de tempo para que tal funcionário tenha a experiência necessária para o desenvolvimento efetivo de seu trabalho.

Nesse momento é importante ressaltar que a atividade de inteligência tem dois segmentos distintos:

- inteligência — segmento da atividade que tem como finalidade a coleta e a busca de conhecimentos de interesse, protegidos ou não;
- contrainteligência — segmento da atividade de inteligência que tem como finalidade proteger o conhecimento da atividade de inteligência do elemento adverso.

A informação

Um aspecto fundamental no escopo deste artigo é definir a informação. Informação, segundo Vaitsman (2001), "é um fenômeno conhecido, fato, dado ou acontecimento, algo que está estritamente ligado ao passado e não ao futuro".

A informação não é inteligência, mas sim a matéria prima para a produção da inteligência.

A informação tem como características referir-se a fatos passados ou presentes. O estado mental do analista é o estado de certeza, não existem dúvidas acerca do fato ou do acontecimento que ele relata.

Mark Lowental, em seu trabalho *Intelligence*: from secrets to policy, nos mostra essa diferença ao afirmar:

> Informação é tudo que possa ser conhecido, indiferentemente de como ela tenha sido descoberta. Inteligência refere-se à informação que reúne as necessidades indicadas ou compreendidas pelos tomadores de decisão e foram coletadas, refinadas e estreitadas para ir ao encontro daquelas necessidades.

Vemos então que tanto Vaitsman quanto Lowental têm o perfeito entendimento de que inteligência, como produto de uma informação, que passou por um tratamento realizado por um profissional de inteligência — o analista —, serve para assessorar uma tomada de decisão em qualquer nível: político-estratégico, tático ou operacional.

Níveis de decisão e níveis de conhecimento

Em qualquer organização, existem os mais diferentes níveis de decisão e é interessante fazermos uma correlação entre os níveis de decisão e os níveis de conhecimento necessários para auxiliar o gestor em suas respostas a determinado problema (quadro 1).

Quadro 1

Níveis de decisão e de conhecimento

Nível de decisão	Nível de conhecimento
Nível estratégico Relacionado a planos e políticas nacionais e/ou internacionais	Inteligência Informação que se especula sobre desdobramentos futuros
Nível tático Relacionado a planos e ações setoriais	Informação Dados avaliados, interpretados e integrados a determinada situação
Nível operacional Relacionado à execução de procedimentos e rotinas	Dados Fatos, tabelas, organogramas, gráficos, imagens etc., que não passaram por um processo de análise por profissional ligado à área de inteligência

Órgãos de nível tático/operacional não produzem conhecimentos estratégicos. Esses órgãos, normalmente, se valem e elaboram somente o conhecimento e a informação, pois são ações que normalmente se encerram em si mesmas. Assim, delegacias de polícia, unidades militares, delegacias da receita federal e outras áreas de serviço público correlatas não produzem inteligência, mas sim informação, pois não têm a capacidade de análise necessária para a produção de inteligência.

É importante ressaltar que, normalmente, as organizações policiais, quando de seu trabalho de coleta e busca de conhecimento para resolver atos delituosos, normalmente estão trabalhando com informações e não com inteligência, pois estão preocupadas com o passado (o que aconteceu) e com o presente (ação que está ocorrendo para a busca de provas).

A contrainteligência

É o segundo segmento da atividade de inteligência e tem como finalidade principal se contrapor à inteligência adversa (por inteligência adversa podemos entender desde a de outros estados como também a busca por conhecimento de organizações criminosas) e proteger os conhecimentos de interesse, em todos os níveis.

Dentro da contrainteligência encontramos as medidas de segurança de órgãos públicos e privados, onde são aplicadas medidas de prevenção, obstrução, identificação, avaliação e neutralização das ações daqueles que porventura querem prejudicar o Estado ou a organização.

Essas medidas de segurança (primeira área de atuação) normalmente são divididas em segurança física, eletrônica, pessoal e da informação, em que somente com uma acurada análise de riscos, por profissionais realmente capacitados para tal, poderemos fazer frente às ameaças que se apresentem, realizando projetos eficientes de contramedidas de segurança.

A segunda área da contrainteligência é a segurança ativa, na qual encontramos, entre outros, a contraespionagem e o contraterrorismo.

A inteligência policial ou de segurança pública

No âmbito do Sisbin, existe o chamado Subsistema de Inteligência de Segurança Pública (Sisp), que foi criado em 2000, pelo Decreto nº 3.695, para "coordenar e integrar as atividades de inteligência de segurança pública de todo o país, bem como suprir os governos federal e estadual de informações que subsidiem a tomada de decisões nesse campo".

Ainda nesse decreto, o tema inteligência de segurança pública é abordado da seguinte maneira: "cabe aos integrantes do subsistema, no âmbito de suas competências, identificar, acompanhar e avaliar as ameaças reais ou potenciais de segurança pública e produzir conhecimentos e informações que subsidiem ações para neutralizar, coibir e reprimir atos criminosos de qualquer natureza".

É importante, nesse momento, definir exatamente o que vem a ser inteligência policial ou de segurança pública, uma vez que as dificuldades que serão apresentadas estão diretamente relacionadas a essas atividades.

Por inteligência policial, entende-se o conjunto de ações que são realizadas com o objetivo de:

- prevenir, obstruir, identificar e neutralizar as organizações criminosas;
- colaborar com a investigação policial;
- fornecer subsídios ao Ministério Público e ao Poder Judiciário nos processos judiciais.

Esse tipo de inteligência é realizado pelas polícias civis, militares estaduais, federal e rodoviária federal.

Notamos na definição de inteligência policial a diferença entre esse termo e a informação, pois a inteligência serve para que a investigação policial tenha as ferramentas necessárias para realizar o seu trabalho.

Por outro lado, vemos com frequência setores de "inteligência" em diversas delegacias e órgãos sem quaisquer estruturas de análise (pois inteligência é principalmente análise de dados) para realizá-la. Esses policiais realizam, sim, a investigação policial a fim de tentar resolver um delito específico, não realizam inteligência.

Da mesma forma, surgiram novos organismos com a denominação "inteligência" criando mecanismos de investigação criminal como a Subsecretaria de Inteligência do Estado do Rio de Janeiro (Ssinte/RJ), Coordenadoria de Segurança e Inteligência do Ministério Público (Csimp), Coordenação Geral de Pesquisa e Investigação (Copei) da Receita Federal, Assessoria de Pesquisa Estratégica (APE) do Instituto Nacional de Seguridade Social (INSS) e outros, visando resolver problemas específicos.

Existem, dentro das diversas secretarias estaduais de segurança, das superintendências da Polícia Federal e da Polícia Rodoviária Federal, áreas específicas para tratar de inteligência, a fim de dar subsídios importantes às delegacias de bairro, regionais e de níveis mais operacionais, para a resolução de seus crimes, mas esse trabalho de inteligência não pode, e não deve, ser confundido com investigação, pois essa tem um fim em si mesma e a inteligência não.

Como lembra Wilhelm Agrel (2002), "quando tudo é inteligência, nada é inteligência", pois, segundo o autor, a utilização inadequada do termo inteligência não atendendo a especificidades de campo especializado reflete prática de renomear atividades e cargos com o objetivo de imprimir caráter moderno e atual, os denominados modismos no campo dos negócios.

Outro ponto destacado pelo autor é que "a aplicação do conceito ou talvez a ilusão da análise de inteligência a várias atividades do processamento de informações não se constituem realmente inteligência no sentido profissional da palavra, e ampliar o conceito é uma coisa, mas nivelá-lo ou aplainá-lo é algo bem diferente".

Logo, vemos de forma clara que a inteligência é uma atividade realizada em órgãos no mais alto nível, na esfera federal ou estadual, tendo em vista a necessidade de pessoal altamente especializado, com conhecimento específico e equipes interdisciplinares que, com suas análises, poderão assessorar os trabalhos realizados pelos tomadores de decisão, quer no nível estadual, quer no nível policial.

Especificamente na atividade policial, esse trabalho se reveste de importância fundamental para o combate às organizações criminosas, pois, com as informações e análises do órgão de inteligência das secretarias de segurança dos estados, os diversos setores policiais poderão realizar suas ações de forma pontual e oportuna, com economia de meios e com menores riscos aos seus integrantes.

A análise criminal

É um recurso utilizado na atividade de produção do conhecimento policial, dentro do amplo contexto da inteligência policial, pois o fenômeno criminalidade pode ser acompanhado com a utilização dessa análise.

Na realidade, a análise criminal é o suporte para a previsão, prevenção e repressão dos crimes no Brasil.

Segundo Gottlieb (1998), a análise criminal é "um conjunto de processos sistemáticos direcionados para o provimento de informação oportuna e pertinente sobre padrões do crime e suas correlações de tendências, de modo a apoiar as áreas operacional e administrativa no planejamento e na distribuição de recursos para a prevenção e supressão das atividades criminais".

Em outras palavras, a análise criminal é uma ferramenta para apoiar os gestores da área de inteligência de segurança pública.

Alguns projetos bem-sucedidos no Brasil já ilustram a importância da análise criminal.

A Polícia Militar de Minas Gerais (PMMG) implementou, com a participação da Universidade Federal de Minas Gerais (UFMG), o Projeto Mapa, na cidade de Belo Horizonte. Esse projeto teve duas fases distintas: a primeira correspondeu à organização de uma base de dados de ocorrências policiais georreferenciadas, que pudessem ser utilizadas, por analistas, para a confecção de programas e projetos específicos de controle da criminalidade na capital mineira. A segunda fase foi a utilização desse sistema nas ruas, pelos próprios policiais, a fim de dar ao sistema uma eficiência maior.

Em Brasília, a Polícia Militar do Distrito Federal (PMDF) tem um sofisticado sistema de gerenciamento e consolidação de dados, atinentes às ocorrências atendidas pela instituição na capital federal e adjacências.

Esses dados são coletados nas ruas e processados no Centro de Informação e Administração de Dados (Ciad), órgão que assessora o comando da instituição no combate à criminalidade na capital federal.

A Polícia Civil de Brasília também dispõe de um sistema de gerenciamento de dados criminais — o Sistema Milenium — cujo objetivo é a coleta, a reunião e a análise de dados criminais no âmbito das atividades da Polícia Civil.

O governo do estado do Rio de Janeiro, por meio de sua Secretaria de Segurança, também desenvolve um sistema capaz de orientar, com utilização da análise criminal, programas e projetos de segurança pública, a partir de sistemas de tecnologia da informação.

Todas essas iniciativas vão ao encontro do preconizado na Secretaria Nacional de Segurança Pública (Senasp) do Ministério da Justiça, onde é grande o esforço para a formação e integração de bases de dados nacionais sobre criminalidade.

Em dezembro de 1995, foi regulamentado, pelo ministro da Justiça, o Programa de Integração de Informações Criminais, que deu origem, na prática, ao Sistema Nacional de Integração de Informações em Justiça e Segurança Pública (Infoseg).

Esse sistema é de uso restrito dos órgãos da área de justiça e de segurança pública e tem como objetivo fazer a integração, em território nacional, de todos os bancos de dados existentes, para facilitar a atuação das polícias dos estados na identificação de pessoas que estejam com problemas criminais pendentes na justiça.

De acordo com Pereira (2003), o emprego sistemático da análise criminal permite

> identificar a existência, surgimento e evolução dos padrões e tendências de crimes; identificar áreas de maior incidência de determinadas categorias de crimes; subsidiar o planejamento do policiamento ostensivo; melhorar o uso dos recursos operacionais disponíveis; diminuir custos e positivar a relação custo/benefício; avaliar o desempenho policial; e promover a eficácia da ação policial.

O objetivo da atividade de análise criminal é subsidiar as ações dos policiais e dos tomadores de decisão das secretarias de segurança pública dos estados, pois os produtos da análise criminal servirão de subsídios para lidar com os cenários futuros e as incertezas da segurança pública.

Não existe dúvida de que a inteligência e a análise criminal são fundamentais para as polícias combaterem, no cotidiano das cidades, os crimes e os delitos contra a sociedade, porém somente com a integração dos bancos de dados e com o aumento da confiança entre as mais diversas secretarias de segurança estaduais, esse trabalho poderá se tornar efetivo, tornando suas ações pontuais e oportunas, com economia de meios e com menores riscos aos seus integrantes.

Diferenças entre atividade de inteligência de Estado e a atividade de investigação policial

Podemos apresentar as diferenças com relação:

- ao objeto;
- à competência;
- à forma;
- à finalidade;
- ao momento da atividade;
- ao bem tutelado.

Primeiramente, podemos estabelecer a diferença em relação ao objeto. Na investigação policial temos o crime, ou seja, uma conduta humana consciente e voluntária prevista e não permitida no ordenamento jurídico criminal, portanto, um fato criminoso. Já a atividade de inteligência tem como objeto qualquer fato ou situação de imediata ou potencial influência sobre o processo decisório, sua preservação e defesa de determinado organismo, como o Estado nacional.

Quanto à competência, a investigação policial, conforme preconizado no art. 144 da Constituição da República Federativa do Brasil e no art. 4º do Código de Processo Penal, "deve ser realizada pelas autoridades policiais por meio da polícia judiciária (Polícia Civil e Federal)".

Por outro lado, a atividade de inteligência de Estado deve ser realizada por analistas capacitados e com garantias e prerrogativas funcionais dentro do organismo que visa assessorar. Como no caso do assessoramento da Presidência da República, realizado pela Agência Brasileira de Inteligência (Abin) e previsto na Lei nº 9.883/99.

Em relação à forma, a atividade de investigação policial deve atender às previstas no Código de Processo Penal, sendo um conjunto de atos jurídicos legítimos, formando um inquérito policial com um relatório final conclusivo. A atividade de inteligência de Estado também é uma função intelectual, pela qual é produzido um conhecimento, por meio de um processo metodológico, do tipo informe, informação, apreciação e estimativa.

A finalidade da investigação policial é a obtenção de provas lícitas e legítimas, visando à apuração de infrações penais, identificando a autoria e comprovando a materialidade do crime, contribuindo assim para a redução de crimes e assegurando uma sensação melhor de segurança pública. A atividade de inteligência visa à obtenção de dados e à produção de conhecimento para assessorar planejadores de políticas, evitando surpresas, fornecendo experiências a longo prazo e mantendo o sigilo das informações, necessidades e métodos.

Quanto ao momento da atividade, a investigação é reativa, pois a decisão ocorre após o fato. Ela objetiva reprimir o fato criminoso, portanto, trabalha com fatos passados e presentes. A atividade de inteligência é proativa, pois visa antecipar os acontecimentos, evitando surpresas.

Em relação ao bem tutelado, a investigação policial visa proteger a sociedade dos criminosos, garantindo a vida, o patrimônio e outros bens previstos no Código Penal. Já a atividade de inteligência tem por objetivo a tutela da preservação e a defesa de determinado organismo.

Quadro 2

Resumo das diferenças entre investigação policial e inteligência

	Atividade de inteligência	**Atividade de investigação policial**
Finalidade	Apoiar planejadores de políticas, evitando surpresas e fornecendo experiências a longo prazo, e manter o sigilo das informações, das necessidades e dos métodos	Obter provas lícitas e legítimas, visando à apuração da infração penal e sua autoria, e à garantia da ordem pública
Forma	Processo de conhecimento — informe, informação, apreciação e estimativa	Procedimento administrativo — inquérito policial
Atividade	Conhecimento e assessoramento de decisão	Conhecimento, execução e decisão
Conteúdo	Multidisciplinar	Jurídico
Fatos	Passados, presentes e futuros	Passados
Decisão	Proativo	Reativo
Atividade	Meio	Fim
Bem tutelado	A República Federativa do Brasil Estado nacional	Sociedade e bens juridicamente tutelados, como vida, patrimônio e outros

Conclusão

Muitos profissionais confundem inteligência com informações, talvez pelo próprio termo — informações — e pelo extinto Serviço Nacional de Informações (SNI). Porém, os dois termos são bastante diferentes.

Informação é um tipo de conhecimento, em que um analista trata de fatos passados e presentes e tem certeza do produto de seu trabalho. Já a inteligência é bem mais ampla e, como vimos, tem três aspectos principais que devem ser entendidos de forma separada, porém estão intrinsecamente relacionados: a inteligência como atividade, como produto final dessa atividade e, finalmente, como organização que realiza essa atividade.

A inteligência como atividade é um instrumento para assessorar políticas de Estado, e não um fim em si mesma.

Quando falamos em inteligência como atividade, é importante distinguir seus dois segmentos: a inteligência e a contrainteligência, pois a primeira é voltada para a busca de conhecimento e a segunda para a proteção de conhecimentos, instalações e pessoas.

A informação, por outro lado, é a matéria prima para a produção de inteligência, e não deve ser confundida com nada além disso.

A inteligência policial, do mesmo modo, não pode e não deve ser confundida com informação/investigação policial, uma vez que o produto dela é levantar provas materiais, para a elucidação de um crime, sendo um fim em si mesma.

A análise criminal, sem dúvida, é fundamental para alimentar de dados concretos o trabalho de inteligência em todas as esferas do poder, quer seja municipal, estadual ou federal, tendo em vista a acurácia dos seus dados, fortemente influenciados pelas ferramentas de tecnologia da informação.

As secretarias de segurança pública dos estados devem ter em sua estrutura uma área de inteligência que seja bastante profissional, dotada de pessoal preparado e competente para essa atividade específica, a fim de assessorar os governadores estaduais na sua tomada de decisão, no mais alto nível, além de dar subsídios para que as polícias tenham conhecimento seguro para realizar suas funções com maior eficiência.

Não há dúvida que, sem uma inteligência eficaz e de alto nível, a investigação policial será bastante dificultada e onerosa para levar à justiça os criminosos, ficando, na maioria das vezes, baseada no empirismo e no método tentativa e erro.

Sem uma análise criminal profissional, fortemente baseada em análise de dados e com ferramentas de tecnologia da informação, não teremos os dados necessários, em tempo real, para integrar os sistemas de segurança pública, tornando cada vez mais difícil o trabalho da inteligência e da investigação policiais.

Na verdade, inteligência, investigação e análise criminal são, no âmbito da segurança pública, interdependentes, não existindo uma atividade que se sobreponha à outra, mas sim, devem se complementar, a fim de que tenhamos uma polícia cada vez mais profissional e eficiente no combate à criminalidade.

Referências bibliográficas

AGREL W. When everything is intelligence — nothing is intelligence. *The Sherman Kent for Intelligence Analysis. Occasional Papers*, v. 1, n. 4, 2002.

BRASIL. *Manual de Inteligência do Sistema Brasileiro de Inteligência*, 2000.

_______. *Decreto nº 3.695*, de 21 de dezembro de 2000, cria, na jurisdição do Sistema Brasileiro de Inteligência, o Subsistema de Inteligência de Segurança Pública.

CEPIK, M. A. Sistemas Nacionais de Inteligência: origem, lógica de expansão e configuração atual. *Revista Dados*, v. 46, Rio de Janeiro, 2003.

GOTTLIEB, S. *Crime analysis*. California, CA: Alpha Publishing, 1998.

LOWENTAL, M. M. *Intelligence*: from secrets to policy. 2. ed. Washington, DC: CQ Press, 2003.

PEREIRA, E. G. *Gestão e uso da inteligência na polícia*. Disponível em: <www.sspj.go.gov.br/artigo>. Acesso em: 23 set. 2008.

PLATT, W. *Strategic intelligence production*: basic principles. New York: University Place, 1957.

VAITSMANN, H. S. *Inteligência empresarial*: atacando e defendendo. Rio de Janeiro: Interciência, 2001.

Direto ao ponto

Zeca Borges*

O mundo dos negócios tem uma lógica própria que não admite vaidades. Quando uma empresa lança uma idéia ou produto inovador, a primeira coisa que as concorrentes fazem é copiar sem pudor e, quando possível, aprimorar para relançar. Em nova embalagem, que seja. É a lei da sobrevivência. Pois note o que aconteceu, nos últimos anos, na área de segurança pública: houve no Rio de Janeiro um caso exemplar de combate aos sequestros. Ao deparar-se com o intolerável recorde de 108 sequestros num só ano, empreendeu-se uma ação eficaz. Três anos depois, a polícia do Rio havia esvaziado todos os cativeiros. Do sucesso dessa experiência, restaram muitas certezas, mas uma indagação ficou no ar: por que ninguém nunca tentou aprender com o episódio?

Há quem vá dizer que no mundo habitado pelos políticos não há grandeza dessa latitude. E os políticos não podem reclamar. Costuma-se mesmo abater boas idéias a golpes de caneta quando a procedência é a prancheta da oposição. O fato é que não se pode mais transigir com essa conduta no campo da segurança pública. Não por nada. Mas é que há gente presa, neste momento, em cativeiro. Quem já esteve lá sabe como é desesperador. Para que não se perca mais tempo, vamos direto ao ponto: é preciso que se diga o que aconteceu no Rio para que essa experiência possa ser apropriada. O Rio venceu os sequestros não porque os sequestradores tenham mudado para outro estado a sede de seus negócios. A maior parte deles tem hoje endere-

* Coordenador do Disque-Denúncia do Rio de Janeiro, Recife e São Luís.

ço fixo no complexo de segurança máxima de Bangu. O que se conseguiu foi reunir policiais dispostos a realizar uma missão da qual mais tarde se orgulhariam, dar-lhes condições de trabalho e um suporte de inteligência às investigações. Tudo isso com o apoio e a presença constante da sociedade civil. Nada de novo. Só o trabalho levado a sério.

O primeiro passo foi a realização de um seminário em que se juntaram políticos, acadêmicos, policiais civis e militares e, o mais importante, as vítimas. Gente que foi contar o que sentiu, viu e ouviu quando estava sob o domínio de bandidos. Se ainda vale a comparação com o mundo empresarial, levou-se o cliente para a reunião de diretoria. A nova Divisão Anti-Sequestro (DAS) que surgiu dali também tinha inovações. Acabou-se com o sistema em que um caso é investigado por apenas uma equipe que se desdobra em várias tarefas, como é o usual nas delegacias, onde os plantões de 24 horas são intercalados por 72 horas de folga. Não havia como deixar os sequestrados esperando no cativeiro pela folga do policial. Os casos passaram a ser assunto de toda a divisão, mas cada um com sua tarefa específica. Os homens de inteligência analisavam as informações enquanto investigadores buscavam pistas. Tudo isso sob a inspiração do Cisp, órgão de inteligência da polícia do Rio. O Disque-Denúncia, criado alguns anos antes, funcionou — e ainda é assim — como uma ferramenta poderosa para que as comunidades pudessem colaborar com o trabalho policial sem medo, certas de que a confidencialidade é um compromisso jamais desfeito. A Divisão Anti-Sequestro prendeu 198 bandidos em dois anos. Em nenhum desses casos permitiu-se o pagamento de resgate. Com isso, tirou o fôlego financeiro que as quadrilhas teriam para financiar novas ações. E assim se conseguiu chegar, em maio de 1998, ao "sequestro zero" no Rio de Janeiro. As pessoas certas, trabalhando sério, com o apoio da sociedade. É difícil?

A sinalização de que algo começava a mudar foi dada, ainda em 1995, pelo então chefe da DAS, Hélio Luz. "a DAS não sequestra mais", anunciou. Era uma frase com dois recados. Um, à sociedade, de que a polícia reconhecia seus problemas internos. Outro, aos maus policiais, de que seus dias estavam contados. O mesmo se repetiu com a chegada à DAS do delegado Marcos Reimão, dois anos depois. A simples notícia de que ele estaria à frente da divisão fez com que sete sequestrados fossem soltos. Houve quem levantasse a hipótese de que policiais estivessem por trás dos crimes. Bastou a percepção de que a autoridade se impôs para que a casa começasse a se arrumar. Tudo isso hoje parece muito simples. O fato é que, até então, ninguém sabia disso. Descobriu-se trabalhando. Essa parte já foi feita. Porque, até agora, ninguém procurou aprender com a experiência do Rio de Janeiro? Se é por falta de conhecimento, aqui vai a receita, na palavra dos que começaram a experiência.

Em março de 1995, lideranças comunitárias e empresariais se reuniram para contribuir com as autoridades do estado no combate à violência. Para conduzir o projeto, foi criada uma organização não governamental cuja idéia era mobilizar a população a colaborar com a polícia na elucidação de crimes. Inaugurado em 1º de agosto de 1995, o Disque-Denúncia colocou, à disposição do cidadão, um serviço de atendimento telefônico com funcionamento 24 horas para receber informações sobre atividades criminosas. Baseado em experiências internacionais como Crime Stoppers, a Central Disque-Denúncia recebe informações da população garantindo o anonimato e oferecendo recompensas.

O Movimento Rio de Combate ao Crime e a Secretaria de Estado de Segurança Pública do Rio de Janeiro estabeleceram uma parceria que vem mantendo integralmente o custo das operações do Disque-Denúncia, incluindo instalações, pessoal e equipamentos. Além disso, o Movrio custeia a produção de peças publicitárias para televisão, cartazes, folhetos e anúncios de mídia impressa. Ressaltando o fato de toda a veiculação ser gratuita. A população passou a participar da luta contra o crime, com a única forma de segurança possível: o anonimato. As ligações não são rastreadas. Ao ligar para a Central Disque-Denúncia, o cidadão recebe uma senha e esta é sua referência se precisar acrescentar uma informação ou acompanhar o andamento da investigação. Ele conversa com o atendente sem se identificar, e este procura extrair todos os detalhes que possam ajudar na elucidação de um crime. A identidade do denunciante é protegida, inclusive no caso de pagamento de recompensa.

O Disque-Denúncia oferece recompensa por informações que levem ao esclarecimento de crimes importantes. Uma comissão decide quais os casos e qual o valor a ser pago. Ofertas de recompensa por criminosos procurados são veiculadas nos meios de comunicação, em campanhas que procuram fazer com que as pessoas superem a apatia e o medo, levando-as a ligar para a Central de Atendimento. As denúncias recebidas são entregues a agentes das polícia Civil e Militar, que analisam os dados recebidos e os enviam para uma unidade da Polícia Militar ou da Polícia Civil. É importante que haja o retorno de cada operação policial para que a resposta fique à disposição do denunciante. Vale lembrar que o denunciante não só está observando a atividade dos criminosos, como também acompanha e fiscaliza o trabalho da polícia.

Os resultados do Disque-Denúncia são repassados à imprensa para reforçar a imagem do serviço e estimular um maior número de pessoas a prestar informações. O projeto está alicerçado na utilização da mídia como mobilizadora da população. Não só a divulgação dos resultados, como também a veiculação gratuita das mensagens do Disque-Denúncia foram fundamentais para o sucesso alcançado. Sem a colaboração dos jornais, das rádios e das emissoras de televisão, que têm cedido valiosos espaços em horários nobres, o projeto seria inviável.

Desde o dia 1º de agosto de 1995, a Central Disque-Denúncia vem funcionando ininterruptamente. São 24 horas por dia, sete dias por semana. Profissionais de telemarketing, permanentemente treinados, já definiram uma cultura de Disque-Denúncia. Eles sabem entrevistar os denunciantes, orientá-los e muitas vezes tranquilizá-los em suas aflições e queixas. É dado atendimento a todas as ligações, inclusive a uma boa quantidade de reclamações sobre diversos serviços públicos.

O Disque-Denúncia é uma lição de solidariedade do povo do Rio de Janeiro, de suas lideranças civis, de sua imprensa e de sua polícia. Seus resultados demonstram a disposição da população em não mais aceitar a impunidade e a omissão, fazendo com que, graças às suas informações, a atividade criminosa em nosso estado seja, para quem a pratica, cada dia mais difícil, mais perigosa e mais cara.

Mídia, Estado e sociedade civil: a mobilização social da segurança pública pelo Disque-Denúncia

Marco Aurélio Ruediger*
Vicente Riccio**

Introdução

Este artigo discute as percepções sobre a violência coletadas a partir de um *survey* com os usuários do Disque-Denúncia, organização não governamental sediada na cidade do Rio de Janeiro que recebe informações sobre crimes, ocorridos ou em vias de acontecer, e repassa-as para as autoridades responsáveis pela manutenção da ordem pública. Uma das características do programa é a garantia do anonimato[1] para os usuários dos serviços e a oferta de recompensas para informações que levem à solução de crimes ou à captura de foragidos. Tal iniciativa foi inspirada no programa Crime Stoppers, surgido originalmente nos Estados Unidos e presente, atualmente, em mais de mil cidades por todo o mundo.

O surgimento de experiências desse tipo está acompanhado, internacionalmente, da emergência da idéia de policiamento comunitário e de integração entre as polícias, a mídia e a comunidade como uma nova forma de contenção do crime. Esse movimento se amplia gradualmente, permitindo o surgimento de novas formas de interação entre os atores citados e do aumento, em tese, da capacidade de controle social. Na literatura são verificadas posições favoráveis ou desfavoráveis em relação a tais tipos de experiência. Contudo, o diagnóstico apresenta um ponto comum, que é a emergência de programas de controle da criminalidade baseados no tripé polícia, mídia e comunidade.

---

*Doutor em sociologia pelo Iuperj. Professor adjunto da Ebape/FGV.
**Doutor em sociologia pelo Iuperj. Professor adjunto da Ebape/FGV.

O contexto social que presencia o surgimento desse tipo de programa é marcado pela colocação dos riscos como elementos estruturantes de relações de poder e políticas. Junto a esse problema está o aumento da desconfiança nas sociedades contemporâneas, em que o desenvolvimento de concepções moralistas a respeito da manutenção da ordem ganha espaço e vocalização. Um dos fenômenos mais destacados do processo é o medo do crime, que amplifica a sensação de insegurança na sociedade e fornece um retrato da realidade muito dramatizado. Os meios de comunicação, em muitos casos, são apontados como um instrumento de ampliação do processo, e vistos como incentivadores de uma ideologia de força (lei e ordem) para conter o crime. A resultante final é uma concepção de criminalidade que não levaria em conta elementos estruturais no julgamento sobre a dinâmica das comunidades, especialmente as consideradas perigosas nos centros urbanos de maior densidade.

A literatura sobre o tema foi elaborada em países centrais e com democracias consolidadas, nas quais o controle da eficiência dos órgãos do Estado destinados à manutenção da ordem pública apresenta um padrão muito mais acentuado de *accountability*. Nas sociedades com democracias mais estruturadas, menor desigualdade social e participação cívica mais densa, o posicionamento das instituições de segurança apresenta um padrão de maior profissionalismo do que em sociedades em desenvolvimento. A observação também é confirmada em relação aos índices de violência, especialmente no tocante aos homicídios quando se estabelece a comparação entre países desenvolvidos e em desenvolvimento.

Os problemas descritos por tal literatura também são observáveis em países em desenvolvimento como o Brasil. Todavia, as especificidades locais são importantes para se analisar a dinâmica da criminalidade e as respostas construídas para sua contenção. Em um país de história marcada por momentos de autoritarismo como o Brasil, as instituições responsáveis pela aplicação da lei, como o Judiciário e as polícias, carecem de maior legitimação perante a população. Não obstante esse histórico, a partir da redemocratização e da nova Constituição em 1988 esforços têm sido dirigidos ao aperfeiçoamento de tais instituições e à implementação de maior qualificação e integração com a sociedade. Apesar disso, dificuldades ainda persistem e a violência é um dos maiores problemas brasileiros que afeta, principalmente, as áreas urbanas.

Nesse contexto, surge no país o Disque-Denúncia, inicialmente no município do Rio de Janeiro, em virtude de uma crise de segurança, causada por um aumento vertiginoso dos índices de sequestro na cidade, como uma tentativa de se estabelecer um canal entre a polícia, a sociedade civil e a mídia para combater o crime por meio do fornecimento de informações às autoridades. O Disque-Denúncia teve seu batismo de fogo nesse momento de tensão para a sociedade carioca e foi construído a partir da iniciativa de diversos líderes empresariais que obtiveram o apoio do governo do Estado. A adesão da população em seus diversos segmentos sociais foi imediata (Britto, 2005).

Aqui pretendemos discutir as percepções dos usuários do Disque-Denúncia a respeito do serviço e da questão violência na sociedade brasileira contemporânea. A mídia também é considerada um elemento desse processo, especialmente por sua capacidade de dar publicidade aos eventos criminosos e ao próprio Disque-Denúncia. Por outro lado, esse processo apresenta contornos distintos segundo o tipo de sociedade analisada.

Assim, abordamos as percepções dos usuários do serviço, tendo por base suas características socioeconômicas, seus valores cívicos e as suas impressões a respeito das características do Disque-Denúncia e dos serviços por ele prestados. A primeira seção aborda a idéia de integração das instituições policiais e a comunidade. Na segunda seção são abordados a presença cada vez maior dos riscos e da segurança no discurso político contemporâneo e o surgimento de novos mecanismos de controle. A terceira seção discute o perfil do usuário e a sua percepção sobre as características do serviço. Ao final as conclusões são apresentadas.

A integração sociedade e Estado na gestão da segurança: o policiamento comunitário

A partir do aumento dos índices de violência nos Estados Unidos nos anos 1960, surgiram iniciativas buscando redimensionar as estratégias de policiamento. O principal movimento é o policiamento comunitário. A lógica desse tipo de intervenção é a ampliação da interação entre as polícias e a comunidade, além de um papel mais proativo das instituições policiais no exercício de sua atividade. Outro objetivo inserido nessa estratégia é a mudança em relação ao paradigma profissional de policiamento, baseado em estruturas burocráticas rígidas, no patrulhamento motorizado e na resposta rápida à ocorrência de um evento criminoso ou de desordem urbana (Oliver, 2000).

A perspectiva adotada pelo policiamento comunitário busca ampliar a legitimidade da ação policial ao estabelecer canais de participação e diálogo acerca dos problemas enfrentados por uma determinada comunidade. A tônica na prevenção é uma das características dessa estratégia, e a consequente redução dos níveis de medo do crime. Tais arranjos ganham visibilidade a partir dos anos 1970 nos Estados Unidos e passam por mudanças conceituais e práticas (Zouain, Riccio e Zamith, 2006).

Moore (2003) discorre a respeito da mudança de paradigma em relação ao modelo profissional tendo por referência as categorias de policiamento comunitário e policiamento voltado para a resolução de problemas. O primeiro tem por característica a idéia de que o trabalho conjunto entre a sociedade e a polícia pode ser um instrumento importante de redução do crime, ao passo que o último busca compreender as dinâmicas de uma solução problemática para a qual a força policial é chamada. Tais iniciativas devem ser compreendidas como uma nova estratégia organizacional das polícias, direcionadas a mudar a sua missão, métodos operacionais e estruturas organizacionais. O modelo profissional de policiamento não seria suficiente, pois se caracteriza pela:

- fraqueza de métodos operacionais;
- os limites da forma reativa;
- prevenção insuficiente;
- natureza das demandas dos cidadãos;
- profissionalização incompleta;
- crescimento da segurança privada.

Os problemas apontados por Moore (2003), em linhas gerais, se revelam na dificuldade de se estabelecer parâmetros de eficácia operacional, como o patrulhamento motorizado ou a análise de provas coletadas na cena do delito, para a redução da criminalidade. Isso se relaciona com os limites da estratégia reativa, fundados na mobilização da polícia em função do crime cometido, que apresenta os inconvenientes de não se chegar aos crimes sem vítimas ou testemunhas aparentes (violência doméstica e extorsão, por exemplo). Um dos pontos mais importantes na equação apontada pelo autor é o fato de que muitos dos problemas levados às polícias não são crimes em sentido estrito, mas emergências sociais que envolvem uma ampla gama de demandas. Nesse sentido, a abertura para estratégias mais preventivas seria mais adequada, pois poderia estabelecer um padrão mais proativo de atuação, em que a opinião dos cidadãos seria um importante insumo para o redirecionamento da ação policial.

Skogan (2006) sintetiza os elementos caracterizadores dessa política:

- descentralização administrativa;
- engajamento da comunidade;
- idéia de resolução de problemas.

Com relação ao primeiro aspecto, trata-se da descentralização das atividades dos distritos e da delegação de competências para os gestores de nível médio e a adoção de métricas de monitoramento e avaliação da ação policial. A descentralização também é necessária para uma resposta mais eficiente e direta aos problemas de grande magnitude surgidos no cotidiano, o que permitiria um engajamento maior com comunidades específicas. Daí a segunda característica, o envolvimento com as comunidades e o estabelecimento de canais de interlocução, além de envolver o público em ações preventivas em relação ao crime. Por conseguinte, a resolução de problemas acentua, como dito anteriormente, a necessidade de envolvimento das comunidades na identificação e priorização de seus problemas, a fim de que causas possam ser atacadas.

Em resumo, o movimento em direção ao policiamento comunitário buscou incorporar tais práticas como instrumentos inovadores de políticas de segurança. Integração com a comunidade foi algo buscado em experiências díspares como Chicago, Bogotá ou Diadema, que em contextos distintos adotaram uma política mais responsiva. Não pretendemos discutir a fundo tais iniciativas ou similares. No entanto, ao se discutir o Disque-Denúncia é possível afirmar, apesar de suas particularidades, que ele é uma iniciativa inscrita na lógica de ampliação e integração da sociedade na redução da criminalidade. Por suas características, faz uma interface entre indivíduos que percebem algo danoso a sua comunidade ou a si próprios e às instituições estatais (destinatários finais de suas informações). O fato de tal interface ser realizada pela comunicação mediada (via telefone) indica uma possibilidade de capilaridade muito grande. É importante registrar que essa relação é ainda pouco conhecida porque os instrumentos mediáticos são vistos com desconfiança por gestores, operadores jurídicos e acadêmicos.

Risco, crime e sociedade contemporânea

O processo de modernização e racionalização que acompanha as sociedades contemporâneas é marcado pelo desenvolvimento tecnológico cada vez mais acentuado, pelo câmbio das relações de trabalho e de suas formas organizacionais, e por profundas mudanças nas estruturas sociais (familiares, políticas, formas de dominação, estilos de vida). O desenvolvimento da produção e de suas técnicas permitiu o surgimento de preocupações ligadas não somente à distribuição dos recursos para as classes sociais, mas também dos riscos, reais e potenciais, para as sociedades. Eles não são limitados, devido à sua natureza, a um espaço territorial definido, ou a uma classe social específica, pois são difusos. De fato, os riscos são produtos de desenvolvimento técnico-econômico, que acabam por se traduzir em questões políticas e científicas. A preocupação crescente em evitá-los é marcada pela busca de novas formas de gestão, detecção, integração, escape e dissimulação de seus efeitos. Por isso, a opinião pública demanda constantemente o aumento da segurança, para conter as novas ameaças que surgem cotidianamente (Beck, 2001).

A presença do risco também se caracteriza por sua preocupação com o futuro, pois, apesar de existirem perigos reais e presentes, a inquietação em relação a problemas vindouros é considerada cada vez mais pelos indivíduos e grupos sociais em suas decisões. A partir desta projeção é que as ações são esboçadas e definidas no presente. Tal fato também está ligado à questão das divisões de classes, pois a tendência de se acumular os riscos nos estratos mais desprovidos da sociedade é visível nesse contexto. Por isso, estratégias privadas de prevenção e contenção do risco são construídas, apesar de suas limitações, pois em muitos casos os riscos se distribuem por todas as classes sociais (Beck, 2001).

No tocante à segurança pública, isso é verificado no aumento constante dos serviços de vigilância privada, que, apesar de diminuírem localmente alguns tipos de ameaça, não eliminam a incidência de riscos a um número indeterminado de indivíduos. O caráter difuso dos riscos acaba por criar uma situação de desconfiança constante nas sociedades contemporâneas, que estão sempre construindo novas ameaças. A desconfiança vigente acaba levando à produção de juízos sobre os problemas e ameaças vivenciados no cotidiano. Contudo, esse julgamento acaba por reproduzir não a ameaça original, mas os elementos que a exteriorizam. Assim, o uso de estereótipos sociais e de grupos estigmatizados para a materialização dessas ameaças é uma realidade, que acaba por criar a necessidade de gerir os medos e os perigos vivenciados no cotidiano. O problema é amplificado porque importa uma nova cultura para a sociedade contemporânea, seja em função de seus aspectos individuais, seja em razão das novas formas políticas daí derivadas (Beck, 2001).

Ericson e Haggerty (1997) afirmam que o risco na sociedade contemporânea é baseado na identificação dos desvios sociais, seus problemas inerentes e dos processos que derivam de sua ocorrência. A sua incidência induz à construção de uma série de tecnologias capazes de estabelecer a sua natureza, as formas de prevenção, controle e gestão de sua ocorrência na sociedade contemporânea. A moralidade decorrente da adoção de tais modelos de gestão, segundo os autores, seria fundada no utilitarismo. O papel das instituições de segurança, em especial a polícia, nesse tipo de sociedade passa a ser caracterizado pela vigilância constante das pessoas e pela produção de informações destinadas ao seu controle.

Um fator importante, segundo Ericson e Haggerty (1997), é a natureza fragmentada do risco nas sociedades contemporâneas, que não estaria construído em torno de uma única e coesa noção de ordem. Ao invés desta lógica unitária, diversas ordens institucionais estariam presentes, cada qual com suas definições de risco e da maneira como tratá-los. Essa incidência se manifesta na percepção dos riscos acerca dos bens, carreiras e projetos futuros, e também em relação a identidades pessoais e culturais. Por isso, as instituições responsáveis pela segurança, especialmente as policiais, são delimitadas por elementos como tecnologias, formatos, regras de conhecimento que as conectam com outras, permitindo o conhecimento imediato dos riscos.

No caso das instituições policiais, os seus integrantes produzem e distribuem comunicações tecnologicamente mediadas e formatadas por outras instituições de risco, que interferem na maneira pela qual essas informações são produzidas e formatadas, a fim de cumprir seus objetivos (Ericson e Haggerty, 1997). A coleta de informações, por sua vez, não depende necessariamente do envolvimento das instituições policiais em um local específico, mas pode ser feita por outras organizações burocráticas ou pela comunicação mediada — um exemplo disso são os programas como o Crime Stoppers.

Programas dessa natureza, segundo os autores, estariam ligados ao que eles definem como vigilância, que é a produção burocrática de conhecimento sobre populações suspeitas, e a gestão de seus riscos respectivos. Essa tendência incorporaria novas formas de controle social, e mesmo as perspectivas de adoção do policiamento comunitário seriam uma expressão desse movimento. Os programas como o Crime Stoppers se encaixam nesse quadro, pois buscam ampliar o componente de controle social por meio da participação anônima dos indivíduos, estimulados, principalmente, pelas mídias. As mídias se apresentam, nesse contexto, como elementos de suporte ao discurso do direito e à promoção de coerência cultural, senso de ordem e consensos públicos. Ou seja, a transmissão de notícias sobre crimes ou desordens sociais é pautada por discursos reprodutores de sensações de insegurança, e da diminuição da confiança social. Tal característica reproduz a lógica dos riscos na sociedade contemporânea.

Carriere e Ericson (1989) realizaram um estudo a respeito do programa Crime Stoppers no Canadá, cuja análise foi baseada na ampliação das experiências de policiamento comunitário, buscando observar os interesses das diversas instituições financiadoras do programa, como as instituições policiais, as empresas privadas patrocinadoras e as mídias. Na estrutura do programa, se verificava a seleção e exibição de um crime por semana (*crime of week*), geralmente caracterizado como um ato criminoso violento contra alguma pessoa. O discurso derivado dessa estrutura de exposição é marcado pela valorização da idéia de ordem, sem outros tipos de mediação, e centrado na concepção de dissuasão como elemento central de qualquer tipo de política criminal.

A experiência do Crime Stoppers, segundo os autores, foi caracterizada por uma presença de crimes violentos no destaque dos crimes da semana, que veio acompanhada da ausência de crimes de colarinho branco. Os crimes exibidos pelo programa sempre apresentavam um componente de violência que, por sua natureza, revelava uma perspectiva mais "mecânica" de justiça.[2] Ou seja, o seu impacto na sociedade é sentido com maior intensidade que uma violação de normas de conduta do mundo corporativo, cujo grau de abstração é maior se comparado a violações da integridade dos indivíduos. A crítica recai justamente nesse aspecto, pois, ao destacar somente esse viés, o programa Crime Stoppers estaria reproduzindo a lógica dos riscos da sociedade contemporânea.

Além disso, na distribuição da incidência de eventos dispostos nos crimes da semana, a grande maioria estava relacionada a roubos de negócios ou crimes envolvendo perdas de propriedades. Em suma, o argumento desenvolvido pelos autores indica que, no caso da experiência canadense, o programa Crime Stoppers tinha sua ênfase na gestão de riscos privados. Na situação descrita, os interesses privados, geralmente cobertos por apólices de seguro, eram aqueles que tinham maior destaque. Assim, a experiência canadense seria marcada por forte interesse privado.

O trabalho clássico de Carriere e Ericson indica que experiências dessa natureza acabariam por ampliar o espaço de governança na sociedade contemporânea. O recurso ao anonimato também aumentaria a cultura de desconfiança de nossos tempos. Lippert (2002), ao comentar o trabalho dos autores citados, afirma que a experiência do Crime Stoppers não seria exclusivamente promotora de uma política de dissuasão ou de uma ideologia da "lei e da ordem" como sugeriria a exibição dos crimes da semana. Ao contrário, a característica de um programa como o Crime Stoppers teria a combinação entre a adoção de diversas técnicas de governança, como o oferecimento anônimo de recompensas, que não são autoevidentes, lineares, mas caracterizadas por diversas contradições em sua implementação cotidiana. A ênfase no risco é também acompanhada de discursos morais. O anonimato não serviria somente para a obtenção de informações sobre crimes contra a propriedade, mas também promoveria a desmoralização da relação entre a polícia e seus informantes.

A discussão aí estabelecida trata de como um programa igual ao Crime Stoppers se estrutura em um país de economia e instituições avançadas, como o Canadá, em que os riscos intercalados com o discurso moral são mediados por aparatos técnicos e aplicados por meio de técnicas administrativas. Essa combinação de um contexto marcado por uma acentuada lógica dos riscos, por grande desconfiança e pela adoção de instrumentos de mediação para a recepção de informações seria uma ferramenta válida para a manutenção de laços sociais? A questão permanece sem respostas conclusivas, mas alguns tópicos podem ser incorporados à pergunta, como, por exemplo, a dinâmica política e cultural de uma sociedade que se situa fora dos padrões das de liberalismo avançado, e a maneira pela qual essas inovações podem fornecer outros espaços para ultrapassar barreiras burocráticas estabelecidas por uma tradição política mais centralizadora e recortada por experiências autoritárias.

A discussão aqui proposta busca resgatar uma experiência surgida não pela necessidade primária de proteger bens assegurados por companhias de seguros, mas nascida da carência de maior eficiência institucional, como é o caso do sistema de segurança brasileiro. Outro interesse é explorar as motivações dos usuários desse tipo de serviço, características sociais, valores pessoais e relação com instrumentos de comunicação de massa, e a relação entre a decisão de oferecer uma informação e a confiança entre as instituições. Antes de ir nessa direção, é necessário estabelecer um preâmbulo acerca da constituição da relação entre polícia e comunidade, e as suas potencialidades positivas e negativas.

A pesquisa com os usuários

A pesquisa foi realizada em dois meses, e a base de dados composta por 1.453 entrevistas. Os critérios utilizados pelo *survey* para a seleção da amostra foram os seguintes:

- garantia de anonimato para os usuários do Disque-Denúncia;
- perguntou-se após o término da ligação se o usuário gostaria de responder a uma entrevista.

Além disso, é importante registrar que o *survey* passou por um período de testes por uma semana, em que quatro operadores, em dois turnos (diurno e noturno), aplicaram os questionários. Após o treinamento, a pesquisa foi posta em prática, e todos os atendentes aplicaram o questionário.

Para o teste de validação da amostra foi utilizado o horário da denúncia como variável de interesse. Ou seja, o percentual de denúncias da amostra foi comparado com o percentual das chamadas do banco de dados do Disque-

Denúncia. Isto é, as amostras foram analisadas levando-se em conta a sua distribuição em relação a sua incidência em função do conjunto total das denúncias contidas no banco de dados. As comparações foram realizadas hora a hora, de forma a medir se a população da amostra correspondia à população do universo pesquisado. Como a amostra foi retirada da população, sem nenhum viés de seleção, a distribuição de seus dados é similar à distribuição dos dados da população. O instrumento adotado para certificar a confiabilidade da amostra foi o qui-quadrado. Assim, o teste validou a amostra estabelecida para a pesquisa. Cabe ressaltar que foi feita uma análise gráfica da distribuição da amostra e população como preparação para a coleta de dados. A figura 1 ilustra a comparação realizada.

Figura 1
Distribuição dos dados por faixa de horas da amostra e da população no período da coleta de dados

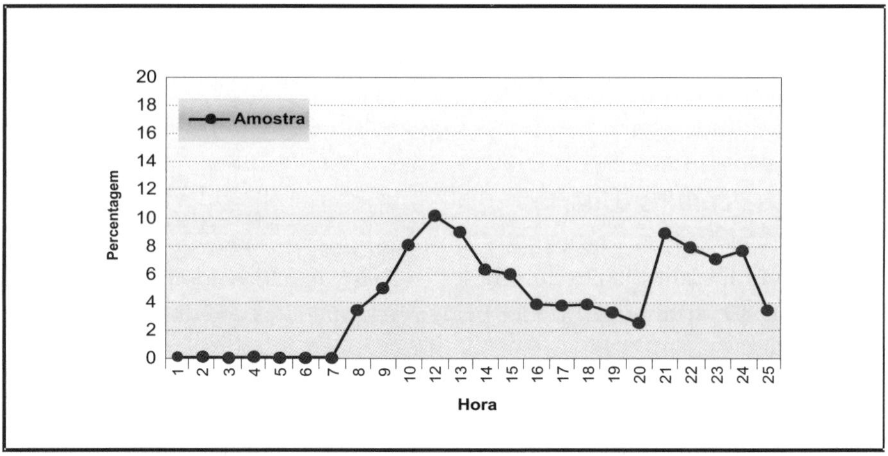

Uma questão importante que deriva da natureza das denúncias é que elas não traduzem um retrato exato da ocorrência de um crime, mas a percepção das pessoas a respeito de eventos que provavelmente são crimes, ou indicativos de problemas. Isso não significa que as ligações destinadas ao Disque-Denúncia devam ser descartadas. Ao contrário, elas são importantes e coletam informações efetivas na resolução de crimes. O cuidado metodológico sugerido aqui é não se aceitar a relação "denúncia-crime" como lados da mesma moeda. Estudos realizados sobre as chamadas às centrais telefônicas das polícias indicam que as ligações são reclassificadas posteriormente. Segundo Ericson e Haggerty (1997), diversas questões de natureza não criminal são objeto de atendimento dessas centrais telefônicas, da mesma maneira as classificações iniciais são mudadas para outros tipos penais, muitas vezes em um grau de menor ofensividade. Assim, a ligação (denúncia) deve ser percebida como uma primeira, e relevante, impressão a respeito da incidência de crimes e demais problemas de uma comunidade.

As percepções dos indivíduos são um importante instrumento de compreensão da inserção de um serviço como o Disque-Denúncia em uma comunidade, e de que maneira valores, cultura e mobilização são articulados cotidianamente no ato da ligação. O questionário aplicado junto aos usuários do serviço procurou abordar essas questões, como também levantou as fontes de conhecimento do Disque-Denúncia junto à população analisada. A figura 2 indica a evolução do número de ligações e das categorias utilizadas.

Figura 2
Total de ligações recebidas por ano no escritório central de atendimento do Disque-Denúncia *Crime Stoppers Hotline* na cidade do Rio de Janeiro e evolução das categorias de crimes utilizadas (1995-2004)

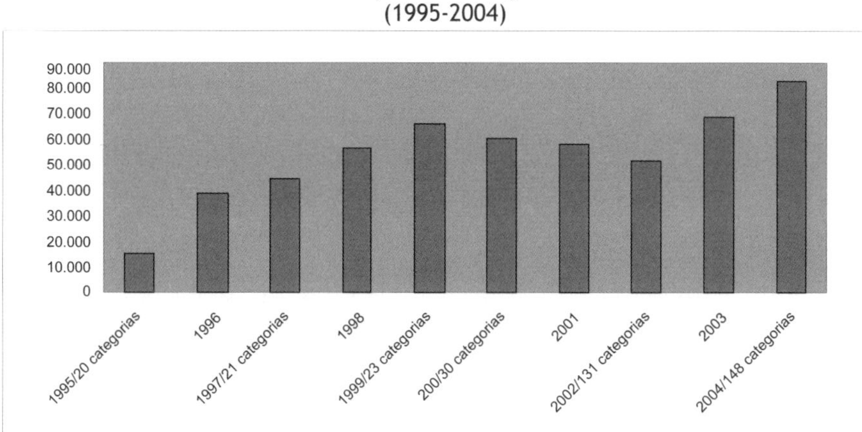

Como é possível observar, em seu primeiro ano, o Disque-Denúncia contou com um número próximo de 15.330 chamadas telefônicas, evoluindo para 38.679 no ano seguinte (1996). A curva é ascendente até 1999, quando são registradas 65.978 ligações. No período compreendido entre os anos 2000, 2001 e 2002 uma queda é verificada, e ao final desse intervalo de tempo 51.836 chamadas foram anotadas. Nesse momento, ocorreu uma mudança gerencial que aumentou a capacidade de atuação do Disque-Denúncia. A partir de então, o número de ligações retoma a curva ascendente, com 68.702 chamadas, em 2003, e 82.687, em 2004. A figura 2 demonstra efetivamente que o Disque-Denúncia se enraizou na vida cotidiana da cidade do Rio de Janeiro e aumentou significativamente o alcance do serviço.

A primeira questão feita aos entrevistados diz respeito aos instrumentos que os levaram a procurar o Disque-Denúncia. Como é possível observar abaixo, as alternativas buscaram contemplar as redes familiares e sociais dos respondentes, a publicidade realizada pelo Disque-Denúncia, a divulgação pelas mídias e a instituição policial. A partir das respostas, é possível destacar o papel da televisão, que aparece como o principal instrumento de procura, com 38,47% das opções. Em seguida vem a publicidade de rua, com 23,26%. Em sua divulgação publicitária, o Disque-Denúncia lança mão de diversos expedientes, como a fixação de seu número em ônibus, em sacolas de supermercados e nos mais diversos tipos de estabelecimentos comerciais.

Os entrevistados apontaram os amigos e a família em 11,70% das respostas, indicando o grau de persuasão desses grupos no tocante ao conhecimento do Disque-Denúncia. A imprensa escrita corresponde a 8,81% das respostas, seguida pelo rádio com 2,55% (considerando-se as mídias). As delegacias de polícia foram apontadas por 2,68% dos entrevistados. Os dados coletados indicam que 11,98% dos respondentes mencionaram outras respostas diferentes das alternativas elencadas. Por fim, somente 0,55% não soube ou não indicou nenhuma razão para procurar o Disque-Denúncia (figura 3).

A figura 3 demonstra que a mídia é o principal instrumento de fomento à procura pelo Disque-Denúncia. Considerando-se os veículos de comunicação, a televisão, o jornal e o rádio correspondem a 49,83% das respostas. O destaque é a televisão, que se apresenta como o principal instrumento de conhecimento sobre o Disque-Denúncia. As demais mídias, rádio e jornal, não têm um impacto tão acentuado quanto a televisão. Ademais, se a publicidade realizada pelo Disque-Denúncia for adicionada ao resultado precedente, a parcela da comunicação mediada sobe para 73,09% das respostas.

Figura 3
Entre as opções a seguir, qual fez você procurar o Disque-Denúncia?

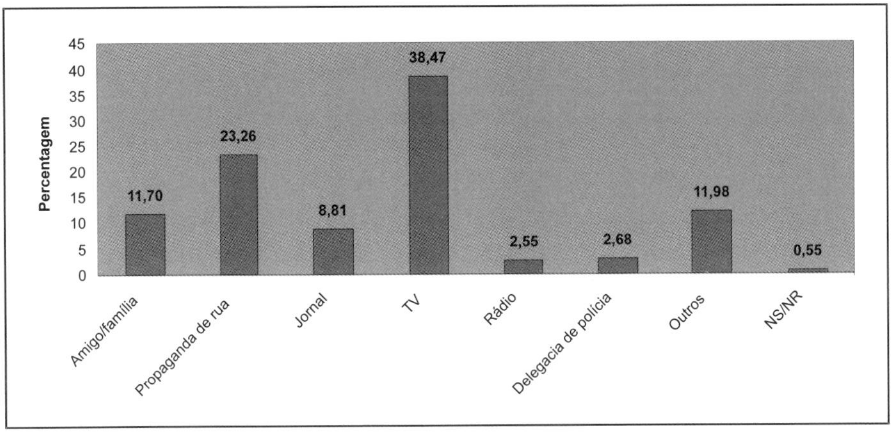

O ponto de relevo que se observa a partir da figura é a presença das mídias, em especial da televisão na sociedade brasileira. Como um veículo que rompe com os limites impostos pelo tempo e o espaço, a televisão permite que diversas interações sejam estabelecidas em relação a acontecimentos distintos de seu lugar e momento de origem. No tocante ao crime, essa característica é potencializada em função de seu impacto na sociedade, e no significado atribuído à sua incidência por parte dos indivíduos. Innes e Fielding (2002) argumentam que na sociedade contemporânea o conhecimento do crime se dá, principalmente, por meio das mídias de massa. Dessa forma, é possível se falar no crime percebido localmente, baseado na maior parte das vezes em experiências pessoais e co-presentes, e no crime "desenraizado" que é altamente mediatizado. Em muitos casos, crimes altamente divulgados na mídia têm a capacidade de articular temores dispersos socialmente. Assim, o lugar de destaque na televisão verificado na pesquisa indica a sua presença no cotidiano e o seu potencial de explicitar questões de natureza pública.

Outro aspecto abordado no *survey* foi o nível de escolaridade dos usuários do serviço. O nível educacional no Brasil é um dos fatores indicativos da classe social à qual pertencem os indivíduos. Segundo Rocha (2003), a correlação entre educação e pobreza é tão acentuada no Brasil que, entre os pobres do país, 70,4% são analfabetos, e as pessoas com nível superior (pobres) correspondem a 2,1% da população. Assim, a figura 4 permite uma análise do perfil socioeconômico de quem respondeu à pesquisa.

O grupo de maior destaque é composto por aqueles que possuem o ensino médio (antigo 2º grau.), com 42,46% dos entrevistados. Em segundo lugar, o grupo daqueles que cursaram o ensino fundamental (antigo 1º grau), com 25,05% dos respondentes. Na terceira posição se encontram as pessoas com formação superior, correspondendo a 17,62% dos entrevistados. Aqueles com estudos superiores incompletos são 11,36%, na quarta colocação. Pessoas sem qualquer tipo de escolaridade foram 1,79% da amostra, na penúltima posição. Por fim, os pós-graduados, 1,72% da população analisada. A figura 4 ilustra a questão.

Figura 4
Escolaridade dos denunciantes

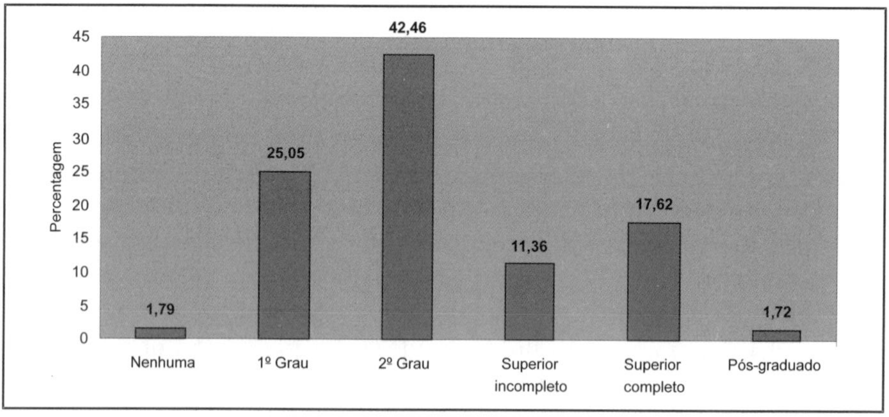

Em que medida a utilização do Disque-Denúncia não estaria ligada a outras formas de participação comunitária? Foi com base nessa preocupação que pretendemos fazer uma relação entre essas duas questões. A idéia de participação como um instrumento de desenvolvimento social é considerada um fator importante na construção de relações sociais e de políticas públicas. Putnam (1993) argumenta que comunidades estruturadas em torno de mecanismos participativos são mais desenvolvidas, pois suas instituições são baseadas em confiança mútua que gera capital social. Assim, comunidades democraticamente desenvolvidas seriam as mais afeitas à participação, compreendida aqui em sentido lato.

As respostas compiladas a seguir estão estruturadas em um modelo binário. As alternativas eram lidas aos respondentes e eles diziam se praticavam ou não algumas das atividades citadas. Das ações mais relatadas pelos entrevistados estão a participação em cultos religiosos (51,34%) e atividades em família (49%). Ou seja, nos dois casos a religião e a família aparecem como elementos centrais na vida das pessoas. Como uma manifestação coletiva, os cultos religiosos são espaços de discussão de questões espirituais e temporais. O peso da religião e da família sobressai em relação às demais formas de participação, sejam elas ligadas ao lazer ou a atividades mais politizadas como associações comunitárias de qualquer tipo (8,47%) ou a atividade sindical, estudantil, política (7,16%). Esses dados indicam uma perspectiva de ação coletiva mais centrada em espaços "tradicionais" da vida social do que em virtude de manifestações políticas de natureza explicitamente mais reivindicativas.

O terceiro tipo de atividade mais citado pelos entrevistados é o trabalho voluntário (17,62%). A característica desse empreendimento social aponta para um parâmetro em que a participação é concentrada em espaços menos ideológicos, considerando-se a tradição política construída em uma dicotomia de classes sociais. Nesse aspecto mais fundado no cotidiano, as atividades ligadas ao lazer, esporte, ou escolas de samba são apontadas por 16,59% dos respondentes.

As atividades comunitárias em geral foram apontadas por 8,47% dos casos, da mesma forma que as atividades sindicais, estudantis e políticas, que vieram logo abaixo com 7,16% das respostas. Outras atividades foram indicadas por 8,19% dos entrevistados e entraram no cômputo do trabalho. A descrição inicial desse quadro permite observar o predomínio de pessoas que participam de atividades mais tradicionais. A figura 5 ilustra a distribuição das respostas.

Figura 5
De quais atividades coletivas você participa regularmente?
(construção de capital social)

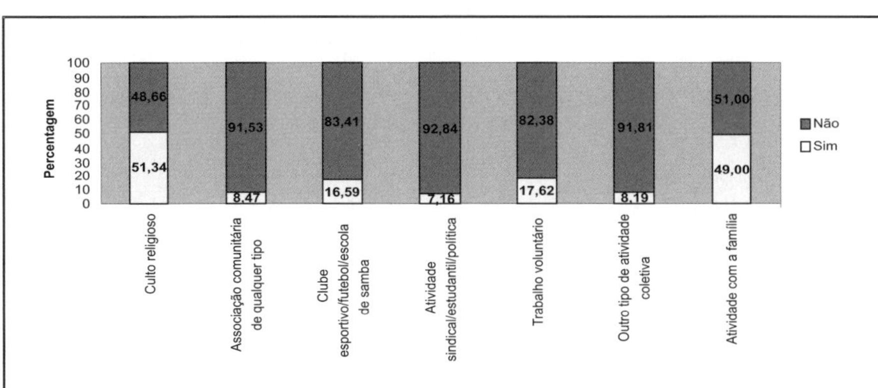

A motivação dos indivíduos para ligar foi objeto de uma pergunta aos usuários do serviço. As alternativas buscaram contemplar a questão da insatisfação/indignação com o crime; a represália em relação a uma certa conduta; e o medo. Os principais motivos que levaram as pessoas a ligar foi a indignação e a insatisfação com algum fato com 68,41% das respostas. A partir desse dado, é possível afirmar que a postura das pessoas não é, necessariamente, de passividade pura e simples em relação ao crime. A indignação e a insatisfação comportam um grau de autonomia em que existe um desejo de ação por parte das pessoas.

O medo e a sensação de ameaça foram apontados por 26,22% dos respondentes. Tal índice permite destacar que parcela significativa dos entrevistados observa com grande desconfiança a ocorrência de crimes na sociedade e os percebem como ameaças constantes e presentes no cotidiano. O Disque-Denúncia aparece como um canal em que uma resposta a esse tipo de sentimento pode ser obtida. Em certa medida, ele consegue ser um espaço confiável para pessoas que sentem medo ou algum tipo de ameaça para relatar um fato. O medo de represálias motivou os entrevistados em 2,68% dos casos a chamarem o Disque-Denúncia, e isso pode sugerir que em casos mais críticos a entidade é vista como uma espécie de anteparo a ameaças concretas. Por fim, cabe o registro de 2,68% que não souberam responder ou não responderam à questão. A figura 6 representa essa pergunta.

Figura 6

O que leva você a ligar para o Disque-Denúncia?

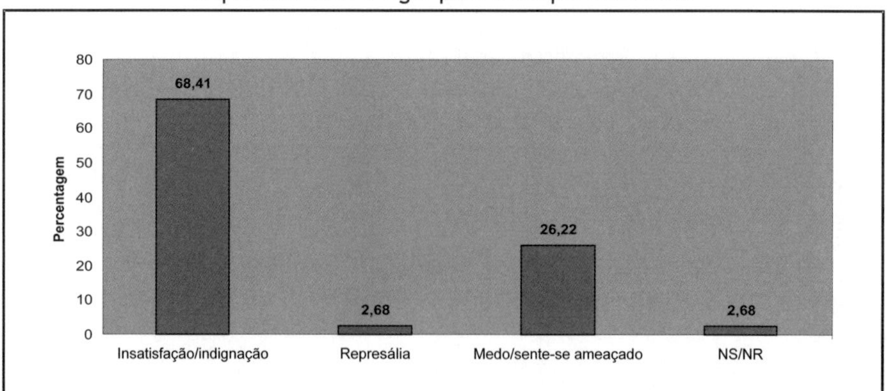

A pesquisa também procurou analisar a frequência e o hábito em ligar para o Disque-Denúncia. Parcela considerável dos respondentes (55,54%) ligou pela primeira vez. Em torno de 24,02% já utilizaram o serviço mais de uma vez, e 19,68% telefonaram uma única vez. Somente 0,76% dos entrevistados não respondeu ou não soube responder à questão. A figura 7 ilustra a questão.

Figura 7

Você já ligou anteriormente para o Disque-Denúncia?

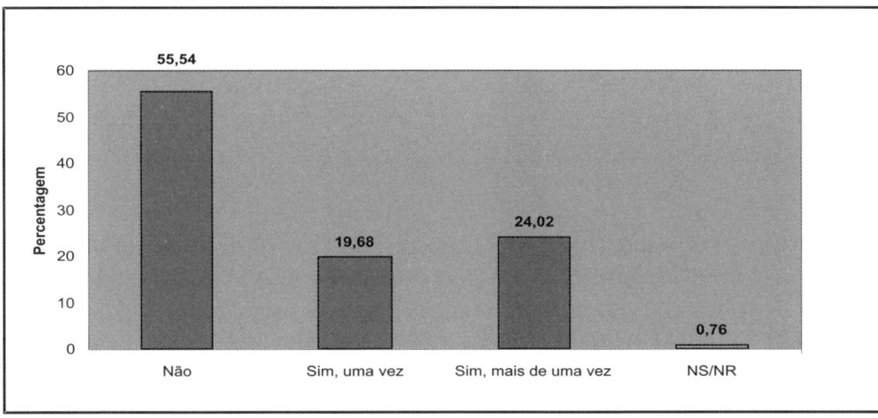

O Disque-Denúncia é uma organização nascida na sociedade civil e tal característica é pouco divulgada. Pelo fato de trabalhar em parceria com os órgãos de segurança pública, a sua natureza é pouco conhecida pelo público. Por isso, foi perguntado aos entrevistados se o Disque-Denúncia era um órgão do governo ou não (o termo governo foi utilizado segundo a acepção do senso comum — envolvendo o Estado). Daqueles que responderam à questão, 54,85% consideram o Disque-Denúncia um órgão do governo (Estado). Aqueles que não o consideram uma entidade estatal correspondem a 36,55% dos respondentes. Os que não souberam ou não responderam à questão foram 8,6%.

A primeira evidência observada com a resposta da pergunta é a associação entre o Disque-Denúncia e o Estado. Um traço cultural que se revela na resposta à questão é a presença do Estado na cultura nacional. Uma instituição destinada a coletar informações sobre crimes estaria ligada, necessariamente, ao poder público. Ordem pública, nesse viés, é algo somente acessível ao Estado. Todavia, o Disque-Denúncia nasce de uma manifestação legítima da sociedade civil justamente para atuar em uma seara até então exclusiva do Estado. Tais questões merecem aprofundamentos posteriores. Para concluir o ponto, temos a figura 8.

Figura 8

Na sua opinião, o Disque-Denúncia é um órgão do governo ou não?

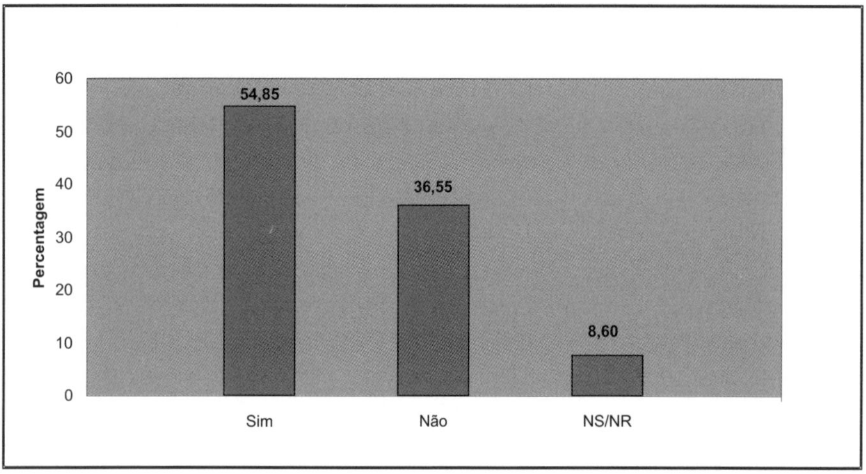

Por fim, cabe o registro do perfil profissional dos entrevistados. A grande maioria está empregada formalmente (59,12%), o que aponta para um perfil de usuário com uma inserção no mercado de trabalho mais qualificada. Em segundo lugar, com 14,04% estão os aposentados. Na terceira posição, as donas de casa, que registraram 13,35%. Os estudantes vêm em quarto lugar, com 6,06%. Em seguida, há os desempregados com 3,72%, indicando um pequeno percentual. Outras ocupações marcaram 3,23% e aqueles que não souberam responder ou não responderam tiveram o índice de 0,48%.

O ponto mais importante, a partir dos dados, é que o público mobilizado pelo Disque-Denúncia, em sua maioria, possui vínculo empregatício formal. Tal característica indica um corte em relação à população brasileira, pois há uma divisão entre aqueles que possuem emprego formal e informal. Em geral, os que estão inseridos na informalidade possuem uma situação de precariedade maior, em relação à sua empregabilidade e renda. A figura 9 mostra isso.

Figura 9
Qual a sua ocupação?

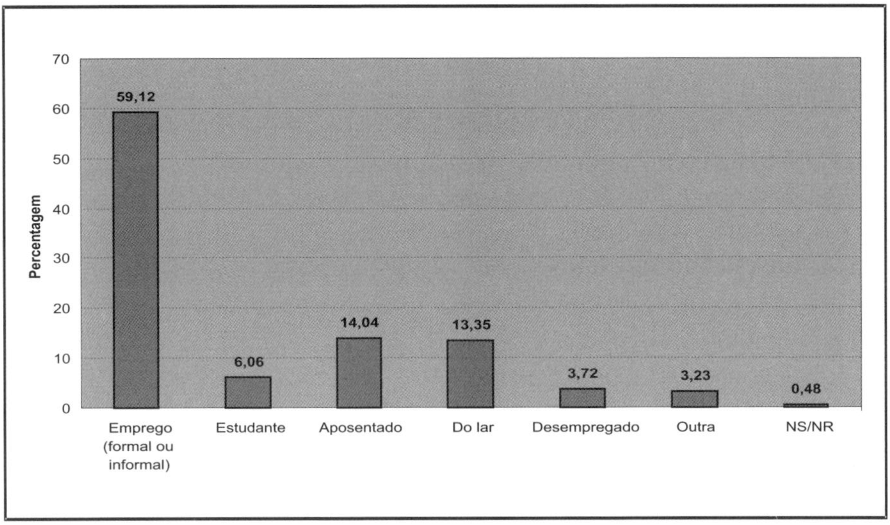

Conclusões

Podemos afirmar que o Disque-Denúncia é uma experiência inovadora na sociedade brasileira. Inspirado em um programa originado nos Estados Unidos, ele se adaptou à realidade nacional, e mais especificamente à carioca, segundo as demandas oriundas de seu meio social. O foco nos crimes permanece, e se amplia para outras questões de relevo na sociedade. A articulação com as mídias, em especial a televisão, tem papel importante na divulgação da instituição na sociedade, e também na obtenção de respostas a suas ações. Religião e atividades em família constituem os principais elementos de participação entre os usuários do sistema. A indignação e a insatisfação são os principais motivos que levam as pessoas a ligar para o Disque-Denúncia, ao contrário do medo. Tais resultados indicam o enraizamento do Disque-Denúncia no ambiente social da Região Metropolitana do Rio de Janeiro, em que uma experiência inspirada em um modelo estrangeiro vai se adaptando e se moldando em função de seus desafios cotidianos.

Além disso, é importante observar que, no caso brasileiro, a experiência do Disque-Denúncia, marcada pela participação cívica e a utilização das mídias, pode indicar uma lógica em que não há somente a reprodução do discurso moralista ameaçador, mas um espaço em que barreiras burocráticas historicamente estabelecidas na sociedade brasileira podem ser ultrapassadas. Tal aspecto é especificamente importante em virtude da amplitude da participação cívica conseguida a partir do Disque-Denúncia, englobando distintas classes sociais e construindo pontes com outros segmentos sociais. Isso não significa que discursos moralizadores tenham desaparecido, mas aponta para uma relação complexa entre o indivíduo e as mídias, que é marcada pela dinâmica do processo de democratização da sociedade brasileira e pelo aumento da criminalidade em anos recentes.

Referências bibliográficas

BECK, Ulrich. *La société du risque*: sur la voie d'une autre modernité. Paris: Champs-Flammarion, 2001.

BRITTO, Angela. *Criminalidade e sociedade*: uma análise sobre a prática da denúncia anônima de crimes no município do Rio de Janeiro. 2005. Dissertação (Mestrado) — Ence.

CARRIERE, Kevin; ERICSON, Richard. *Crime Stoppers*: a study in the organization of community policing. Toronto: Centre of Criminology, University of Toronto, 1989.

DURKHEIM, Émile. *Da divisão do trabalho social.* Tradução de Eduardo Brandão. São Paulo: Martins Fontes, 1999.

ERICSON, Richard; HAGGERTY, Kevin. *Policing the risk society*. Toronto: University of Toronto Press, 1997.

INNES, Martin; FIELDING, Nigel. From community to communicative policing: signal crimes and the problem of public reassurance. *Sociological Research Online*, v. 7, n. 2. Disponível em: <www.socresonline.org.uk/7/2/innes.html>.

LIPPERT, Randy. Policing property and moral risk through promotions, anonymization and rewards: Crime Stoppers revisited. *Social & Legal Studies*, v. 11, n. 4, p. 475-502, 2002.

MOORE, Mark Harrison. Policiamento comunitário e policiamento para a solução de problemas. In: TORNY, Michael; MORRIS, Norval (Orgs.). *Policiamento moderno.* Tradução de Jacy Cardia Ghirotti. São Paulo: Edusp, 2003.

OLIVER, Willard M. The third generation of community policing: moving through innovation, diffusion, and institutionalization. *Police Quaterly*, v. 13, n. 4, p. 367-388, Dec. 2000.

PUTNAM, Robert. *Comunidade e democracia*: a experiência da Itália moderna. Rio de Janeiro: FGV, 1993.

ROCHA, Sônia. *Pobreza no Brasil*: afinal, de que se trata? Rio de Janeiro: FGV, 2003.

SKOGAN, Wesley. *Police and community in Chicago*: a tale of three cities. Oxford: Oxford University Press, 2006.

ZOUAIN, Deborah; RICCIO, Vicente; ZAMITH, José Luiz Cardoso. Policiamento comunitário: fator estratégico para implantação de política pública de segurança. *Revista Alcance*, v. 13, n. 3, p. 373-388, set./dez. 2006.

Notas

[1] Cabe o registro de que na origem o serviço não contemplava a idéia de manutenção do anonimato do denunciante, nem previa um forte apoio de mídia, características centrais do Disque-Denúncia nos dias de hoje (Britto, 2005).

[2] A perspectiva mecânica aqui destacada está relacionada à definição clássica de Durkheim (1999), que vê no direito penal o elemento que trata com os laços básicos de sociabilidade. Seu rompimento desperta a necessidade de respostas imediatas à sua ocorrência, e nos casos em que há violência esse sentimento é despertado com maior intensidade.

Droga de elite

Marcelo Neri*

O tema segurança pública é relevante e atual. Remete a outro tema que era caro a nós economistas há pouco tempo, a inflação, que guarda algumas propriedades semelhantes ao tema da segurança. Ambos são elementos geradores de grande incerteza e representam dragões que a sociedade teve que domar. A batalha contra o dragão da inflação levou muitos anos, mas conseguimos de alguma forma domar ou pelo menos acalmar a fera. No caso da segurança, não. Estamos perdendo a guerra. Considero, além disso, que ambos são em parte resultado de uma mania do brasileiro, em particular pela elite que olha muito pouco para o resultado coletivo de nossas ações: "tomo as minhas decisões privadas e individuais, cuido dos meus problemas, enquanto os outros cuidam dos problemas deles, eu reajusto o meu preço, eu contrato a minha segurança, e tudo bem". Na verdade, esse comportamento individualista produz uma grande irracionalidade coletiva. São de natureza diferente, por exemplo, do problema da desigualdade de renda. Se o desejo é a maior equidade de renda, sabemos que alguém vai ter que perder para alguém ganhar com isso. Não é um efeito redistributivo de segunda ordem ou marginal. É um efeito de primeira ordem. Para diminuir a desigualdade, é necessária uma transferência, o que não constitui por definição uma melhora no sentido paretiano. Uns perdem, outros ganham. Já no caso da segurança, como no caso de infla-

* PhD em economia pela Princeton University, mestre e bacharel em economia pela PUC-Rio. Economista, doutor em economia, chefe do Centro de Políticas Sociais (CPS/Ibre/FGV) e professor da Escola de Pós-Graduação em Economia (EPGE).

ção, praticamente todos ganham no processo. No caso da inflação, os bancos perderam, mas eles são agentes marginais nesse processo e aqui quem perde no caso da insegurança são os indivíduos que lucram com o crime, agentes também marginais, no sentido mais literal da palavra.

Contudo, ao contrário da inflação, o problema da violência não é jabuticaba tupiniquim. Insegurança não é só um problema latino-americano, e sim das grandes cidades, mundial. Todos os indicadores sociais, ou pelo menos boa parte deles, estão claramente melhorando, tais como renda, expectativa de vida etc. Neste momento, a insegurança é o nosso calcanhar de aquiles. Insegurança, acidentes de trânsito, drogas são áreas em que estamos perdendo a guerra e constituem o desafio do desconhecido. O ponto central aqui é que, ao contrário da inflação, o problema da violência não se resolve apenas com uma visão macroeconômica Na visão da maioria, tudo depende do fazedor de políticas esclarecido, em geral o governo federal, que vai apertar um botão desde Brasília e com isso pode resolver a questão. Essa é a nossa ilusão. No caso da inflação, o Banco Central fecha a torneirinha, lança um plano de estabilização bem-sucedido, e o problema pode ser resolvido no nível federal. Já no caso da segurança, a solução depende de uma coordenação federal como a proposta por plano de segurança que foi aprovada, no Congresso, em setembro de 2007.

O ponto geral que quero defender aqui, e que remete à própria Constituição, é que a questão da segurança pública é uma questão dos estados. Em pesquisa que lançamos, buscamos colocar lado a lado algumas questões que são primas da questão da segurança, tais como acidentes de trânsito, consumo de drogas e a questão dos presidiários. Todas são questões ligadas ao jovem, principal personagem, tanto no papel de vítima quanto de algoz, do drama da violência. A Constituição não se refere explicitamente aos estados como entes responsáveis, mas é possível se deduzir isso, uma vez que os estados são responsáveis pelo ensino médio, pelo trânsito além da segurança pública. O tema é o "Estado da Juventude" pois a juventude é responsabilidade maior dos estados O problema de segurança é um problema local. Por isso, gostaria de defender aqui que os estados deveriam ter liberdade de mudar alguns parâmetros de suas políticas relacionadas ao jovem, sendo segurança uma delas. Para citar um exemplo ilustrativo, houve um debate recente aqui no Rio de Janeiro em que o diretor do Detran-RJ argumentou, com alguma propriedade: "olha, vocês estão querendo aumentar as multas em termos nacionais. Eu acho que isso não vai adiantar, uma vez que quem corre, quem morre em acidentes de trânsito, quem descumpre a lei é um filhinho de papai, e esse cara é insensível à taxação no bolso do pai dele". A única maneira de avaliarmos determinada política, nesse caso uma ampliação no valor das multas, é ter alguns estados adotando a política e outros não. É isso que os Estados Unidos fazem o tempo todo. Esse ponto foi levantado inclusive pelo governador Sérgio Cabral há um tempo: "se o Rio de Janeiro é diferente do Amazonas, em poder de compra, composição sociodemográfica etc., por que as leis têm que ser exatamente as mesmas?" A lei geral deve ser a mesma, mas os parâmetros podem ser diferentes. O que é um valor baixo em São Paulo pode ser muito alto no Nordeste, por exemplo. Deve haver algum espaço para discricionariedade entre os estados, e os governadores passarão pelo teste das urnas. Não somos de fato uma república federativa. Não sei se esse aumento nos graus de liberdade para estados mudarem os seus parâmetros vai beneficiar ou não o estado em si, mas estou certo de que vai beneficiar o conhecimento do que funciona e do que não funciona. No Brasil, a gente sempre tenta acertar no atacado em termos nacionais. Antes faziam pacotes econômicos, agora fazem pactos de segurança. Buscamos sempre fazer política no atacado, tentando acertar lá o olho do tigre num tiro só. Pode ser até que se acerte algumas vezes, mas é uma visão muito ambiciosa e arriscada. E mesmo quando você acerta uma política, você não sabe o que foi que fez com que ela desse certo.

Em pesquisas recentes, analisamos diversos problemas, traçando o perfil de quem declara consumo de drogas, dos presidiários, e o perfil de quem morre em acidente de trânsito. São todos temas muito pesados e infelizmente muito atuais. Nossa sociedade tem obtido várias conquistas, mas essas certamente são nossas derrotas. Não sou especialista em área de segurança, me considero um generalista na área social. Contudo, temos que reconhecer que é uma área que não compreendemos. Nem o jovem, o protagonista disso, entende o que está acontecendo. Muito menos o pai dele, e muito menos ainda os governos. E uma boa forma de aprendermos, voltando ao meu ponto central aqui, é deixando os estados legislarem, mudarem alguns parâmetros de sua legislação de forma específica. Vamos aprender muito com os erros e com os acertos. Estou obviamente fazendo uma defesa corporativa como estudioso empírico, mas acredito que a sociedade brasileira vai aprender muito mais sobre os seus erros e os seus acertos. Essa idéia de acertar no atacado é um tanto quanto irrealista.

Para citar alguns dados que encontramos na última pesquisa, observamos que o perfil de quem apresenta despesa com drogas é de homem branco, de classe média a alta, com mais de 12 anos de estudo. Já analisando a probabilidade de um indivíduo ser presidiário, temos que a probabilidade de um homem afrodescendente estar preso é de 0,35%. Para alguém com as mesmas características, só que mulher, essa probabilidade cai para 0,07%. O problema de segurança, além de não ser nacional, e sim local, deve ser uma política voltada para o jovem, homem, solteiro, no caso de consumo de drogas, para indivíduos de renda mais alta e no caso de oferta de drogas uma política voltada para as comunidades de baixa renda, onde existem bocas de fumo, tráfico etc. Por exemplo, quando um homem jovem te dá uma fechada, e você quer reagir, você o afeta psicologicamente de forma muito mais construtiva mostrando o dedo mindinho — se referindo ao tamanho de seu dito-cujo — do que fazendo um gesto obsceno para ele. Esse tipo de pensamento, que foi aplicado numa campanha de trânsito na Austrália, deve direcionar campanhas públicas com os jovens como público-alvo, principais responsáveis por acidentes. Existe alguma coisa que a gente não está entendendo na cabeça dos rapazes, algo que é hormonal, que não depende somente de educação.

Voltando ao ponto central, temos uma idéia principal baseada em políticas agregadas no âmbito nacional, como se fossem pacotes mágicos, que pode ser ilustrada pelo arquétipo do plano de estabilização ideal e pelo argumento que trata a insegurança como se fosse um problema nacional como o da inflação — a infração. No entanto, os principais problemas relativos à insegurança são mais locais, e sobre estes não entendemos nada — eu pelo menos não. Temos que reconhecer que não entendemos a cabeça do jovem. Os jovens são a porta de entrada da inovação na sociedade. Um sujeito de 30 a 40 anos já está com a cabeça feita, para o bem ou para o mal. Esse é o problema da violência, segundo um estudo do Marcos Lisboa e da Monica Viegas, da FGV, à época. Se houver muito desemprego na época em que o garoto é jovem, ele entra para a violência e não sai mais, mesmo que a economia volte a crescer. Os efeitos das escolhas são permanentes. O caminho, se não é sem volta, é pelo menos muito mais difícil.

Contudo, a sociedade brasileira está começando a agir. A inflação, na qual o Brasil foi inclusive recordista mundial, já era considerada uma guerra perdida para muitos, mas depois de muitos fracassos a sociedade conseguiu domar o problema. No caso de um garoto que está num carro a 120 km/h, não apenas ele acha que o problema é dele, mas a sociedade também tende a olhar como se assim fosse. Mas, evidentemente, não o é, uma vez que ele vai potencialmente matar inúmeras pessoas nesse desvario individual típico de rapazes de classe alta.

Os estados devem ter espaço para mudar parâmetros da sua legislação e devem dar atenção especial às questões relacionadas à juventude. É importante haver uma visão geral sobre o problema, mas todos esses problemas dizem muito mais respeito a um jovem homem solteiro do que a qualquer outro tipo de personagem, segundo os dados Não estamos falando de uma diferença de 30%, e sim de 500%, 600%, o que justifica esse tratamento diferenciado não só por gênero como por idade. Detalhamos a seguir alguns desses pontos.

Droga de elite

> Há duas únicas exceções do quadro de elite econômica do consumidor declarado de drogas: atraso de contas e violência na vizinhança, o que pode fornecer pistas comportamentais.

Olhando desde a perspectiva da economia, o filme *Tropa de elite*, premiado em Berlim com o Urso de Ouro, persegue uma visão de demanda de drogas (do poder regulador — os policiais),[1] da mesma forma que o filme *Cidade de Deus* mergulhou na visão da oferta de drogas dos próprios traficantes.[2] Embora englobe outros aspectos novos como o dia a dia de uma tropa de elite que dá título à obra, a verdadeira inovação do filme é desvendar o lado da procura de drogas no varejo e é desse aspecto que tratamos aqui, usando como instrumento nossos cálculos baseados na última pesquisa de orçamentos familiares (POF, 2003) do IBGE. Uma observação inicial é que dado o altíssimo número esperado de não respostas em relação ao consumo de drogas (por questões óbvias, apesar do incólume sigilo estatístico do IBGE) entre os 182 mil entrevistados, o dado deve ser interpretado como resultado da interação de dois fatores, as despesas com drogas e a propensão a declará-la. Em outras palavras, é impossível separar aqui a importância do evento do consumo de drogas, de sua declaração em si. Entretanto, o evento conjunto da declaração de consumo de droga tem significado relevante, pois demonstra uma ilegalidade assumida, além disso permite estimativas precisas em função do tamanho da amostra e da qualidade estatística proporcionada pelo excelente trabalho do IBGE. O modelo econométrico estimado dos fatores associados ao evento estudado demonstra isso, tanto pela precisão das estimativas quanto pela sua aderência em termos de sinais esperados pela intuição econômica e sociológica, pelo menos àquela implícita no filme.

As outras estatísticas disponíveis relativas a ocorrências policiais e à apreensão de drogas como as recém-divulgadas por agência associada à ONU captam no fundo o consumo frustrado pela atuação da polícia, no varejo e no atacado, e são ainda mais indiretas, resultando da interação entre a intenção de alguém no Brasil, ou no exterior — já que somos corredor do tráfico internacional — a consumir drogas, a eficiência dos traficantes e consumidores no ato ilícito e a eficiência das forças policiais que é variável entre unidades da federação em desvendá-los. A estatística proposta aqui, de declaração de consumo, além de ser complementar, a única disponível do lado do varejo das drogas que abarca todo o território nacional, permite retratar o perfil do consumidor brasileiro declarado de drogas ilícitas.

As declarações na pesquisa se restringem a quatro tipos de drogas, a saber: maconha, cigarros de maconha, lança-perfume e cocaína que atingem 0,06% da população que em média gasta R$ 75 por mês, a preços de hoje, por pessoa. A estratégia adotada foi comparar a participação de pessoas com determinadas características sociodemográficas entre consumidores declarados de drogas com a respectiva parcela do grupo na população total. Assim, captamos quais grupos estão super-representados no universo de declarantes de consumo de drogas *vis-à-vis* os demais brasileiros.

O perfil do consumidor declarado de drogas é, como no caso dos demais problemas aqui estudados, o de um jovem homem solteiro: 86% têm entre 10 e 29 anos, contra 39% do conjunto da população; e 99% são do sexo masculino, contra 49,82% da população em geral.

Em sua grande maioria são brancos (85% contra 53% do conjunto da população) e pertencentes à classe A (62% contra 5,8% da população). O quadro de drogas como um bem de luxo para casas de elite se confirma em quase todos os níveis analisados. Em 68% daquelas onde se declara consumo de drogas, sempre são consumidos os alimentos do tipo que se quer, o que acontece para somente 25% do conjunto da população. Ainda de acordo com o quadro de "filhinhos de papai", observamos que 80% ocupam papel de filhos em suas moradias (ao invés de chefes, cônjuges etc.), contra 26% do total da população.

Também de acordo com as imagens do filme, 30% frequentam a universidade contra 4% do conjunto da população; 54% dos usuários estão no ensino médio. De toda forma, a proporção que frequenta escolas ou universidades privadas é mais de três vezes maior do que a do conjunto da população.

A visão dos consumidores de drogas como elite econômica é confirmada no acesso a serviços públicos de alta qualidade percebida: água (93% contra 70%); lixo (99% contra 73%); iluminação de rua (81% contra 62%); energia elétrica em casa (99% contra 88%) e drenagem e escoamento (90% contra

53%). Por último, temos o nível maior de acesso a cheque especial (35% contra 12,2%) e cartão de crédito (44% contra 16,9%) consolidando a imagem do consumidor declarado de drogas como elite.

Existem, entretanto, duas exceções do quadro de elite econômica que podem ao mesmo tempo ser interpretadas como efeitos colaterais do consumo de drogas: o atraso de contas como aluguel e prestação, maior entre a elite econômica e também simbólico no universo das drogas, assim como a maior percepção de problemas de violência próxima às moradias do consumidor declarado de drogas, 64% moram em vizinhanças com problemas de violência contra 28% da população. Em geral, a elite, até pela liberdade econômica que dispõe, habita em menor proporção as áreas violentas.

Rapazes

> Prisões dizem respeito a rapazes pobres, enquanto acidentes de trânsito fatais e consumo de drogas dizem respeito a rapazes de elite.

A juventude é aquela fase da vida algo intermediária, marcada por tons de cinza, situada na transição da criança para o mundo adulto, idealmente do estudo ao trabalho. O objetivo mais geral da pesquisa Estado da Juventude foi tratar de questões que têm as feições do jovem homem solteiro, como consumo de drogas, acidentes de trânsito (rapazes da classe A) e prisões (jovens da classe E), mas todos os fatores relacionados são tratados de forma mais integrada. Esses assuntos foram tratados na seção "Temas sociais" da *Conjuntura Econômica* em fevereiro de 2007 e agosto de 2004.

Assim como no caso dos consumidores de drogas, o perfil da vítima de acidente de trânsito e de presidiários é de um jovem homem solteiro. A diferença é que na última são rapazes de baixa renda e nas duas primeiras de alta renda. Os hormônios dos rapazes não têm classe social, só o tipo de manifestação deles e a reação da sociedade mudam.

O perfil do presidiário brasileiro é de um rapaz (96% são homens e 52% têm entre 20 e 29 anos), solteiro (79%) com alguma, mas não muita, escolaridade (21% com oito anos ou mais de estudo). A probabilidade de o indivíduo com todas as características adversas estar na condição de presidiário é 0,69%. Se este indivíduo de risco máximo fosse mulher, a probabilidade cairia para 0,14%. Ou seja, em matéria de determinantes de criminalidade, a variável sexo é a mais fundamental. Vimos também que a contrapartida feminina da predisposição de jovens homens solteiros a atividades criminosas é a gravidez precoce.

Utilizamos, também, a introdução do novo *Código Brasileiro de Trânsito*, a partir de janeiro de 1998, como laboratório para estudar os efeitos de mudanças na legislação e nas penalidades associadas sobre comportamentos. Homens estão mais expostos aos acidentes por se deslocarem mais, mas são menos sensíveis às leis de trânsito mais rígidas do que as mulheres. Verificamos que o novo código de trânsito reduziu significativamente as mortes de trânsito no Brasil em pelo menos 5,8%, caindo duas vezes mais para elas do que para eles.

Os resultados encontrados mostram gradações completamente diferentes dessas questões entre rapazes e moças. Os personagens principais dos dramas são jovens homens solteiros, o que sugere a ampliação de políticas completamente diferenciadas não só por idade, mas também por sexo. A magnitude de cada um dos problemas muda de acordo com a classe social dos rapazes. Prisões dizem respeito a rapazes pobres, enquanto acidentes de trânsito fatais e consumo de drogas dizem respeito a rapazes de elite.

O estado da juventude

> Os estados, devido ao acúmulo e à natureza de suas atribuições que vão desde o ensino médio a áreas-problema como segurança e trânsito, são os entes federativos responsáveis pelos jovens.

Não está escrito em nenhum lugar da nossa Constituição, mas os estados são os principais guardiões da juventude brasileira. Da mesma forma que municípios cuidam de interesses infantis, incluindo vacinação e ensino fundamental, e o governo federal cuida da previdência social e das pessoas com deficiência, questões tipicamente associadas à terceira idade. Os estados, pelo acúmulo de atribuições, podem ser considerados tutores últimos dos nossos jovens. Começando pela educação (ensino médio) e indo para áreas-problema que têm a cara do jovem brasileiro, como segurança (violência e drogas), trânsito (acidentes). Ver nossa pesquisa em <www3.fgv.br/ibrecps/EDJ> e a figura a seguir. Verificamos que todas são responsabilidades constitucionais dos estados como entes federativos.

Medidas padrão de desenvolvimento humano, como expectativa de vida, frequência escolar e renda, entre outras que têm evoluído para a população em geral, apresentam trajetórias diversas no caso dos jovens. Este texto discute alguns aspectos obscuros desse trajeto, como o uso de drogas, a vida nas prisões e a morte nos acidentes de trânsito, usando como farol as pesquisas domiciliares e buscando nortes nas ações do Estado, ou como argumentamos aqui, dos estados.

Os jovens são um verdadeiro mistério, não só aos olhos do Estado e dos seus pais, mas provavelmente para eles mesmos. Como consequência dessa dificuldade, nos últimos anos houve um relativo insucesso de iniciativas voltadas a esse público, como o programa Primeiro Emprego e o Soldado Cidadão.[3] Embora existam novas iniciativas mais promissoras, como a recém-anunciada extensão da idade máxima de receber o Bolsa-Família dos 15 aos 17 anos de idade (com recebimento direto pelo jovem e não pela sua mãe),[4] a extensão do Fundef para o Fundeb (que também passa a incorporar a oferta de recursos para o ensino médio) e, finalmente, o Prouni exemplifica o espaço que existia para otimizar o uso de renúncias fiscais previamente incorridas em universidades privadas para suprir a falta crônica de universitários no país.

O Brasil tem mania de impor leis nacionais e não testá-las no nível estadual, ao contrário dos EUA, por exemplo. Como resultado, erramos muito em escala nacional e aprendemos muito pouco com os nossos erros e acertos. Nesse aspecto, defendemos a concessão de maior liberdade para os estados fixarem as suas leis em áreas onde a diversidade seja grande entre unidades da federação e o conhecimento seja escasso. Em suma, a concessão de maior liberdade às unidades da federação de fixarem suas leis permite não só uma melhor adequação às especificidades locais, como também fornece laboratórios úteis à análise dos determinantes das áreas-problema estudadas, e pode potencialmente aumentar a efetividade de ações específicas.[5]

Notas

[1] A pesquisa surgiu por meio de um desafio proposto pelo presidente da FGV, Carlos Ivan Simonsen Leal. A partir disso, agregamos outras pesquisas elaboradas pelo CPS sobre perfil dos presidiários e os determinantes dos acidentes de trânsito, que resultou em um retrato integrado de alguns dos principais problemas dos jovens e do país. Agradeço a assistência de toda a equipe do CPS e a Gabriel Buchmann na transcrição da primeira seção deste texto.

[2] Ou do menino que virou fotógrafo e não traficante que narra o filme *Cidade de Deus*.

[3] O Soldado Cidadão, ao oferecer treinamento militar a jovens carentes que seriam posteriormente dispensados, pode aumentar a oferta de técnicas militares nas mãos erradas.

[4] Cerca de 25% dos jovens não vão à escola por motivos como faltar dinheiro em casa ou por ter que trabalhar. De forma que, embora bem-vinda a extensão do Bolsa-Família, ela não responde à maior parte das razões apresentadas, cujo principal elemento é a falta de atratividade da escola. Isto é, o jovem não quer a escola que aí está.

[5] Cerqueira, Daniel e Lobão. Criminalidade, ambiente socioeconômico e polícia: desafios para os governos. *Revista de Adiministração Pública,* n. 3, 2004 (vencedor do Prêmio Jorge Oscar de Mello Flores, como melhor artigo publicado na *RAP* em 2004).

PARTE 4

VIOLÊNCIA

A leitura econômica da violência e segurança

Istvan Kasznar*

Introdução

A temática da oferta e da demanda de segurança é das mais notórias e relevantes no Brasil do início do terceiro milênio.

Grande parte da população sente-se insegura e com temores, dadas as ondas de assaltos, homicídios, roubos, invasões a domicílios e agressões de toda natureza, em uma demonstração clara de violência e contra os direitos humanos.

A insegurança abrange uma definição ampla, de incerteza geral em relação aos elementos que a compõem e é alimentada por inúmeros fatores, tais como a inadequação e não cumprimento das leis; a lentidão do Judiciário e os artifícios que podem ser usados para não julgar criminosos; a corrupção e a incompetência em saber lidar com recursos públicos; o crescimento do submundo que vê como viável nele viver e evoluir.

De fato, em termos econômicos e jurídicos, se ladrões, meliantes, traficantes, gângsteres, corruptos, assassinos profissionais e outros indivíduos

* Ph.D em *business administration* pela Califórnia Coast University; mestre em economia pela EPGE/FGV; técnico em administração pública e de empresas pela Ebape/FGV; e economista pela UFRJ/CCJE, com especialização em *banking* pela Universidade de Berkeley. É professor da Ebape/FGV e professor emérito da Eceme (Escola de Comando do Estado Maior do Exército). É coordenador com a professora Fátima Bayma do Nespas (Núcleo de Estudos da Saúde, da Previdência e da Assistência Social). É coordenador-geral do Peem (Programa de Estudos dos Estados e Municípios) e do Necee (Núcleo de Estudos das Contas e da Economia dos Esportes).

deste agrupamento danoso à sociedade enxergam ganhos econômico-financeiros maiores que multas, perdas patrimoniais e punições na prisão e potenciais penas capitais, eles poderão ter uma propensão, uma vontade de ficar do outro lado da lei. Se esses agentes acharem que a probabilidade de pegá-los, julgá-los e puni-los for menor que a probabilidade deles ficarem à solta, praticarem delitos e enriquecerem, sem maiores perdas marcantes, eles diluirão suas percepções éticas e morais e serão capazes de afirmar, pela prática, que "o crime compensa".

Por esses motivos, é preciso perseverar a favor da segurança completa, ampla, irrestrita e em todas as suas formas, que são muitas.

Por um lado, comenta-se a precariedade do preparo e da infraestrutura disponíveis nas Forças Armadas e policiais, o que impede um desempenho e provimento ótimo a favor da comunidade e da sociedade. Por outro lado, com o aumento da população e a redução da taxa de crescimento do PIB real de longo prazo, que entre 1946 e 1976 beirou a média anual de 7,6% e entre 2000-06 mal chegou aos 2,7%, criando desemprego e aumentando os indicadores de violência, sucedeu o crescimento por serviços de segurança. Por outro lado ainda, falta educação, que é de nível sofrível, e a população traz consigo uma bagagem de conhecimentos limitada e conquistada com muitos sacrifícios.

Faltam recursos para segurança, o déficit público é recorrente, o giro da dívida pública é perpétuo e investir em segurança — salvo honrosas exceções — não é uma prioridade. Pelo menos, não inteiramente no Brasil das suas maiores metrópoles.

Mas o que é segurança? Seria tão somente um estado de certezas proporcionado por medidas legais e de policiamento e uso de forças bem-equacionado, que mantém os cidadãos tranquilos e num estado de bem-estar? Ou seria um conceito mais amplo, que abrange desde ter meios de dissuadir os malfeitores efetivos e potenciais com forças que aplicam a lei, além de dispor de meios que comprovam que a prática do crime não compensa, pois é punida com prisão, multa, correções, trabalhos sociais e outros expedientes que inibem a produção do mal?

A rigor, segurança é o estado de estar e de sentir-se salvo e a salvo. A segurança existe na condição de estar protegido contra situações que geram violência, maldade, acidentes, danos, quebras, violações, feridas, perdas e eventos que as pessoas querem evitar, nas dimensões múltiplas do bem-estar físico, espiritual, mental, psicológico, familiar, social, comunitário, político, econômico, nacional, internacional e outros.

A segurança é em geral um grande valor e patrimônio para um povo e nação. As pessoas querem segurança e as autoridades precisam produzi-la, oferecer meios para gerá-la e mantê-la permanentemente.

A existência de segurança é uma vontade geral e expressa das populações, e lembra a *volonté génerale*, de Jean Jacques Rousseau, que envolve a vontade do povo, e o encorpamento de poderes em razão dos interesses manifestos da sociedade (Watson, 1960).

Há muitos significados, bem diferentes, para a palavra segurança. É uma questão de referencial e assunto a ser abordado. Assim, pode-se falar em segurança pessoal; residencial; econômica; financeira; de transportes; de comunicações; contra doenças; contra animais peçonhentos; e assim por diante. Definir o alvo e objeto ao qual pretende-se dar, fornecer, produzir segurança é, portanto, essencial (Wikipedia, 2007).

A rigor, a segurança pode ser oferecida em relação a uma garantia que é dada, ou a um padrão de seguro que assegure a redução, eliminação ou afastamento de males e danos.

A segurança é relativa e não absoluta. Em certo momento e local, pode haver uma sensação de segurança, onde os riscos aparentes de danos são baixos, administráveis e confortáveis. Em outro momento, a sensação pode ter passado para um quadro pior, de insegurança e de crescente probabilidade de acontecerem danos, perdas e logo insegurança.

É de se esperar que no plano individual as pessoas procurem proteger-se, para maximizar a sua segurança, sem que isso impeça as suas atividades normais durante a vida. E que, no plano agregado, a sociedade delegue e confie ao estado a feitura de regras e a adoção de medidas que forneçam a segurança desejável para conviver em ambiente saudável e construtivo.

A Constituição prevê o provimento de segurança a todos os cidadãos.

Segurança envolve uma ação ampla, múltipla, de grande magnitude, para que se atendam os interesses gerais da população e também suas necessidades concretas por assunto. Isso convida à formulação de respostas e questionamentos, merecendo uma reflexão objetiva que permita uma ordenação de seu significado; seus prós e contras; os fatores que podem ou não produzi-la e o que sucede quando ela é abandonada ou relaxada, criando setores socioeconomicamente não desejáveis e cada vez mais poderosos como interesses de grupo numa economia.

Nas linhas que seguem, expõem-se sob prisma econômico tais temas, à busca de uma ordenação dos assuntos que abordam a temática da segurança.

Segurança

As definições sobre o que seja segurança são variadas. Em geral, elas procuram dar ênfase a um "estado de segurança, de sentir-se seguro e a salvo".

Algumas definições básicas e marcantes sobre segurança são as seguintes:

- condição de segurança; certeza; risco mínimo e baixo;
- significa uma garantia;
- sensação de firmeza, conhecimento de ambiente;
- percepção de redução das incertezas, futuro estabelecido com melhor visibilidade;
- capacidade de defesa, capacidade de se defender;
- capacidade de atacar, capacidade de desmontar, destruir e, com isto, dissuadir;
- sensação de domínio, de propriedade.

O que é segurança? Um bem público, um bem privado ou um bem semipúblico ou semiprivado?

Segurança é todo tipo de bens anteriormente citados, ao mesmo tempo. A segurança é patrimônio que a todos favorece e faz bem. É imprescindível, pois dá as bases do bom ordenamento e convívio social; e seu consumo por um indivíduo ou grupo não exclui outros, necessariamente, logo é um bem público puro por natureza. Quando o Estado deixa de suprir segurança, seja porque é carente, não dá importância ao assunto ou outras razões, a iniciativa privada pode oferecer segurança por algum pagamento, solucionando problemas específicos e de nicho. Entre um e outro extremo, surgem inúmeras combinações possíveis de oferta de segurança, o que dá espaço a uma definição como serviço semipúblico ou semiprivado.

Na sociedade, no país, para todos os cidadãos que compartilham do mesmo espaço territorial, é um bem público. O consumo de segurança por parte de um cidadão não há de afetar o consumo de segurança por outro. Inexiste exclusividade e privação de consumo. Todos podem obter, consumir e usufruir de segurança ao mesmo tempo.

A segurança tem vários níveis e graus de abrangência:

- global, internacional, nacional, estadual, municipal;
- por zona administrativa, distrital, por rua;
- por unidade residencial;
- por unidade familiar;
- por indivíduo.

A segurança pode ter direcionamentos específicos:

- civil, militar;
- rodoviária, aeroportuária, hidroviária;
- de cargas, de pessoas.

Seja como for, as pessoas e comunidades precisam de segurança e querem preservá-la. Os produtos e serviços nocivos à sociedade geram insegurança e violência, que há de ser combatida e erradicada.

Contudo, as medidas públicas a serem tomadas para gerar segurança são custosas, numerosas e podem ser polêmicas. Nem sempre existe um acordo, uma posição uníssona, ou um conforto na adoção de medidas que promovem a segurança.

Para punir pessoas que cometeram o mal, como assassinos, pode-se condenar à morte? Quem tem o direito de tirar a vida? E se houver um erro de julgamento? E se a pena incidir majoritariamente sobre os mais pobres e os afrodescendentes? Isso não seria a prática de injustiças e discriminações? A resposta não é simples, fácil ou confortável. Mas é preciso que a sociedade se dê uma resposta.

Por isso, ao ser até complicado e desagradável lidar com este tema, as autoridades públicas se esquivam, postergam decisões e relegam o assunto ao segundo plano. E aí mora e reside o perigo, o germe contaminador que acaba por fazer os problemas de segurança crescerem e, quando se decide enfrentá-los, eles já tomaram uma tal dimensão, gerando tamanhos estragos, que seu combate é caríssimo, longo, complicado e, apesar das medidas que se tomarem, parece iníquo e de baixo efeito.

Por essas razões, segurança é um moto contínuo. Precisa-se estabelecer segurança como uma política pública prioritária, fundamental, de primeira ordem, em que pese aos custos e sacrifícios gerados quando se luta por seu estabelecimento e, caso mais grave, por seu reestabelecimento.

Insegurança

O contraponto à segurança é a insegurança. Ela é indesejável e representa um mal a ser evitado. É preferível lutar a favor do aumento da segurança e sua manutenção, a deixar surgir a insegurança, pois os seus custos sociais, econômicos, psicológicos e comportamentais, entre outros, são imensos.

Recuperar a segurança é, além de difícil, demorado e custoso, um desafio permanente. Ao menor descuido e erro, a insegurança toma conta de um lugar, de um meio, e sua erradicação pode ser muito complicada.

O lado dos agentes do mal, dos elementos da ação de bandidos, possui e dá para si mesmo mais graus de liberdade e ação que os agentes que professam o bem. Os verdadeiramente bons só podem fazer o bem o tempo todo e oferecer segurança. Os que são efetivamente maus dissimulam, se travestem e ora usam as vestes do bem, ora as do mal para atingir seus objetivos.

E essa variabilidade, que cria incerteza, gera insegurança.

Definições de insegurança são:

- falta da condição de segurança, incerteza, risco crescente;
- falta de garantias;
- sensação de fragilidade, de fraqueza, de desconhecimento, de algo "mau", negativo, que está acontecendo, está por acontecer ou já aconteceu;
- manutenção ou aumento da expectativa de formação de incertezas, futuros vaporosos, dúbios, melindrosos, atemorizantes, aterrorizantes, inspiradores de medo;
- defesas minadas, reduzidas, limitadas, insuficientes;
- colocação em dúvida da capacidade de defender-se, autodefesa em xeque;
- posição de vítima, agente que pensa que será atacado, agredido, mutilado, roubado, assaltado, estuprado, torturado, massacrado;
- sensação de "não dominar a própria vida", o que se faz e fará, perda de propriedade.

Do ponto de vista econômico, existe uma ótica de segurança que há de ser considerada.

Nem todos os indivíduos pensam e se comportam igual. A grande maioria tende a ser honesta, correta e quer levar uma vida regrada. Essa maioria tende a agregar-se em comunidades sadias, nas quais as ocupações são convenientes e benéficas à sociedade.

Contudo, nem todos os indivíduos pensam e agem assim. Há aqueles que, movidos pela ganância, pela maldade, pela ambição doentia e desenfreada, e destituídos de ética e de compromissos morais pessoais e públicos, ou ainda revoltados com os ruídos e injustiças provocados pelo abandono aos seus próprios destinos e descrentes dos poderes políticos e juizados estabelecidos, despencam para a vida fora da lei.

No afã do lucro fácil, do poder pessoal, da riqueza, da atração de pessoas ao seu círculo, para múltiplas finalidades, entre elas sexo e efeito-demonstração, entre outros, aparecem, florescem e multiplicam-se os fora da lei.

E se uma sociedade é condescendente com os fora da lei, não aplicando a lei com rigor, não punindo e não educando, reeducando e investindo em segurança em seu sentido amplo, surgem a insegurança, a violência e torna-se mais difícil combatê-la e extirpá-la.

Por essa razão, em nível individual, cada pessoa faz um tipo de cálculo para si e se pergunta: vale a pena viver dentro da lei e de certas regras e condicionantes de convívio social ético? Se valer, é que o fluxo de benefícios provenientes das regras do jogo é superior ao fluxo dos custos ou das punições apontadas ao cidadão. Ou também que este é tão inibido e tímido, que, apesar dos prejuízos que sofre, é incapaz de mover-se ou de mudar, ou de revoltar-se, num fenômeno de inércia de massas dóceis, de que se aproveitam certas elites.

Mas, se indivíduos entendem que não vale a pena viver dentro da lei; ou que vale a pena desobedecê-la, contraditá-la, distorcê-la e reescrevê-la a seu próprio favor em detrimento dos outros; ou que vale a pena apossar-se dos centros e eixos do poder público e privado, para tirar vantagens para si e explorar leonina e vilmente os outros; ou se partem para a transgressão, para o proibido, para o socialmente prejudicial e apostam que as probabilidades de ser punidos são baixas, eles podem se tornar um outro tipo de elite, negativo, e produzem a arbitrariedade, a insegurança e, no lugar de bens, males.

Coibir, inibir, proibir, aniquilar e sinalizar continuamente os fatores que alimentam o mal humano, individual e social, são essenciais para gerar segurança e evitar a violência. Se isso não ocorrer, o mal encontrará os seus caminhos para infiltrar-se numa sociedade e os custos de sua extirpação serão provavelmente grandes.

E abrir exceções à lei e ao seu cumprimento será interpretado como um sinal de fraqueza, por onde os produtores do mal se introduzirão, afetando as instituições e a sociedade. Por isso, para que se produza segurança não pode haver exceções, privilégios e tratamentos diferenciados. Eles criam a discriminação e aí surgem os jeitinhos, as negociações que viram negociatas, daqui a pouco as corruptelas e maranhas que viram corrupções e maranhões e isso não desemboca no bem.

Independentemente de moralismos e falsos moralismos, uma sociedade deve estabelecer, esclarecer, definir e defender às claras o que entende ser segurança; como deve conquistá-la; o que fará para mantê-la; e o que sucede para valer, de verdade e de vez, com quem a ameaçar e descumprir.

A equação da segurança (S)

Existe uma equação geral e única de segurança? Provavelmente, não. Há inúmeras variáveis que determinam segurança e, com a evolução da sociedade, aparecem novos fatores determinantes. A segurança no Brasil difere da existente e desejada nos EUA.

Até meados do século XIX, tratar e lidar com atos de terrorismo era um ato relativamente raro, isolado e incomum. No eclodir da I Guerra Mundial, um ataque terrorista fulminante matou o arquiduque do Império Austro-Húngaro em Sarajevo, que surpreendeu o mundo. Todavia, em setembro de 2001, o grupo Al-Quaeda destruiu o Pentágono e as duas torres gêmeas nos EUA, matando mais de 3.406 pessoas, num ato terrível, que fora tentado em 1993, quando foram mortas por explosões de bombas oito pessoas.

Desse modo, segurança é produto de um conjunto de variáveis relevantes, que podem alterar-se no tempo.

A segurança (S) pode ser escrita e interpretada como uma função dependente de variáveis independentes, explicativas, que a geram, produzem e influenciam em graus diferenciados.

Como segurança é um bem, um valor, um patrimônio, no coletivo ela visa ser maximizada. Só que sua produção gera custos múltiplos, de identificação, organização, manutenção e consolidação, o que significa que ela também é sujeita a uma restrição orçamentária.

Em princípio, quanto maior for a disponibilidade de recursos para a produção de segurança, mais segurança será produzida. Todavia, se os recursos forem insuficientes, escassos, mal alocados ou desaparecerem no meio da corrupção, a segurança pretendida não acontecerá, ou virá parcialmente, frustrando a população.

Como a segurança faz bem a todos, assim como a educação, a saúde, a infra-estrutura, a ciência e a tecnologia, a justiça e outras funções típicas de Estado, ela possui demanda, mas concorre com estes e outros bens na obtenção de verbas públicas.

A concorrência acirrada e a disputa por verbas envolvem uma negociação, para que se distribuam os recursos provenientes de arrecadação de impostos e outras fontes, também para a segurança. Assim, a falta de negociação ou a subestimativa da verdadeira necessidade de verbas para gerar segurança pode criar um provimento insuficiente de segurança. No sentido lato, isso contribui para explicar o aumento da violência; de incêndios; de acidentes e afins, sujeitando a equação das decisões públicas integradas a decisões difíceis.

Não se pode, na certa, deixar de educar e alocar recursos para as crianças irem à escola e se socializarem, e tampouco se pode admitir a insegurança e um estado de violência existente ou por acontecer. Cabe às autoridades medir as necessidades múltiplas da sociedade, da população presente e futura, e oferecer de forma balanceada todas as produções de bens e serviços públicos, para alcançar o bem-estar geral e integrado.

Uma função comportamental de segurança S_1 pode ser escrita como segue:

S_1 = F (R; AL; QL; GP; VAL; CL; VS; PPI; CGM – PPI e PPrI; Doers; ...). (I)

Outra segunda função de produção de elementos geradores de segurança pode ser:

S_2 = F' (AL; PU; RTs; AMP; ET; ETO; Out). (II)

E, como decorrência, a segurança (S) é uma função múltipla (F ou F') das seguintes variáveis:

R = regulamentação, leis em vigor;
AL = aplicação efetiva da legislação em vigor;
QL = qualidade e amplitude pragmática da legislação em vigor;
GP = grau e nível de punição aplicada;
VAL = velocidade de aplicação da lei;
CL = coerência legal e aceitação das medidas aplicadas;
VS = volume de serviços a julgar, gerar em educação, e em correções;
PPI = políticas públicas integradas;
CGM = capacidade de gerenciar mutuamente;
PPrI = políticas privadas e empresariais integradas;
Doers = dotações orçamentárias efetivamente realizadas em segurança;
ET = existência ou não de atos terroristas;
ETO = existência ou não da prática de tortura;
Out = outros fatores.

A segurança se mantém e cresce, quando se investe nela ativamente, conforme a síntese dada pela equação S_2 e sua correlata função comportamental F', onde:

PU = punição efetiva em tempo real dos geradores de insegurança *lato sensu*;
RTs = receitas totais públicas e privadas aplicadas em segurança, locais e mundiais;
AMP = adoção de medidas promotoras de segurança.

Dada a amplitude do conceito de segurança, pode-se resumir uma terceira função S_3 como a que afirma que existe segurança integrada em sentido lato, quando ela inclui os muitos tipos de segurança num único e consolidado "agregado de segurança".

A produção de segurança por área ou tipo de segurança é atendida pelas funções S_1 e S_2.

A função geral, de segurança agregada, inclui assuntos tão diferentes e complementares quanto segurança policial (Po); contra acidentes e incêndios feitos pelos bombeiros (Bo); ambiental (A); ecológica (E); produtiva (SY); infraestrutural (IE); trabalhista (T); econômica (Ec); financeira (Fin); judiciária (J); e outras (Out), resultando na função a seguir, S_3:

$$S_3 = F'' \text{ (Po; Bo; A; E; SY; IE; T; Ec; Fin; J; Out).} \qquad \text{(III)}$$

O financiamento da segurança

Uma vez identificadas as variáveis principais que geram segurança, é importante perguntar-se: como financiar, caso fosse bem público, e unicamente, a segurança? Ou seja, como definir um preço, para um bem e serviço que todos querem deter e usufruir e de preferência ninguém quer pagar, pois espera que o vizinho o faça primeiro e também por ele.

Em tese, uma população verificaria o estado em que se encontram a sua segurança global, integrada, e se as suas componentes determinantes produzem ou não os resultados desejados. Quanto maior a segurança presente e a antevista a futuro, e quanto melhor forem gerenciados os fatores explicativos da geração de segurança, menos os contribuintes vão querer pagar por segurança, ficando satisfeitos com o pagamento de um *fee* que garanta o estado e a manutenção do bem-estar.

Contudo, caso a população verifique que sua condição de segurança está deteriorada atualmente e ela tende a deteriorar ainda mais, é bem possível que os contribuintes aceitem pagar mais para recuperar ou gerar a "segurança ideal" com que sonham.

Uma vez diagnosticada a situação de segurança numa sociedade ou localidade, pode-se estabelecer um orçamento que mostraria quais seriam os gastos com os seguintes elementos: o que aparelharia os poderes e entes geradores de segurança, em termos de fatores de produção e meios, a ponto de assegurar a "segurança ótima" e quanto custa isso — o lado operacional; o que asseguraria a boa manutenção e geração de segurança contínua, do ponto de vista administrativo, e quanto custaria; e dadas as mudanças no tempo, a futuro, em que e quanto investir para assegurar uma trajetória e curva de contrato ótima de segurança.

O somatório desses três elementos fornece em grandes linhas as despesas totais brutas em segurança. E isso há de ser coberto com receitas. Uma dotação fiscal adviria de múltiplas fontes, implicando a identificação de um valor que cobrisse com alguma folga as despesas.

A soma das receitas totais para segurança pode vir do "bolo geral" do imposto de renda retido na fonte e pago pelos indivíduos e pelas pessoas jurídicas; de impostos específicos para a promoção de segurança em seus muitos sentidos; ou de taxas, multas e outras receitas alocadas para cobrir as despesas.

Ao contribuinte interessa pagar o "justo", que não é mínimo, para assegurar para si e sua família uma segurança ampla e múltipla. Desse modo, o preço pago por segurança lhe há de assegurar a minimização dos males gerados pela falta de segurança.

Em síntese, esse desejo pode ser traduzido como: o preço que se paga pela segurança, como uma fração da renda presente e o fluxo das rendas futuras, há de ser o equivalente a um percentual da renda líquida ou das receitas empresariais, que minimize as sequências e ocorrências de roubos, latrocínios, assaltos, estupros, ataques, acidentes, agressões e elementos congêneres, que afetem a integridade, a riqueza, o patrimônio e o equilíbrio sociopsicológico do contribuinte.

As equações a seguir espelham, num plano econômico e contábil, o que se deve obter para gerar segurança em condições de equilíbrio orçamentário básico:

$$RTs = DTs \qquad (1)$$

As receitas totais em segurança (RTs) deverão ser pelo menos iguais (de preferência algo superiores) às despesas totais com a produção de segurança (DTs).

$$p_s \, X \, q_s = DO_s + I_s \qquad (2)$$

Os preços dos bens e serviços de segurança (p_s), que multipliquem a quantidade oferecida de segurança (q_s), devem ser iguais ou de preferência algo superiores às despesas correntes, ditas operacionais, com segurança (DO), somadas aos investimentos em segurança, o que é dado por projetos variados num mesmo e só ano.

Numa ótica de segurança policial, pois há várias definições de segurança, que levam a definições alternativas de dispêndio (fazer justiça através do Judiciário também produz segurança, por exemplo), tem-se a expressão 3.

$$p_s \ X \ q_s = (W + MP + F + Eq + M\&U + Alu + Out) + Proj_{(1, \ldots, n)} \qquad (3)$$

Logo, as receitas para a segurança em geral devem cobrir os gastos em folha W (soldos, salários, cargas fiscais trabalhistas); as matérias primas e os bens que sustentam a segurança — MP (balas; granadas; uniformes); os fornecedores variados F (luz, gás, telefone); os equipamentos Eq (revólveres; fuzis; metralhadoras); de gastos correntes com as máquinas e utensílios (de uma oficina mecânica própria); de aluguel de toda a sorte de bens (máquinas; galpões; armazéns; salas; escritórios; zepelins); e outros. E mais os gastos em projetos de investimento, tais como a produção de presídios, cárceres, prisões de segurança máxima; a compra de uma nova frota de veículos ou helicópteros; máquinas e equipamentos novos e afins, do primeiro ao enésimo.

É difícil afirmar que, da lista de despesas anteriormente apontada, uma seja prioritária e outra não. Para gerar segurança, é fundamental dispor de um sistema jurídico, econômico, penitenciário, bélico, de pessoal e afins bem integrado, organizado e equipado. Sem balas, não se dá tiros e sem estes não se prendem delinquentes perigosos e que desafiam a polícia.

Da mesma forma, é preciso ter presídios, mesmo que eles custem caro e sejam um imobilizado de aparente "baixa produtividade" para quem está lá dentro, cumprindo a pena. Contudo, colocar todos os condenados da justiça na prisão e ter espaço para acomodar todos quantos praticarem atos ilícitos e ilegais é essencial, pois gera um duplo efeito; pratica-se a justiça com a punição dos culpados e gera-se um efeito inibidor, de dissuasão, naqueles que pensam em afrontar a lei.

Presídios são fundamentais para isolar os fora da lei que fazem males notórios a uma sociedade. Por isso, o investimento neles se recupera quando a comunidade mantém e evolui em seu bem-estar, e os jovens não são contaminados por quem pode cooptá-los e lhes fazer mal, como os narcotraficantes. Ver, para uma análise do assunto nos EUA, Gary S. Becker, *The economics theory of illegal goods: the case of drugs* e *A political case for social security reform*.

Uma forma de reduzir o custo dos presídios é privatizá-los e criar programas de terapia ocupacional, profissionalização e produção de bens e serviços nas prisões. Uma parte das receitas cobre os custos com os penitenciários e a manutenção da infraestrutura; outra parte, se sobrar, pode gerar um salário ao condenado e um lucro ao gestor.

Quando a segurança não é boa, certa e segura, surgem incertezas e temores nos agentes sociais e econômicos. Em busca de segurança, se o Estado não é um bom supridor, as pessoas são capazes de contratar serviços e bens de segurança produzidos no setor privado.

Assim, quando os investidores não se sentem seguros com a economia, por causa de alta inflação, altos impostos, juros e recessões, eles podem remeter mais dinheiro e fazer investimentos no exterior, à busca da segurança externa de países mais estáveis; quando as estradas estão esburacadas e mal sinalizadas, aumenta o número de acidentes e mortes, as pessoas contratam mais apólices de seguros e o prêmio deles sobe; ou quando os assaltos e roubos aumentam em casas e condomínios, as famílias contratam guarda-costas, seguranças e firmas especializadas.

Assim, a falta de segurança engendra uma série de atividades que formam uma "indústria da segurança". Algumas dessas atividades precisam ser feitas, como as de seguro de vida para acidentes aéreos ou seguro contra acidentes da natureza — raios, trovões e chuvas, para dar uma cobertura em caso de sinistros.

Mas, na medida em que um sistema socioeconômico se deteriora, podem surgir poderosos participantes nessa "nova indústria da segurança", que em condições normais não deveriam existir. Eles privatizam um bem público, em função da ineficiência pública. E ao adquirirem poderes, substituindo o Estado, podem incentivar a ineficiência, para que perdure e se eternize a situação que as criou.

Esse é um problema sério em países em que os grupos de interesse se apossam de um bem público, privatizando-o, agindo nele com lucros e cooptando os poderes para alçarem mais prestígio e poder, na medida em que empregam mais gente e recursos.

A política pública precisa prever como fazer a operação desmonte desses setores, já que moderniza e investe com efetividade na segurança ampla e necessária do país.

A segurança e a arrecadação de impostos

Ninguém gosta de pagar e de contribuir com impostos. Contudo, quando se somam os recursos arrecadados com impostos, para finalidades claras, gerais e que favorecem a população, mediante a ação correta e efetiva do Estado, os cidadãos podem "encontrar as suas contas" e aumentam a sua satisfação em relação ao país, ao estado ou ao município em que vivem.

Por isso, o imposto "justo" precisa retornar ao cidadão na forma de algum bem ou serviço público, como segurança policial, segurança das forças militares, segurança e inteligência secreta, educação, segurança rodoviária e outras.

Problema grave ocorre quando os cidadãos contribuem, a carga fiscal sobe sem perspectivas de estabilização ou queda real e a contrapartida dada pelo Estado é baixa, insatisfatória. A disfunção pública e a má alocação de recursos deixam de justificar a receita fiscal e põem em xeque a credibilidade do governo como gestor.

Por isso, os orçamentos precisam ser bem montados, pautados sobre as reais necessidades de provimentos de recursos, para que se solucionem e atendam as demandas por bens e serviços públicos. Arrecadar para aumentar, inchar e politizar a máquina pública é certamente ineficiente e sujeita o futuro a maiores incertezas.

Determinar, contudo, um imposto para a segurança, seja no sentido lato, seja em um sentido mais estrito, é complexo. Em geral, é mais simples determinar um imposto e fazê-lo incidir sobre toda a população, com algumas diferenças como as dadas por estratos de renda. Esse imposto todos pagam e faz-se a arrecadação para cobrir os custos e os investimentos públicos.

Mas, no mundo moderno, as necessidades são múltiplas, diferenciadas e variadas. O perfil das populações, das unidades federativas, das cidades e dos bairros é desigual. Há localidades onde moram poucos ricos e muitos pobres, e outras onde acontece o inverso, há muitos ricos e poucos pobres. Seria a provisão de segurança a mesma nesses dois lugares? E se houvesse uma localidade com ricos, cercada por áreas miseráveis montanhosas por todos os lados, com uma legislação leniente e um regime de impunidade que se prova todo dia? Certamente a produção de segurança policial, nesse caso, teria de ser diferenciada.

Então, como consequência, os impostos deveriam ser cobrados para o provimento de segurança do tipo único ou diferenciado? E qual deveria ser o valor, já que impostos são custos e reduzem, ao serem aumentados ou criados, o poder aquisitivo das pessoas e as margens de retorno das empresas e suas reservas para novos investimentos?

A resposta para essas questões não é simples nem óbvia, oferecendo espaço para discussões intermináveis e polêmicas. Há os caroneiros, que gostam de viver e obter benefícios à custa de terceiros, e há quem alegue que é preciso em um mesmo país dar tratamento igual a todos os cidadãos. Há quem diga que a questão não é aumentar mais os impostos, mas saber alocá-los melhor, evitando-se e erradicando-se no Estado as estruturas e os órgãos desnecessários, improdutivos; as atividades que não são típicas de Estado; e os burocratas, políticos e administradores públicos que fazem péssimo uso do dinheiro público. Há localidades que são sacos sem fundo, onde só se tiram recursos com ineficiência, negociata política e propósitos corrompidos, e não se soluciona a questão ética, de adoção de controles e de substituição de pessoas que desmandam, não podem gerar eficiência nem eficácia econômico-administrativa.

A resposta às duas questões anteriores não é única. Ela admite variações e soluções diferenciadas.

Cidades como São Paulo, Rio de Janeiro e Brasília são gigantescas, complexas e sua população cresce. Por outro lado, cidades como Peixe Frito, Santana do Garambeu e Sumidouro são pequenas e sua população emigra.

No caso do provimento da segurança policial, deveriam os cidadãos dessas seis cidades pagar os mesmos impostos, com alíquotas iguais? Cremos que não. Faz mais sentido a diferenciação. Enquanto as cidades maiores vivem em pé de guerra e possuem microrregiões conflagradas, onde a violência é recorde nacional e exige planejamento, acompanhamento, infraestrutura, treinamento e um contingente policial sofisticado, nas cidades menores outro tipo de segurança policial, mais simples e barato, pode ser satisfatório.

Então, pode ser correto diferenciar os impostos segundo a cidade, criando-se uma legislação que atenda às demandas diferenciadas de cada ponto do Brasil e respeite os interesses de cada comunidade. Se paulistas, cariocas e brasilienses quiserem pagar mais, por mais segurança policial, que lhes seja dada a opção de legislar pelos meios adequados em causa própria, elevando de vez ou por tempo limitado a alíquota de um imposto a favor do aumento da segurança e da capacitação em alocar bem, com probidade, esses recursos.

Outro assunto particular e específico que merece atenção no reino da segurança e da erradicação da violência diz respeito ao que é ilegal e como tratar dos que usam bens ilegais.

Produtos ilegais são condenados, banidos e frequentemente são proibidos de se usar. E não pode o ilegal circular e ter mercado.

Os produtos ilegais caem nas mãos de indivíduos e grupos que estão informados da proibição, da ilegalidade de venda, mas ainda assim desafiam as autoridades e colocam o produto na praça. Do outro lado estão os consumidores, que pagam pelo bem ou serviço ilegal, mesmo cientes dos males que esses produtos e serviços lhes fazem, como dependência, vício, doenças físicas, problemas mentais e de equilíbrio, desorganização das finanças e desmonte da família.

Do ponto de vista econômico é preciso coibir, inibir e inviabilizar que ofertantes e demandantes de produtos e serviços ilegais se motivem para produzir, distribuir, ofertar e, do outro lado, consumir e renovar suas compras.

Para inibir a oferta, há vários caminhos, e a questão é responder qual a combinação mais eficiente. Entre eles estão: a proibição da produção; a multa e o pagamento de taxas pesadas; o uso da justiça e a adoção de penas, para cumprimento da lei; prender com condenações pesadas os líderes e os promotores do mal; o aprisionamento; o isolamento; a adoção de serviços sociais pelo condenado; e afins.

Para inibir a demanda, as soluções podem ser várias e não são simples, já que os indivíduos não agem nem se comportam da mesma forma às mesmas punições ou mensagens e elas precisam ser adotadas ao mesmo tempo. No caso do Brasil, onde a impunidade é norma, crassa e geral, há o agravante de que ricos de educação superior são tratados com regalias como *habeas corpus*, prisão especial e outros regimes de exceção. Logo, as diferenciações de classe econômica e social tornam ineficientes certas medidas, que deveriam ser de caráter geral.

Para cortar a procura, pode-se começar em casa, educando os filhos e exercendo a vigilância; avisar à população dos males que um produto ilegal faz, com campanhas publicitárias de esclarecimento; inibir novos consumidores entrantes, divulgando-se imagens dos presos, condenados, aprisionados e afins, especialmente quando ricos, pois as pessoas querem evitar uma imagem negativa de si próprias; mostrar quem está e esteve na ilegalidade, para sofrer punições sociais, como não ser eleito em cargo político, não virar juiz ou tribuno ou funcionário público, e afins; colocar os dependentes nos hospitais e clínicas de quimioterapia; fazer intensas, repetidas e maciças campanhas educativas, de esclarecimento público; criar a multa do consumidor de alta renda, sem direito a fiança, para casos de delito em flagrante; proibir e multar quem faz apologia de produtos e serviços ilegais; e outras medidas.

A firmeza das autoridades na definição do que é ilegal é essencial. Contudo, uma vez identificados o ilegal e a ilegalidade, é preciso punir quem a pratica. Sem punição, a lei é letra morta, desmoraliza-se e alimenta-se a oferta ilegal, que perpetrará a ilegalidade com o provimento de violência, que gera insegurança.

O momento da segurança e o círculo virtuoso

Como o estado de segurança é momentâneo e circunstancial, é relativo. A todo momento a segurança pode mudar e com isso as sensações das pessoas se alteram.

O que não muda é a vontade de ter, voltar a ter ou conquistar um adequado estado de segurança. Então, as pessoas e as autoridades precisarão se empenhar para alcançar o estado de segurança ideal, e, uma vez conquistado, não deverão perdê-lo.

Neste sentido, a obtenção de segurança é avaliada pelas pessoas com base em suas sensações e nas perspectivas com que se tomam decisões.

Portanto, segurança de fato exige acertos políticos positivos e afirmativos. Os políticos devem ter vontade política e firmeza para adotar o tema como relevante, precisam assumir as consequências nem sempre agradáveis de suas decisões e devem estar preparados a enfrentar desgastes de imagem com a população.

Caso se chegue a um bom termo, sem voltas, a boa política incidente sobre a segurança, com particular olho na policial, renderá os seus efeitos benéficos e construtivos, para a parte majoritária, construtiva, pacífica e honesta da sociedade.

Os políticos precisarão mostrar seus planos de governo, suas ações e cooptar as forças de segurança, para que elas se mobilizem a favor de mudanças e transformações.

Por isso, merece destaque a seguinte assertiva: primeiro vem a segurança, depois virão o bem-estar e os investimentos. Uma vez estabelecida e conhecida pelos agentes econômicos, disseminada uniformemente, aparecem os movimentos econômicos oriundos da segurança adequada e correta, tais como a geração de investimentos, que cria empregos e com isso renda.

Não adianta fazer primeiro investimentos empresariais, sem segurança. Eles serão mais ineficientes e possuirão alta probabilidade de fenecer.

Segurança engendra um ciclo e um círculo virtuoso na economia de um país, num quadro idílico e mantidas as demais condições do crescimento e do desenvolvimento constantes:

- aumento das compras de bens e serviços pelo consumidor;
- aumento de turistas consumidores a um mercado local.

Daí vem:

- aumento dos investimentos em bens e ativos patrimoniais e de consumo;
- aumento dos investimentos privados;
- aumento do volume dos impostos arrecadados;
- aumento da capacidade de suprir com um orçamento maior, mais bens e serviços públicos, a favor da comunidade, entre eles e com alta relevância a segurança.

Em efeito multiplicador, sequencial, decorre mais:

- aumenta a demanda por insumos e a economia é aquecida;
- aumenta a vontade dos talentos em ser empresariais, aparecem novos empresários para tocar mais e novos negócios, sadios;
- aumentam o salário e a procura por trabalhadores;
- aumenta o emprego agregado, ou o equivalente, diminui o desemprego agregado;
- eleva-se a massa salarial;
- eleva-se a massa geral dos lucros, com o aumento do produto (Y).

É de se esperar que:

- a sociedade esteja dirigindo-se ao *first-best*;
- o bem-estar geral aumente;
- a satisfação geral cresça;
- aumentem os volumes e os tipos demandados de segurança pública e privada e se deva investir nela mais, melhor e novamente;
- o ciclo se renove, tal e qual uma espiral crescente que roda sobre um eixo de bonança e boa fortuna a futuro. É o ciclo do caracol — se nasce na ponta externa e com o passar do tempo o bom efeito das PPIs e das PprIs gera crescimento e desenvolvimento, tal como a parte mais larga da concha do caracol.

Impactos e efeitos da segurança e da insegurança

Um ambiente favorável de segurança gera:

- confiabilidade e credibilidade;
- visibilidade do futuro; previsibilidade;
- efeito transparência;
- percepção de regras do jogo estabelecidas, coerentes, cumpridas em tempo hábil e adequado e atendidas pelos agentes de poder, pelos grupos de interesse e pela comunidade em geral.

Consequentemente, os impactos positivos podem se fazer sentir em intensidade e graus diversos, para os agentes econômicos, pessoas físicas, famílias, empresários, gestores de recursos públicos e afins, como:

- maior previsibilidade do fluxo de caixa e do giro do capital;
- melhor estabelecimento da relação risco × retorno;
- maior acuidade na estruturação de capitais e no uso de recursos;
- maior possibilidade de gerenciar bem e com sucesso os negócios já estabelecidos;
- melhor capacitação para prever a rota da implantação, da evolução e do retorno de novos investimentos;
- maior facilidade de estabelecer associações, parcerias e alianças estratégicas empresariais, comerciais, de vendas, de promoção e lançamento de produtos e serviços;
- tira-se da poupança ou fundo (em parte que seja) e aloca-se no investimento de risco;
- aumentam os volumes dos investimentos domésticos e internacionais;
- alimenta-se e é reforçada a concorrência;
- realimenta-se o ritmo renovador da economia, na sociedade.

O que é produzido no ambiente de insegurança é o contrário do anteriormente exposto e é o fomento de efeitos e externalidades negativas. Um ambiente desfavorável, de insegurança, gera:

- perda e falta de confiabilidade e credibilidade;
- brumas, *fog*, neblina intensa e invisibilidade do futuro;
- imprevisibilidade;
- efeito obscurantismo;
- entorpecimento de massas; inibição e medo de reação;

- uso de métodos não éticos de trabalho, relacionamento e convívio social, comunitário e econômico;
- uso de expedientes não estabilizantes, como solicitação de ajuda especial, privilegiada, para se sentir defendido, jeitinho, contratação de forças policiais privadas e/ou milícias;
- criação de regras específicas, não generalizadas, que privilegiam alguns poucos e discriminam a maioria;
- pagamento por serviços especiais, taxas de urgência, taxas de priorização;
- percepção de regras do jogo estabelecidas, coerentes, cumpridas em tempo hábil e adequado e atendidas pelos agentes de poder, pelos grupos de interesse e pela comunidade em geral.

Como consequência, tais efeitos negativos e da insegurança geram, produzem no plano geral:

- violência;
- mal-estar;
- degradação;
- perda de eficiência, eficácia, efetividade;
- perda de produtividade;
- perda de talentos;
- perda do *timing* ótimo dos investimentos;
- perda de energias construtoras;
- necessidade de retrabalho dos pilares geradores de segurança;
- injustiça;
- destrato e maltrato.

A violência em si é um mal, logo é um estado e um ato indesejável. É preciso antecipar-se a ela, para que não ocorra.

Uma vez ocorrida, a violência, segundo o seu tipo e grau, incomoda, desmonta, desequilibra, atemoriza, aterroriza e até destrói quem a sofre. A violência extrema representa injustiça e fragilidade da justiça e dos meios de segurança em evitá-la.

Uma vez instalada, a violência pode mudar os referenciais da população, achando-se com o passar do tempo que "alguma violência é normal". Isso estabelece fases doentias, patológicas, em pessoas, comunidades, sociedades e precisa ser evitado.

O contraponto econômico é mostrar que violência econômica significa destruição, guerra, desmonte e perdas. Logo, é desejável a ausência de violência, no sentido pleno da paz, para a construção, a reconstrução, a montagem e a geração de ganhos.

Os ganhos expressam-se em lucros e, bem mais, em resultados socialmente desejáveis, como a formação de empregos, o aumento da renda, a capacidade de gerar vidas autônomas e independentes, a capacidade de formar famílias, de firmar consumo e sonhos de poupança que desembocam em investimentos. Em seu conjunto, obtêm-se qualidade e satisfação de vida.

Nos planos específicos, particulares e micro, considerados em resumo, como amostra, produzem-se bens "produções involuntárias e indesejáveis em períodos de normalidade (Pipn)" em face de outros produtos e serviços ditos "produções voluntárias do clima de insegurança e violência (PVCI), em regime de impunidade".

Produções involuntárias e indesejáveis em períodos de normalidade (PIPN):

- novos produtos e serviços — segurança e vigilância privada, substituindo a pública, para evitar roubos, assaltos, e crimes variados, escoltas e comboios, aparelhos e serviços eletrônicos de segurança, insulfilmes e monitores GPS satelitários, nos carros, caminhões e transportes de cargas, carros, vans, caminhões blindados, casas reforçadas, casamatas, torres de vigilância, enfim, impulso variado à construção civil, sistemas de alarme, comunicação, telecomunicação e afins;
- penitenciárias, celas, unidades de recepção e seleção, unidades corretivas;
- mais registros policiais, ocorrências; operações preventivas;
- mais estresse, nervosismo, tensão, nas vítimas da violência. Logo, aparecem os serviços de assistência social; psicologia; psicoterapia; tratamentos de reinserção social;
- com a violência, multiplicam-se os tiros, as facadas, as navalhadas, as batalhas de rua, as lutas cruentas em favelas, e as guerras civis abertas. Os hospitais recebem verdadeiros feridos e mortos de guerra. Produz-se assistência médica da violência, com a estruturação de um tipo de medicina e política de saúde que não deveria existir;
- alocações de verbas para reduzir a insegurança e a violência, no lugar de alocações produtivas de verbas. Essas são alocações para fins corretivos, de erros, de faltas, de ausências, de incompletudes, de não fazeres, de incapacidades em se perceber, fazer, manter e sustentar como uma função investimento que é a segurança;
- maior crescimento do "anel supridor dos serviços e órgãos aplicadores de

obrigações penais" — produtores de dietas, quentinhas e afins alimentares, tecidos e uniformes para condenados, policiais e carcereiros.

Produções voluntárias do clima de insegurança e violência, em regime de impunidade — PVCI:

- pistoleiros profissionais contratados para matar, torturar, ameaçar, extorquir e atividades congêneres;
- banditismo, máfias, gangsterismo;
- gangues de rua;
- quadrilhas;
- corrupção, corrompimento, maranhas, maranhões;
- crimes do colarinho branco;
- crimes do colarinho azul;
- crimes do colarinho de aço;
- *hacker e hacking*;
- remessas ilegais de recursos ao exterior;
- esquentamento e lavagem de dinheiro;
- corrupção;
- fraudes e falsificações, como na Previdência Social, de moeda;
- tráfico; narcotráfico;
- contrabando de todo tipo;
- sequestros;
- operações de sequestro-relâmpago;
- saidinhas de banco;
- assalto a bancos, lojas e comércio em geral;
- roubos de tudo o imaginável — residências, condomínios, carros.

Naturalmente, essa lista não se esgota aqui, é apenas uma pequena amostra do que podem ser crimes e elementos geradores de violência.

Conclusões

Políticas públicas de segurança precisam ser afirmativas e devem contar com claro apoio político. Políticas privadas de segurança podem ajudar a aumentar a sensação de segurança geral até o ponto em que os interesses de seus mantenedores não firmem ações que perenizam a oferta de serviços em função de deficiências de Estado.

A boa segurança pede pessoal muito bem treinado e capacitado, tanto em ações de campo e de defesa/ataque, para agir a favor do desmonte dos transgressores da lei, quanto em atividades de gestão e de administração, para que as verbas sejam bem alocadas e os orçamentos sejam bem montados e cumpridos.

Um programa de educação e de conscientização amplo, dos direitos dos cidadãos e da necessidade de eles atuarem como partícipes ativos de mudanças contra a transgressão é fundamental para que as políticas de segurança sejam bem-sucedidas. Paralelamente, é preciso ter presídios capazes de receber todos os condenados pela justiça, em condições de igualdade para ricos e pobres. Caso a justiça seja morosa e sujeita a exceções, não se gerará a segurança.

Impostos diferenciados, segundo cada localidade e caso, devem ser implantados, para que haja verbas conforme as reais necessidades e vontades de transformação locais. Os mais ricos podem organizar-se para pagar mais, por mais segurança.

É preciso punir todos os condenados pela justiça, com a adoção de julgamentos que punam ricos e pobres. Se ricos escaparem da justiça, o regime de impunidade permanecerá e a eficiência das medidas permanecerá baixa, prejudicada.

Referências bibliográficas

BECKER, Gary S.; GROSSMAN, Michael; MURPHY, Kevin. A political case for social security reform. *Wall Street Journal*, 2005.

______. *The economics theory of illegal goods*: the case of drugs. Disponível em: GSB; 2007.

GOULART, Gustavo. A receita vitoriosa de Chicago para a segurança. *O Globo*, Rio de Janeiro, 28 out. 2007, p. 25.

KASZNAR, Istvan; GRAÇA, Ary. *Business cycles in Brazil*: models, types, evolution and dominant tendencies, by industrial sectors. 1995. Thesis (Doctoral) — Califórnia C. University.

______; ______. *Estratégia empresarial*. São Paulo: MBooks, 2006a.

______. *Estratégia vitoriosa de empresa*. São Paulo: MBooks, 2006b.

O INVESTIMENTO PÚBLICO E A EFETIVIDADE DAS AÇÕES ESTATAIS NA SEGURANÇA. *Série de estudos sobre políticas públicas no Estado do Rio de Janeiro*, v. 2. Rio de Janeiro: Escola de Contas e Gestão do TCE – FGV, 2006.

WATSON, Donald Stevenson. *Economic policy, business and government*. Cambridge, Massachusets: Houghton — Mifflin Company, 1960.

WIKIPEDIA. *Safety* (disambiguation). 2007. Disponível em: <http://en.wikipedia.org/wiki/safety_(disambiguation)>.

ZAMBELLI, Jean Charles et al. La politique publique en échec: la violence et l'amertume en Amérique Latine — comment s'en sortir de la crise de credibilité. *IBCI Papers*, v. 29, Sept. 1999.

A violência do ponto de vista internacioal

Newton de Oliveira*

> Mas que importa ao infinito. Toda essa tempestade, toda essa nuvem, essa guerra, essa paz depois, todas essas sombras, não perturbaram um só instante a claridade do olho imenso, perante o qual o gafanhoto que salta de uma folha de erva para outra é igual à águia que voa de campanário em campanário nas torres de Notre-Dame.
>
> Victor Hugo. *Os miseráveis.*

A violência do ponto de vista internacional. A proposta do tema é ambiciosa. Sem dúvida alguma um desafio. Acredito, contudo, que vale tentar, nas limitações que tem um artigo, coligir dados, estabelecer correlações e elaborar algumas reflexões sobre algo que é nos dias de hoje uma das principais, se não a principal, vertentes do medo contemporâneo.

Na história da humanidade, sobretudo na idade contemporânea, durante o século passado ocorreu uma inflexão de características inéditas. No século XX a violência conseguiu uma homologia e se equiparou à lógica do capitalismo, que é a da sociedade industrial e de massas.[1] Durante séculos e séculos a violência foi um instrumento utilizado pelo poder que formou e conformou os rumos da história da humanidade.

---

*Professor da Universidade Candido Mendes, professor da Universidade Federal Fluminense e consultor do Pnud.

Conforme nos ensina Marx, na sequência das reflexões de Ricardo e Proudhon, a luta de classes é a força motriz por trás das grandes revoluções na história. Assim, não só sob tempos capitalistas mas desde o começo da estruturação da sociedade dividida em classes, portanto nas eras pré-capitalistas, a luta de classes, expressão do conflito entre os pólos dominantes e dominados da sociedade, se fez presente e foi seu motor.

Nas suas palavras:

> A história de toda a sociedade até hoje é a história da luta de classes. Homem livre e escravo, patrício e plebeu, barão e servo, burguês da corporação e oficial, em suma, opressores e oprimidos, estiveram em constante antagonismo entre si, travaram uma luta ininterrupta, umas vezes oculta, aberta outras, uma luta que acabou sempre com uma transformação revolucionária de toda a sociedade ou com o declínio comum das classes em luta.

Propomos então que nossa reflexão sobre a violência do ponto de vista internacional possa começar tendo por lume as idéias do filósofo alemão.

Esse é um ponto de partida, pois abordaremos a temática da violência tendo em perspectiva a sua interpretação histórica, que tem um sentido filosófico que é a busca pela apreensão da totalidade, em um esforço para compreendê-la como tal, em sua unidade e em sua significação global.

Na síntese de Jean Ladrière:

> A interpretação da história em Marx está profundamente ligada à interpretação de Hegel mas, em relação a essa introduz uma modificação essencial: não é mais na reflexão que se cumpre o movimento constituinte, mas na práxis, na ação histórica enquanto penetrada pela idéia e reveladora da idéia.

Para muitos, contudo, essa pretensão de interpretação histórica a partir da perspectiva marxiana é derrogada. Não nos alinhamos nesse coro. Estamos juntos com a feliz frase do filósofo Paulo Arantes que diz: "o manifesto Comunista ainda cruzará o milênio como uma mensagem na garrafa".[2]

O conceito de violência pode ser interpretado a partir de dois pontos de vista. Um coletivo e global e outro cada vez mais presente, mas muito surdo, que é o ponto de vista do sofrimento individual e cotidiano, que numa sociedade onde a violência acontece em escala industrial é o sofrimento das mulheres violentadas, dos casais humilhados, dos anciãos maltratados e também, é claro, do fenômeno mundial da explosão da criminalidade. Podemos dizer que se criou uma verdadeira cultura da violência. Os comportamentos violentos foram difundidos na sociedade e o Estado tornou-se uma caixa de ressonância disso.

A violência emergiu como um problema para os indivíduos e sociedades no final do século XX. Embora, muitas vezes, não aprofundado e sujeito à influência da mídia, assumiu a proporção de um debate popular, expresso tanto na conversa cotidiana dos cidadãos e cidadãs, dos seus comportamentos e sentimentos, quanto na pauta das instituições que compõem a sociedade. As respostas a esse fenômeno têm-se mostrado múltiplas e diversas, abrangendo uma gama de medidas, nos mais diversos níveis: individual, comunitário, governamental.

Numa primeira aproximação, definiríamos a violência como o uso intencional da força ou o poder físico de fato ou como ameaça contra uma pessoa, grupo ou comunidade. Isso significa registrar que há muito não se vêem dias tão violentos como os atuais, mas esse registro não é de hoje, é de ontem, de anteontem.

Hannah Arendt (2001)[3] caracteriza a violência como um instrumento e não um fim. Os instrumentos da violência, segundo ela, são mudos. Uma abdicação da linguagem do poder que se expressa pela persuasão, influência ou legitimidade.

Outra contribuição do pensamento arendtiano para o conceito de violência é o processo de desmistificação que ela realiza em sua obra, que pode ser compreendido em três dimensões: a desnaturalização, a despersonificão e a desdemonização.

Na crítica à naturalização da ideia de violência, Arendt descarta as metáforas orgânicas da violência como doença da sociedade, algo tão em voga nos dias de hoje. A desnaturalização do fenômeno da violência em Hannah Arendt é sua recusa em associar o processo histórico com a luta pela sobrevivência e a morte violenta no reino animal e de abrir mão do significado da política enquanto determinação do humano.

Na crítica à personificação da violência, Arendt aponta que ela não tem uma potencialidade de sujeito, mas apenas uma lógica instrumental a serviço deste. É, essencialmente, reação à perda do poder e não princípio de ação.

Outra contribuição importante nessa introdução é a desdemonização que a filósofa realiza. Instrumental e mediática, a violência é detentora de certa racionalidade, já que é eficaz em alcançar o fim que deve justificá-la. Em virtude de sua instrumentalidade, a violência perde o caráter mágico ou demoníaco que comumente lhe é atribuído.

Nas suas palavras: "a violência não é nem bestial nem irracional — não importa se entendemos estes termos na linguagem corrente dos humanistas ou de acordo com teorias científicas".

Constatamos que o fato de agir com rapidez deliberada não torna o ódio ou a violência irracionais.

Vivemos uma crise do Estado nacional que permeia e subsidia a questão da violência no mundo e essa crise nos leva à reflexão, estimulada pelos questionamentos do sociólogo Manoel Castells, que indaga: "vivemos num estado destituído de poder?".

Acima de tudo, temos hoje uma inter-relação das economias nacionais que leva a uma interdependência que está num contexto de fragilização das estruturas tradicionais de Estado nacional, gerando a seguinte reflexão: será que o século XXI será o século de um mundo sem lei?

Esse século de um mundo sem lei é um século onde a consolidação da globalização[4] levou à globalização do crime, à emergência do crime-negócio e sua economia subterrânea que, muitas vezes, devido ao seu imenso tamanho aflora à superfície e com ela se interliga. Essa é uma questão importante, pois o crime organizado em escala global tem itens que merecem ser destacados.

Como exemplo, o envolvimento das mais altas esferas de poder (público ou privado) com o crime, a corrupção e o financiamento ilícito na política que muitas vezes seria de Estado.

Em diversos países, a questão criminal está profundamente imbricada com a questão das relações internacionais, como no caso dos Estados Unidos e sua política antidrogas que combina a contenção do consumo no mercado interno, caminhando pela via da opção preferencial pela repressão à produção nos países da América Latina, sobretudo que têm consequências que extrapolam em muito a dimensão criminal e ganham uma autonomia que a transforma — a política antidrogas — em instrumento da política da Casa Branca na Era Bush II para expressão de sua dimensão imperial e unipolar em países da América Latina como a Colômbia e o Peru.[5]

No caso da Rússia, vemos nascer sob os escombros da finada experiência socialista, de dentro do *apparatchik* estatal de controle, segurança e informação, a cabeça de um corpo que se jogará ao mercado na citada economia subterrânea do crime em tempos de globalização.

Drogas, por meio do controle dos canais de distribuição do eixo euro-asiático. Prostituição, mediante a mobilização e o controle de grande exército de reserva saudável, jovem e demandante de aquisição dos produtos da recém-descoberta sociedade de consumo.[6] Em regiões da Europa Ocidental como a Sicília e em Nápoles, a expressão internacional da criminalidade e da violência, na melhor tradição do transformismo italiano que foi descrito por Gramsci, se faz presente na atuação do crime organizado que ali tem o nome de Camorra.

De uma excrescência tardia em uma região de fraco desenvolvimento capitalista e forte predominância do mundo rural, vemos que em pleno terceiro milênio o poder exercido pelo crime organizado é perene e contemporâneo. A greve do lixo de 2008 não me deixa mentir.[7]

A globalização tem múltiplas facetas.

Na América Latina a questão da violência segundo Juan Mario Marino é:

> As tendências históricas da criminalidade violenta na América Latina dependem, fundamentalmente, de três elementos-chave, endêmicos no continente a partir da sua própria inserção inicial na história moderna, a saber: a desigualdade na esfera econômica; a "desintegração" (...) social entendida basicamente como a ausência relativa de "um"corpo básico de normas, formais e informais, internalizadas e compartilhadas pelo conjunto da população, e de onde as comunidades regionais e nacionais derivam a força do exercício da sua autoridade e legitimidade; e a concentração e falta de "fluidez" do capital simbólico com que trabalham essas comunidades.

Abordando um exemplo latino-americano e emblemático vamos nos deter no caso do México. Foi um país que no século XX conseguiu ter uma grande estabilidade política em uma América Latina marcada por instabilidades, golpes de Estado, ditaduras e tentativas insurrecionais. Essa estabilidade foi assentada na supremacia, mais do que hegemonia do PRI, do Partido Revolucionário Institucional *condottiere* da política mexicana após os tempos de Villa e Zapatta.

Com o fim do mundo do século XX, curto século XX nas palavras do historiador Eric Hobsbawm, essa estabilidade ruiu como um castelo de cartas e esse PRI, que era um partido pró-capitalista e populista, rapidamente implodiu. Tivemos, então, um conjunto de reformas liberais, lideradas no governo Salinas Gortari, e o resultado disso foi que o México rapidamente se integrou à nova lógica e à nova ordem econômica globalizada, a ordem do Nafta. Certamente, um dos setores que mais se aproveitou disso foi o crime organizado, que, por meio do narcotráfico, conseguiu se estabelecer nas linhas do Nafta e tornar-se entreposto para fornecer ao maior mercado consumidor de drogas do mundo: os EUA.[8]

Em contrapartida, tivemos Chiapas e a insurreição zapatista mobilizando aqueles que ficaram à margem desse processo de reformas liberais. Assim, podemos falar que a globalização da economia ou, segundo alguns, a *glocalização*, já que vivemos num mundo global, mas com especificidades locais conectadas a esse mesmo mundo global, abriu um perverso caminho que alguns chamam de terceira onda do crime organizado. Essa terceira onda do crime organizado é corolário da redução dos entraves ao movimento de pessoas, de bens e de transações financeiras entre as fronteiras. Os grupos criminosos não poupam despesas para corromper e chantagear governos ou autoridades policiais e judiciais, levando, portanto, na questão da violência no século XXI, a emergência e consolidação de um novo vetor fundamental que é o do crime organizado.

O crime organizado, portanto, nasce do lodaçal que surgiu com o fim da Guerra Fria, gerando uma difusão do crime internacional em escala inédita. As redes criminosas têm grande agilidade para tirar proveito das oportunidades geradas pela globalização em escala mundial. O fim do socialismo real levou ao fim das disputas entre as superpotências. Até porque só existe uma delas hoje. Os esforços de paz e a abertura das fronteiras aliados aos acordos multilaterais, como o Nafta, o acordo da União Européia e outros acordos internacionais, levaram a todas as regiões do globo o aumento do comércio internacional legítimo. Em paralelo ocorreram também o aumento e a consolidação dos grupos organizados criminosos que traficam drogas, armas, diamantes, seres humanos e outros produtos. Esses grupos estabelecem companhias de fachada para negócios legais ou paralegais, de forma a financiar o contrabando, a lavagem de dinheiro, a fraude financeira e a pirataria dos direitos de propriedade intelectual. O fenômeno do crime organizado, contudo, não é novo. É algo que no passado, antes do advento do processo da globalização, estava limitado à questão regional em função do controle fronteiriço. Havia, sim, muitos grupos de crime organizado, mas as suas ações eram ações regionais e não globais.

A dinâmica da globalização, no entanto, particularmente a redução do entrave ao movimento de pessoas, bens e transações financeiras fez com que o crime fosse capaz de operar fora dos parâmetros tradicionais, tirando a oportunidade dessas novas áreas geográficas transnacionais constituídas.

Desde o fim da Guerra Fria, grupos de crime organizado, oriundos da antiga União Soviética, das repúblicas iugoslavas, da Romênia, da Albânia, da Itália, da Nigéria e do Japão aumentam a sua presença mundial em verdadeiras redes mundiais criminosas transnacionais. Esses grupos tiram partido do avanço da tecnologia e das flexibilidades das relações comerciais, utilizando-se do último grito tecnológico para a realização das suas atividades.

A maior parte dos grupos produtores de droga se serve de especialistas tributários, de juristas especializados. Esses criminosos exploram o transporte aéreo, marítimo e terrestre para movimentar drogas, armas, imigrantes ilegais, mulheres, crianças, lavar dinheiro, gerir investimentos, estabelecendo empresas de fachada de suporte às suas operações. Grupos nigerianos e asiáticos, por exemplo, estão envolvidos na falsificação e na lavagem de dinheiro, no tráfico de mulheres para o comércio de sexo em todo o mundo. Grupos russos operacionais da antiga agência do serviço secreto soviético, a KGB, estão envolvidos em esquemas financeiros sofisticados, só possíveis devido ao uso da alta tecnologia.

Mais próximo de nós, na América Latina, na Colômbia e no Peru, nós tivemos uma transição estranha. Grupos como as Farc, o Exército de Libertação Nacional ou o Sendero Luminoso cruzaram a fronteira da luta política e começaram a se financiar nesse novo contexto, do comércio transnacional de drogas.

A mesma coisa aconteceu, por exemplo, na antiga Birmânia, no estado de Yuá, onde o movimento pró-chinês isolado politicamente envolveu-se quase que exclusivamente com o comércio e o tráfico de ópio e a produção de heroína. Nos escombros da ex-União Soviética na República de Baku, no Cáucaso, o que acontece? A guerrilha chechena se financia também do tráfico de opiáceo.

A jungir tudo isso, a corrupção. Essas redes criminosas só conseguem subsistir, sobreviver e se desenvolver porque corrompem o Estado. Os grupos criminosos não poupam despesas para corromper e chantagear governos e autoridades judiciais. Ensina-nos Moisés Nahin, num interessante livro chamado *Ilícito*, que a violência hoje tem que ser entendida desde um ponto de vista estrutural, global, e que tem as seguintes características.

A globalização, segundo Nahin, abriu as portas para as atividades ilícitas numa escala nunca vista. Ainda segundo esse autor, o Estado de direito e o crime organizado vivem uma luta intestina, que seria a grande luta que o mundo enfrenta hoje. Logo, os verdadeiros criminosos não querem dinheiro, querem poder político.

Nesse contexto, a América Latina foi impactada por uma agenda de segurança chamada de *agenda negativa,* onde se coloca a questão do papel policial das Forças Armadas num contexto de um mundo pós-Guerra Fria. Essa agenda negativa foi liderada pelos Estados Unidos. Do ponto de vista do grande irmão do Norte, a ótica do fortalecimento do Estado e das instituições democráticas poderia significar um severo retrocesso, assim como uma disfunção da qualidade de vida institucional e do controle de novas ameaças.

Cabe-nos construir uma resposta institucional. Essa resposta institucional passa pelo fortalecimento das instituições nacionais e pela tarefa do Estado de ter instrumentos capazes de controlar o poder do crime organizado. Embora a segurança pública exija respostas diferentes, a consolidação da democracia indica a necessidade da consolidação das instituições policiais e judiciais. Nessas linhas de solução devemos deixar de fora, repudiar a idéia tão corrente na sociedade de que o aumento da violência deve legitimar o aumento da violência institucionalizada, portanto repudiar as chamadas *legislações do pânico*. Numa sociedade igualitária, livre e fraterna não se pode querer combater a violência do crime com a violência da lei. A violência do crime leva aqui, no mundo, no Brasil e no Rio de Janeiro, a que os bairros populares sejam atravessados pela violência institucional, resposta fútil e ineficaz às ações delituosas.

A violência hoje tem origens transnacionais baseadas numa rede global. Essa violência associada ao tráfico de drogas e de armas leva à desorganização da vida associativa e política das comunidades. A disseminação dos valores bélicos contrários à idéia da democracia tem como consequência fazer predominar, nas camadas e nos bairros populares, valores de uma guerra feudalizada, fundados na crença de uma supremacia da coragem e lealdade.

Tomemos, por exemplo, as representações normativas clássicas da "lei" e do "dinheiro", dois elementos nodais da nossa vida social. Eles representam, idealmente, a consagração de padrões e valores culturais (a lei) e um meio geral neutro de troca (o dinheiro), mas, em nosso contexto, acabam completamente despidos do seu valor moral, transformando-se, aos olhos de grandes contingentes da sociedade, e por questões bem válidas, em simples instrumentos de opressão.

Logo, pensar a violência do ponto de vista de uma perspectiva internacional significa pensar a questão da democracia. Democracia exige participação de pessoas dotadas de autonomia moral, sem o que deliberações e escolhas conscientes não são possíveis. Como nos ensina Boaventura de Souza Santos. Portanto, devemos, para enfrentar o tema da segurança pública, redundantemente, *democratizar a democracia*.

Referências bibliográficas

ARENDT, Hannah. *Poder e violência*. Rio de Janeiro: Relume Dumará, 2001.

______ *Eichmann em Jerusalém*, uma reportagem sobre a banalidade do mal. Lisboa: Tenacitas, 2004.

______. *Sobre a violência*. s.d.

BAUMAN, Zygmunt. *Medo líquido*. Rio de Janeiro: Jorge Zahar, 2008.

DEJOURS, Christopher. *A banalização da injustiça social*. Rio de Janeiro: FGV, 2000.

FANDINO, J. M. O ciclo moral da violência altruísta e egoísta: cem anos de sangue na Colômbia. *Sociologias*, v. 1, n. 1, p. 34-62, jan./jun. 1999.

SANTOS, J. Microfísica da violência, uma questão social mundial. *Ciência e Cultura*, v. 154, n.1, jun./set. 2002.

VIOLÊNCIA E CRIMINALIDADE: saída para os excluídos ou desafio para a democracia ? In: MICELI, Sergio. *O que ler para conhecer o Brasil*. Anpocs, 1999.

Notas

1 Sobre essa homologia ver Dejours (2000); e sobre a lógica industrial da violência ver Arendt (2004).

2 Arantes (1998).

3 Recorremos nesse momento a essa filósofa política, pois, em perspectiva histórica, Arendt vai em suas obras de fim de vida, sobretudo após os acontecimentos do ano de 1968, relativizar sua crítica à perspectiva marxiana de que a violência é a parteira da história e que essa seria uma "glorificação" da violência.

4 Entendo globalização como o momento histórico após a era dos extremos, feliz apodo de Eric Hobsbawm, e que tem sido definida como o primeiro período do século XXI, marcado pela globalização dos processos econômicos e pela mundialização das novas questões sociais que se manifestam, de forma simultânea e com distintas especificidades, nas diferentes sociedades. Santos (2002) aduz que: "A posição social das populações mais diretamente atingidas pela globalização caracteriza-se pela desigualdade de oportunidades de vida, isto é, um acesso desigual a recursos e uma vivência de situações sociais desiguais, as quais podem ser resumidas em oito dimensões: saúde; habitação; trabalho; educação; relações de sociabilidade; segurança; informação e conhecimento; e participação política".

5 Foge à capacidade deste texto aprofundar o tema da política antidrogas dos EUA e sua dimensão autônoma e mascaradora de uma dada concepção de política externa dos EUA. Sobretudo no caso da ação americana junto à Colômbia, onde em nome do combate à produção de drogas formou-se um "verdadeiro Estado associado" que tem na cooperação umbilical entre Uribe e Bush para o combate aos grupos insurgentes ELN e Farc o motivo necessário para tentar impor à América Latina a visão de Washington de cooperação hemisférica e segurança regional.

6 Novamente não podemos nos alongar na descrição e reflexão sobre os rumos do crime e da violência internacional a partir do caso russo. Se drogas e prostituição são um pedaço da face subterrânea dessa economia-crime, outra face global e limpa, esta expressa nos magnatas das privatizações, sobretudo aqueles que vão herdar o setor estatal de petróleo. Uns formam o novo poder político e estão representados no Kremlin. Outros se autoexilam e podem ser assistidos nas manhãs de domingo nos campos de futebol de Londres ou São Paulo, onde seus competitivos times do violento esporte bretão encantam milhares de espectadores dando sentido e alvura aos fundos desses novíssimos milionários de S. Petersburgo.

7 Faço referência à greve dos serviços de limpeza urbana de Nápoles. A Camorra, a versão napolitana da máfia italiana, transformou o lixo em um negócio altamente lucrativo. Ela sa-

botou todas as tentativas de construção de incineradores mais modernos. Com isso, Nápoles depende de depósitos de lixo. Milhões de toneladas de lixo doméstico e industrial, altamente tóxicos foram jogados ilegalmente no mar ou na área rural durante a greve. A coleta de lixo é um problema constante nos últimos 15 anos em Nápoles, e o governo italiano já gastou 2 bilhões de euros tentando, e falhando, retirar o lixo que está sob controle dos mafiosos. Essa situação levou Nápoles a um caos haitiano (no Haiti da guerra civil, após a queda do presidente Aristides, a falência dos serviços públicos levou a que o lixo não recolhido fosse utilizado como barricadas pelas facções em luta na capital Porto Príncipe). Com a impotência do governo local em resolver a situação, já que a coleta e o transporte de lixo são serviços tradicionalmente comandados pela Camorra, e diante da ameaça de perda do controle de fonte de renda e de lavagem de dinheiro, o estado napolitano se mostrou impotente. Foi necessária a intervenção do Exército para o restabelecimento mínimo da ordem local.

[8] Para uma referência cinematográfica que transcende essa relação comercial subterrânea entre EUA e México no comércio de drogas veja o filme *Traffic*, do polêmico cineasta Oliver Stone.

A contribuição das religiões: uma visão ecumênica

Faustino Teixeira*

Minha proposta sobre a contribuição das religiões busca estabelecer um olhar "ecumênico" sobre esta questão hoje tão contundente. Como situar a presença positiva das religiões, num tempo marcado pelas afirmações identitárias agressivas, pelo acirramento dos fundamentalismos e pela resistência aos apelos da diversidade?

As religiões na berlinda

Os ataques de 11 de setembro de 2001 desencadearam em muitos países uma onda singular de extremismo antirreligioso. Vale recordar a publicação de algumas obras, como *Deus, um delírio* (Dawkins, 2007), *Deus não é grande* (Hitchens, 2007) e *Tratado de ateologia* (Onfray, 2007).

Na visão de Dawkins (2007:388 e 392), "até mesmo a religião amena e moderada ajuda a proporcionar o clima de fé no qual o extremismo floresce naturalmente. (...) Os ensinamentos da religião 'moderada', embora não sejam extremistas em si mesmos, são um convite aberto ao extremismo". [1] Esse autor diz ainda que "a fé religiosa é um silenciador especialmente potente do cálculo racional, que normalmente parece sobrepujar todos os outros".[2]

---

* Professor no Programa de Pós-Graduação em Ciência da Religião da Universidade Federal de Juiz de Fora, pesquisador do CNPq e consultor do Iser/Assessoria (RJ). Autor de Teología de las religiones (Quito: Abya Yala, 2005), organizador de Nas teias da delicadeza (São Paulo: Paulinas, 2006) e coautor, com Marco Lucchesi, de O canto da unidade (Rio de Janeiro: Fissus, 2007).

Temos que reconhecer que o século XXI começou com "crepúsculo e obscuridade". É o que afirmou Hobsbawm em seu livro-biografia. [3] O quadro do tempo atual é revelador de um espectro de violência e fascínio do mal. Um cenário que se revela ainda mais doloroso ao se perceber a presença e o lugar das religiões nos embates e conflitos contemporâneos. Desde as últimas décadas, tem-se verificado um "surpreendente surto de violência condicionada pela religião". Trata-se de uma realidade que tem levado alguns intelectuais a sinalizar a impossibilidade de uma aproximação ou congraçamento dos seres humanos por meio das religiões e a proclamar a vinculação entre religião e violência. José Saramago (2001), prêmio Nobel de literatura, chegou a afirmar que, entre as formas mais criminosas e absurdas de mortes que ocorrem em nosso tempo, destaca-se aquela que "tem mandado matar em nome de Deus".[4] Mas em alguns casos, como na reação desencadeada após a derrubada das torres gêmeas, os traços de violência "civil" foram muito impressionantes. Em entrevista, o historiador Eric Hobsbawm assinalou:

> Se olharmos para o número de pessoas mortas não só pela Al Qaeda, mas por todos os terroristas e homens-bomba até hoje, em termos absolutos, é algo muito pequeno. Em termos militares, então, é negativo. É um erro achar que a Al Qaeda é uma ameaça ao mundo. A reação a Al Qaeda, essa sim, tem sido muito mais perigosa. Não só porque está produzindo uma enorme intervenção militar em lugares em que não deveria haver nenhuma intervenção militar. Mas também porque está sendo responsável pela diminuição séria do respeito aos direitos humanos no Ocidente. É claro que seria ridículo não levar a Al Qaeda a sério. Mas bombardear países não é o modo de lidar com esse tipo de problema. Nunca foi. A questão deve ser resolvida pelos meios tradicionais aplicados no passado, contra o IRA (Exército Republicano Irlandês) e outros grupos terroristas. Por meio de estratégias de investigação policial, da infiltração, de ações localizadas. Trata-se de um problema policial, não militar.[5]

Há um traço de ambiguidade ou enigma que atravessa todas as religiões, implicando a presença de um dualismo que pode possibilitar tanto a afirmação da humanidade quanto o acirramento da violência. Em razão de sua inserção histórica, as religiões podem, contrariando sua motivação original, exercer uma "instrumentalização do sagrado" em favor da afirmação de seu poder particular com respeito aos outros.

O grande, difícil e arriscado desafio do diálogo inter-religioso consiste em apontar e demonstrar a possibilidade de um horizonte de conversação alternativa — de indicar que a violência religiosa não faz parte da essência da religião, mas constitui um desvio ou traição do dinamismo mais profundo que anima a relação do ser humano com o Mistério maior. Como diz o teólogo belga Edward Schillebeeckx (1997:171), "a relação autêntica com o Absoluto como tal não é violenta sob nenhum aspecto, antes pelo contrário. Ela desperta a coragem inabalável para produzir mais humanidade em todos os setores da vida".

As religiões e o desafio da paz mundial

Por ocasião da reunião do Parlamento das Religiões Mundiais, realizada na cidade de Chicago (1993), firmou-se uma importante declaração em favor de uma ética mundial. Diante da difícil situação (conflitos sociais, raciais, étnicos, crime organizado, violência institucionalizada) e da constatação da presença de segmentos religiosos fomentando agressões, ódios e hostilidades xenófobas, firmou-se um compromisso fundamental em favor de uma cultura da não violência, da solidariedade, da tolerância e da paridade dos direitos. Afirmou-se na declaração que a humanidade necessita não apenas de reformas sociais e ecológicas, mas também de "renovação espiritual".[6] As religiões têm um lugar importante na afirmação do respeito e cuidado com a comunidade da vida. Em razão de seu capital simbólico e de suas forças espirituais, as religiões podem conferir aos seres humanos uma fidelidade de fundo e um horizonte de sentido. Mas, para que isto possa ocorrer, faz-se necessário haver paz, assim como diálogo, entre as religiões. Como vem sublinhando o teólogo Hans Küng, não pode haver paz no mundo sem paz entre as religiões. O grande desafio desse nosso século XXI é o diálogo em favor da paz. E a paz significa "a plenitude criada por relações corretas consigo mesmo, com outras pessoas, outras culturas, outras vidas, com a Terra e a totalidade maior da qual somos parte".[7]

O toque sutil da espiritualidade

O grande místico capadócio cristão Gregorio de Nissa (século IV) dizia que a natureza de Deus é inacessível aos seres humanos e às religiões. Temos acesso apenas ao seu "perfume difuso" no âmbito da criação e da história. É esse perfume que exala das pessoas espirituais, dos assim chamados "amigos de Deus", que mantêm acesa a nossa mirada para o mistério maior e para a afirmação do humano.

Mais importante do que a fixação nas religiões é o incremento da espiritualidade, que está relacionada com qualidades essenciais do espírito, tais como amor e compaixão, paciência, hospitalidade, cortesia e delicadeza. E as pessoas são capazes de recorrer a tais valores mesmo não pertencendo a determinado sistema religioso. O grande líder tibetano Dalai Lama vem sinalizando nos últimos anos a importância do incremento dessas qualidades do espírito humano. Mostra-se otimista com respeito à capacidade de os indivíduos desenvolvê-las, até mesmo em alto grau, mesmo fora de uma específica inserção religiosa. E não vê como dispensar essas qualidades espirituais básicas para a construção de um novo milênio distinto.[8]

Torna-se hoje essencial o despertar para o senso espiritual. Dizia Gandhi que "um homem com intensa espiritualidade pode, sem palavras nem gestos, tocar o coração de milhões de pessoas que nunca o viram e que ele nunca viu". E é este senso espiritual que traduz a verdade de uma religião. Para Gandhi, "a comprovação real da verdade de uma religião é a fragrância de espiritualidade, do amor, do contentamento, da paz reais", que ela é capaz de inspirar.[9]

Para finalizar, registro uma citação de um dos grandes personagens do diálogo inter-religioso contemporâneo. Trata-se do místico catalão Raimon Panikkar, hoje com 88 anos. Perguntado sobre o espaço existente para o diálogo no tempo atual, ele respondeu: "há o espaço por nós dedicado". E o espaço começa pela escuta. A seu ver, as religiões deveriam estar voltadas sobretudo para a sua conversão pessoal: "concentrar-se menos sobre o nirvana, a salvação, o céu, e assim por diante, para dedicar-se ao esforço comum em favor da cura das feridas humanas: curar a humanidade de suas pragas históricas".[10] E isso significa afirmar a excelência de uma cultura da paz.

Referências bibliográficas

BOFF, Leonardo. *Do iceberg à arca de Noé*: o nascimento de uma ética planetária. Rio de Janeiro: Garamond, 2002.

DALAI LAMA. *Uma ética para o novo milênio*. Rio de Janeiro: Sextante, 2000.

DAWKINS, Richard. *Deus, um delírio*. São Paulo: Companhia das Letras, 2007.

GANDHI, Mohandas Karamchand. *Gandhi e o cristianismo*. São Paulo: Paulus, 1996.

HITCHENS, Christopher. *Deus não é grande*. São Paulo: Ediouro, 2007.

HOBSBAWM, Eric. *Tempos interessantes*: uma vida no século XX. São Paulo: Companhia das Letras, 2002.

KÜNG, Hans; KUSCHEL, Karl-Josef. *Per un'etica mondiale*: la dichiarazione del Parlamento delle religioni mondiali. Milano: Rizzoli, 1995.

ONFRAY, Michel. *Tratado de ateologia*. São Paulo: Martins Fontes, 2007.

SALVARANI, Bruneto. Raimon Panikkar, in cerca di Dio vivendo a cavalcioni. *Jesus*, anno 28, n. 12, dic. 2006. Disponível em: <www.stpauls.it/jesus06/0612je/0612je56.htm>. Acesso em: 5 mar. 2008.

SARAMAGO, José. O fator Deus. In: *FolhaOnline*, 19 set. 2001. Disponível em: <www1.folha.uol.com.br/folha/mundo/ult94u29519.shtml>. Acesso em: 2008.

SCHILLEBEECKX, Edward. Religião e violência. *Concilium*, v. 272, n. 4, , p. 171, 1997.

Notas

[1] Dawkins (2007:388 e 392).

[2] Ibid., p. 392-393. Esta posição de Dawkins vem sendo questionada por muitos autores, que a consideram mais um "libelo político" do que ciência. Veja a crítica tecida ao livro por Luis Felipe Pondé (PUC-São Paulo), em <www1.folha.uol.com.br/fsp/ilustrad/fq0109200719.htm>.

[3] Hobsbawm (2002:448).

[4] Saramago (2001).

[5] Entrevista publicada na *FolhaOnline*, 30 set. 2007. Disponível em: <www1.folha.uol.com.br/folha/mundo/ult94u332395.shtml>. Acesso em: 5 mar. 2008.

[6] Küng e Kuschel (1995:24).

[7] Carta da Terra (Boff, 2002)

[8] Dalai Lama (2000:32-33).

[9] Gandhi (1996:131-132).

[10] Salvarani, 2006.

Uma visão pastoral da violência

Dom Affonso Gregory*

Introdução

Vivi 24 anos, aqui no Rio de Janeiro, e durante oito destes anos eu fui bispo auxiliar desta cidade e entre as minhas atribuições estava a Pastoral das Favelas. Assim, a maioria das favelas do Rio, na época, eu as conhecia como a palma da minha mão. Na Sexta-Feira Santa, o meu ato de penitência era na Favela da Rocinha. Começava embaixo e acabava lá em cima, percorrendo aquelas ruelas e sentindo o cheiro do ambiente ao longo do percurso.

Durante aquele tempo, por uma feliz coincidência, tive a alegria de dar a ordenação diaconal ao nosso amigo, frei David. Foi uma celebração não muito ordotoxa, segundo os ditames da Igreja Católica, porque foi numa favela, mas com uma vibração da qual me recordo com muita saudade. Outra atribuição que eu tinha era de responsável da Pastoral Carcerária.

Visitava os presídios do Rio, duas vezes por ano, por ocasião do Natal e da Páscoa. Isso também me familiarizou com essa realidade que tem muito a ver com violência.

A Igreja Católica, como religião, ocupou e em parte ainda ocupa um lugar importante dentro da história e da cultura do nosso país, como um todo. Ela exerceu e ainda exerce uma influência sobre essa cultura e a sociedade nas quais existe a violência.

---

* Formado em teologia na Pontifícia Universidade Gregoriana, em Roma, e em sociologia em Lovaina, na Bélgica. Foi bispo auxiliar no Rio de Janeiro em 1979, presidente do Regional Leste 1 da CNBB (Estado do Rio de Janeiro) membro da Comissão Episcopal Pastoral da CNBB e presidente do Nordeste da CNBB (Estado do Maranhão).

Essa influência nem sempre foi com toda clareza contra a violência; um exemplo foi a atitude tomada quanto ao massacre dos índios e aos maus-tratos dos negros. Prevaleceu, porém, sempre a atitude contra a violência.

Em matéria como a da violência, a Igreja Católica costuma agir segundo o método ver, julgar e agir. É o que vamos fazer.

Ver

Em que consiste a violência? Alegra-me muito as colocações que não restringem a violência à criminalidade, o que costuma acontecer muitas vezes nos meios de comunicação social. A criminalidade não existe num vazio, ela existe dentro de um contexto de violência. Pensar que eliminando a criminalidade vai se eliminar a violência seria um grande equívoco. A violência é um fenômeno bem mais abrangente do que a criminalidade.

Ao analisar a realidade da violência quero dar uma importância especial às causas que estão na sua origem. Sem atacar complexivamente tais causas é impossível erradicar a violência do nosso meio.

Comecemos considerando a frustração a primeira causa de muitas violências. Para ser concreto dou um exemplo. Um cidadão sai do seu barraco para procurar emprego. Passam-se dias e não encontra nada. Antes de ir para casa, envergonhado, não é de estranhar que vá a um bar e tome cachaça até se embriagar. Nessas condições ele volta para casa. Ou ele se entrega sobre a influência da cachaça ou passa a ter atitudes violentas.

O cotidiano está cheio de exemplos individuais e sociais como esse. Portanto, para mim a frustração é uma das causas da violência.

Uma segunda causa da violência, e essa mais importante, é a das injustiças individuais e sociais.

Um vez que alguém foi injustiçado, abre-se nele uma ferida que, na maioria das vezes, procura-se sanar com revide, com vingança, formando-se uma verdadeira espiral da violência. Uma violência é respondida com outra violência. Existem em nossa sociedade estruturas injustas que também oprimem as pessoas.

Contra essas estruturas, surgem também ações violentas para mudá-las.

Outra violência é a ânsia e ambição do ter, do poder e do prazer.

Em nossa sociedade, a ânsia do ter está na raiz de muitas violências. São os assaltos e os roubos com o objetivo de se apoderar de bens materiais.

Nessa linha de considerações também devemos lembrar a concorrência louca que, para chegar onde quer, elimina o concorrente. Quanto à ambição do poder, não precisamos ir muito longe: é só olhar o que se passa nas nossas favelas. Facções de poder ali se instalam ocupando áreas e ai de quem entra nas mesmas, é recebido à base da bala. As milícias que se formam nas favelas são outras instâncias de poder que usam a violência para se afirmar. Pobre do favelado honesto, humilde e trabalhador, que não tem nada a ver com essa história, mas tem que suportar o clima e a situação de violência.

Não vou me deter aqui quanto ao desejo do prazer. Quantos crimes são praticados por questões amorosas!

As cenas de violência que aparecem nas telas de cinema e de televisão, projetando os violentos como heróis e vencedores, também incitam a violência.

Podíamos lembrar ainda muitas outras causas da violência, como a imprudência no trânsito, a impunidade, as situações precárias e desregradas de tantas famílias que não conseguem transmitir valores positivos aos seus membros etc.

Julgar

O que a Igreja pensa de tudo isso? Está muito bem expresso na Campanha da Fraternidade de 1983, cujo lema foi "Fraternidade sim, violência não".

Violência não, porque é um desrespeito aos mandamentos de Deus, principalmente ao 5º, que é "não matarás". Violência não, porque contraria os valores mais sagrados que a Igreja promove, como o amor, a fraternidade, a paz, a misericórdia e o perdão.

A violência para a Igreja é um mistério do mal, presente nas pessoas e na sociedade.

Agir

O que a Igreja faz para extirpar ou ao menos diminuir esse mal da nossa sociedade?

Em primeiro lugar toda a pregação da Igreja e toda a sua catequese estão orientadas para promover valores positivos, formando as consciências dos seus fiéis para praticarem o bem e evitar o mal, como a violência.

Diz o apóstolo Paulo: "As coisas boas e as coisas ruins não vêm de fora, vêm do coração da pessoa, vêm da vontade da pessoa, da livre vontade de praticar o bem ou o mal, mentir ou dizer a verdade, ser violento ou ser fraterno, ser amoroso e ser solidário".

Em segundo lugar, a Igreja combate complexivamente a lista das causas da violência de que fiz referência. À medida que essas causas vão se eliminando, a violência em contrapartida também vai diminuindo.

Nos anos de 1960 começaram a surgir no Brasil e no mundo movimentos que tinham como objetivo a mudança das estruturas injustas; para conseguir tais objetivos justificavam o uso da força e da violência. Em contrapartida a tais procedimentos surgiu na Igreja o movimento "Não violência ativa". A não violência ativa não significa ficar em casa e não fazer nada. Pelo contrário, significa lutar por todos os meios não violentos e lícitos disponíveis a favor de estruturas sociais mais justas.

Em dois momentos da história recente do nosso país, a Igreja tomou posição, visando diminuir a violência no nosso meio. O primeiro foi durante o regime militar. Nesse tempo a Igreja se insurgiu e condenou a prática das torturas que eram aplicadas para conseguir informações e prática de atitudes que reprimiam a liberdade de expressão e reunião. A atitude corajosa da Igreja custou a vida de vários de seus membros. O segundo desses momentos foi a promoção e a divulgação do plebiscito que tinha como objetivo o desarmamento da população. Eu lamento que tal plebiscito não resultasse na sua aprovação. Isso se deve porque a proposta, a meu ver, não foi difundida em termos adequados e também os interesses da indústria armamentista estavam em jogo.

Finalizando, queria lembrar mais uma vez as campanhas da fraternidade que a Igreja vem promovendo anualmente, desde 1964. Essas campanhas visam difundir a solidariedade e a paz, opondo-se, portanto, à violência. Já lembrei a Campanha da Fraternidade de 1983 que tinha explicitamente o lema "Fraternidade sim, violência não".

Gostaria de concluir este texto com a oração de São Francisco pela paz.

> Senhor, fazei de mim um instrumento de tua paz.
> Onde houver ódio que eu leve o amor.
> Onde houver ofensa que eu leve o perdão.
> Onde houver discórdia que eu leve a união.
> Onde houver dúvidas que eu leve a fé.
> Onde houver erros que eu leve a verdade.
> Onde houver desespero que eu leve a esperança.
> Onde houver tristeza que eu leve a alegria.
> Onde houver trevas que eu leve a luz.
> Mestre, fazei que eu procure mais consolar que ser consolado.
> Compreender que ser compreendido.
> Amar que ser amado.
> Porque é dando que se recebe,
> É perdoando que se é perdoado,
> É morrendo que se vive para a vida eterna.

O Ministério da Saúde adverte: 1 milhão de assassinatos no Brasil

Daniel Cerqueira*

Esta é a triste marca a ser alcançada em 30 anos de informações, segundo a única base de dados confiável sobre incidentes violentos e que cobre toda a extensão nacional.[1] Tal indicador não apenas nos coloca no seleto grupo de países mais violentos do mundo, ao lado de algumas nações africanas e outras da América Latina, mas expõe o retumbante fracasso da gestão da segurança pública no Brasil.

Com base nos resultados de várias pesquisas que fizemos no Grupo de Estudo de Violência do Ipea, argumentaremos, em primeiro lugar, que a violência e a criminalidade no Brasil evoluíram, como um barco à deriva, ao sabor das condições socioeconômicas. Tendo esse fenômeno ocorrido como consequência da falência do sistema de segurança pública. Ou seja, com a impunidade, que resulta da falência desse sistema, as dinâmicas criminais aumentaram ou diminuíram, conforme a evolução da estrutura etária, da desigualdade de renda, do adensamento populacional e, de modo mais geral, das condições de vulnerabilidade socioeconômicas.

O argumento sugere que existem soluções, ou que existem mecanismos de gestão da segurança pública, para equacionar o grave problema de violência, que é o segundo tópico a ser discutido aqui, quando apresentaremos algumas lições extraídas de inúmeras experiências internacionais bem-sucedidas em fazer diminuir o crime, quando seguem as conclusões.

---

*Pesquisador do Instituto de Pesquisa Econômica Aplicada (Ipea), membro efetivo do Núcleo de Estudos em Instituições Coercitivas (NIC/UFPE), professor visitante da FGV, doutorando em economia pela PUC-Rio e mestre em economia pela EPGE/FGV. É autor de vários artigos sobre criminalidade publicados em livros e em revistas especializadas.

Uma breve história dos homicídios no Brasil

De 1980 a 2005 o número de homicídios no Brasil aumentou com uma regularidade estatística espantosa, a uma taxa média anual de 4,8%, o que demonstra tratar-se de uma tragédia anunciada. O processo de propagação espacial dos homicídios revela como esse problema veio tomando contornos endêmicos.[2] Em 1980, pouquíssimos municípios possuíam probabilidade de vitimização acima de 20 para cada grupo de 100 mil habitantes. Já em 2003, percebe-se claramente a enorme deterioração das condições de segurança pública, quando grande número de municípios, pertencentes a todas as regiões metropolitanas, possuía taxa de risco superior a 20. Observando-se os municípios com as mais altas taxas de risco (acima de 50), verificamos que, em 2003, dos 127 municípios aí incluídos, 51 pertenciam às regiões metropolitanas, estando 44 deles concentrados na região Sudeste. Ou seja, efetivamente, a criminalidade violenta é um assunto prioritário da agenda de políticas públicas nas regiões metropolitanas do país, principalmente nas do Sudeste e de Recife. Por outro lado, os indicadores de violência letal não deixam dúvidas acerca da gravidade do problema em várias regiões rurais, que veio se agravando ao longo de duas décadas.

Analisando a evolução dos homicídios nos últimos anos, de 2001 a 2005, parece haver um processo de convergência inter-regional nessa taxa. Estados que tradicionalmente possuíam as maiores taxas de homicídios por 100 mil habitantes, tiveram uma redução nesse indicador, como foi o caso mais emblemático de São Paulo (-44%), Pernambuco (-8%) e Rio de Janeiro (-3,6%). Por outro lado, outros estados acostumados a conviver com um patamar mais baixo de violência letal tiveram nesse período um crescimento no indicador, como Pará (+99%), Minas Gerais (+78%), Bahia (+74%), Maranhão (+66%) e Paraíba (+53%). A má notícia é que, excetuando-se São Paulo, a convergência da taxa de homicídios sinaliza para um patamar extremamente alto.

Tradicionalmente, as vítimas dos homicídios no Brasil são homens, com baixa escolaridade e jovens, paulatinamente mais jovens. Em 2002, os homicídios responderam por 37% do total dos óbitos dos jovens brasileiros. Essa questão é particularmente trágica nos estados de Pernambuco, Rio de Janeiro e Espírito Santo, cuja proporção de óbitos causada por homicídios ultrapassou 50%. Conforme apontado em Cerqueira, Carvalho e Lobão (2007b), cerca de 2/3 do aumento dos homicídios no Brasil são relacionados ao aumento dos assassinatos de jovens.

Os homicídios no Brasil têm um viés de classe social. A maior incidência ocorre exatamente nos bairros mais pobres das periferias urbanas. Com base nas informações do Ministério da Saúde, verificamos que, em 2002, 81,2% das vítimas tinham menos de sete anos de estudo, ou seja, não possuíam sequer o ciclo fundamental completo. Comparando o perfil educacional da vítima com o grau de escolaridade da população,[3] constatamos que existe uma sobrerrepresentação das vítimas de homicídios com um a sete anos de estudo. É interessante notar a alta proporcionalidade do percentual de vítimas com um a três anos de estudo, que é quase duas vezes o percentual da população brasileira com essa faixa de escolaridade.

Mais especificamente, identificamos três elementos-chave que explicam o processo de hipercriminalidade brasileira nas últimas duas décadas.

Transição demográfica

Em primeiro lugar cabe destaque ao crescimento da população urbana, que nas três décadas anteriores aumentou em 86 milhões (passa de 52 para 138 milhões), de 1970 a 2000. Esse fenômeno que se deu com maior intensidade nos grandes centros urbanos gerou uma enorme demanda por políticas habitacionais, educacionais, laborais e nas áreas de saúde e de segurança pública, que não pôde ser adequadamente atendida pelo Estado, seja pela escassez de recursos, seja pela rigidez do modelo de burocracia governamental vigente, que privilegiava a prestação do serviço em detrimento da prevenção e solução do problema.

Desigualdade e exclusão socioeconômica

Outro elemento crucial, que tem funcionado como o grande combustível da criminalidade no Brasil, é a exclusão conjugada à desigualdade socioeconômica. Na literatura internacional, inúmeros autores têm apontado a relação entre desigualdade socioeconômica e criminalidade.

Em Cerqueira e Lobão (2004), obtivemos evidências dessa relação para os estados do Rio de Janeiro e de São Paulo. Nesse estudo, em que são utilizadas técnicas estatísticas sofisticadas, a desigualdade da renda aparece como a variável com maior poder explicativo para os homicídios que ocorreram em duas décadas. É interessante, inclusive, observar que nossas simulações (que utilizaram dados até 2000) anteciparam a diminuição dos homicídios que ocorreu em São Paulo, a partir de 2001, e que foi consequência, em grande parte, da diminuição da desigualdade da renda que ocorreu sistematicamente nos últimos anos naquele estado.

Analisamos quantitativamente a dinâmica dos homicídios nas duas últimas décadas nessas duas unidades federativas. Na abordagem teórica[4] utilizada no trabalho, os homicídios eram explicados pelo contingente populacional, pela desigualdade da renda, pela renda domiciliar *per capita* e pelas despesas em segurança pública.[5] Empiricamente, as estimativas obtidas foram significativas estatisticamente e obtiveram o sinal conforme o esperado, segundo o modelo teórico adotado.

Outro ponto que reforça a evidência de que a desigualdade socioeconômica é um dos fatores estruturais mais potentes que influenciam a dinâmica dos homicídios é o fato de os modelos empíricos, para as duas unidades federativas, terem sido desenvolvidos separadamente, sendo que ambos os modelos apontam para resultados qualitativamente idênticos: a desigualdade da renda configurava o grande combustível da violência letal nesses estados; e políticas baseadas simplesmente em aportes de recursos financeiros à polícia resultavam em efeitos pífios na evolução dos homicídios.

É oportuno e elucidativo voltarmos ao caso de São Paulo, onde o número de homicídios havia crescido em praticamente todos os anos desde 1980 a 2000, período utilizado para a nossa análise quantitativa. Em 2000, a taxa de homicídios era de 42,2 por 100 mil habitantes. Em 2005 essa taxa já era de 21,6, ao passo que nossa simulação apontava para uma taxa de 35. De fato, nossa simulação foi capaz de captar a inflexão e a inédita queda persistente dos homicídios em São Paulo. A explicação dessa queda, segundo o modelo, conforme já apontamos, deveu-se à diminuição da desigualdade da renda naquele estado. Contudo, a diminuição dos homicídios foi ainda maior, o que nos permite conjecturar que, de fato, outros elementos foram efetivos para diminuir a violência. Biderman e colaboradores (2006) estimaram que a Lei Seca foi responsável pela queda de 15% nos homicídios nos municípios paulistas onde foi implementada. Além da diminuição da desigualdade da renda e da Lei Seca, que outras causas explicam a diminuição dos homicídios em São Paulo? A campanha do desarmamento? O trabalho das ONGs nas periferias das grandes cidades? A reorganização do trabalho policial? O aumento do efetivo policial? Existem várias possibilidades, por enquanto, como não houve até o momento estudos que medissem tais iniciativas, a discussão fica no campo da retórica.

Em Carvalho, Cerqueira e Lobão (2005), procuramos entender um pouco mais profundamente a relação entre vulnerabilidades socioeconômicas e violência letal. Calculamos a probabilidade de vitimização por homicídio em cada um dos 5.507 municípios brasileiros existentes entre 1999 e 2001. A hipótese teórica que procuramos evidenciar empiricamente era de que a maior prevalência de homicídios em um determinado município poderia ser explicada pela maior desigualdade da renda (índice de Gini); pela maior proporção de jovens na população (15 a 25 anos); pela maior taxa de urbanização; por um maior grau de vulnerabilidades socioeconômicas, principalmente para as populações mais jovens (maior proporção de domicílios sem banheiros; menor taxa de ocupação no mercado de trabalho; maior proporção de crianças pobres; maior intensidade de pobreza; maior proporção de crianças fora da escola; maior proporção de crianças analfabetas; e maior proporção de adolescentes do sexo feminino entre 15 e 17 anos com filhos). Por outro lado, esperava-se que quanto maior fosse o salário médio nas unidades empresariais (que foi utilizado como uma variável que captaria a oportunidade de ganhos criminosos), maior deveria ser a probabilidade de homicídios. Todos os parâmetros estimados apresentaram significância estatística, com o sinal esperado, de acordo com a teoria. Mais uma vez, a maior elasticidade observada foi em relação à desigualdade da renda (1,54), seguida pela elasticidade da proporção de jovens na população (0,54) e da autocorrelação espacial (0,38), que capta o efeito de contágio que a violência em um município vizinho exerce.

Os resultados empíricos dos dois trabalhos mencionados sugeriram, portanto, o forte efeito das condições socioeconômicas para alimentar a dinâmica dos homicídios, e indicaram haver evidências de que essas dinâmicas criminais se irradiam, contaminando, eventualmente, os municípios vizinhos. Tais conclusões não permitem, contudo, que se possa relegar a um segundo plano o papel das organizações de segurança pública para fazer diminuir o crime. Nossa interpretação, ao contrário, é de que a correlação empírica entre estrutura social e violência (nas duas décadas e meia de dados analisados) foi extremamente forte em vista de um modelo vigente de segurança pública fracassado.

Falência do sistema de segurança pública

Há basicamente duas formas de se fazer a gestão da segurança pública. Num primeiro enfoque essa tarefa é relegada às polícias que se organizam para lidar com o incidente. Alternativamente, a segurança pública mobiliza todas as agências do Estado, onde a polícia funciona como um elo central para identificar questões locais que possam vir a se transformar em problemas de ordem, ou de pequenos ou grandes delitos, atuando como um catalisador do Estado para agir preventivamente, antes mesmo que os problemas surjam.

No Brasil, como via de regra, adotamos o modelo tradicional de polícia, abandonado desde a década de 1960 em muitos países desenvolvidos. A presunção é que o crime poderia ser controlado pela convocação de um expressivo contingente de policiais e viaturas, que fazem o patrulhamento preventivo aleatório e procuram (na melhor das hipóteses) dar respostas rápidas no caso de haver um incidente criminal, procedendo à posterior investigação, de modo a efetuar a prisão do perpetrador. Muitas vezes tal estratégia é levada ao limite, com a saturação de policiais em determinada área, seja pela opção de melhor resguardar as regiões mais ricas da cidade, seja para dar uma resposta visível à sociedade com relação a um eventual crime ocorrido nessa região, que tenha causado suficiente estupor público. Outras vezes, expressivos efetivos policiais são utilizados para a "invasão" temporária de determinadas favelas, com baixíssimas apreensões de ilícitos e prisões, apenas como uma demonstração de força, em operações dispendiosas. O fato comum nesse estilo de gestão é que as prioridades e o policiamento seguem a reboque dos incidentes e da repercussão midiática, sendo alteradas dia após dia em um processo extremamente caro e cuja efetividade é nula.

Às deficiências ontológicas inerentes ao modelo tradicional de policiamento orientado para o incidente, conforme apontado por vários autores,[6] somam-se outros fatores idiossincráticos relacionados às bases institucionais sobre as quais a polícia foi organizada no Brasil,[7] que remontam ao século XIX, cujos resultados engendraram seis vicissitudes persistentes até os dias atuais: ciclo policial repartido; exacerbado corporativismo; visão militarizada; abismo entre polícia e comunidade; funcionamento inercial, sem planejamento e controle gerencial e não orientado para a investigação técnica; e policiais subvalorizados social e economicamente.

O resultado da soma desses fatores não poderia ser outro: impunidade. Um exemplo abissal. O Ministério Público de Pernambuco coletou dados de homicídios entre 1998 e 2000, quando ocorreram 8.778 assassinatos no estado, e houve apenas três julgamentos em relação a esses casos. Ou seja, em vergonhosos 0,03% dos incidentes algum suspeito foi a julgamento, exatamente no estado mais violento do país.

Conforme o exemplo deixa claro, o maior gargalo dentro do sistema de justiça criminal, que leva à impunidade, está em seu elo inicial, na polícia. Em todos os estados brasileiros, o percentual de inquéritos encaminhados ao Ministério Público é extremamente baixo. São inquéritos mal instruídos, com falhas formais e sem provas técnicas que, mesmo quando encaminhados para a justiça pelo Ministério Público, reduzem drasticamente a probabilidade de condenação do réu. No Brasil, ao menos dos criminosos presos em flagrante, ou denunciados pela população, a probabilidade de prisão e de condenação é extremamente baixa.

Por outro lado, a impunidade caminha junto com a truculência policial, que faz aumentar o número de vítimas fatais, que ajuda a banalizar o valor da vida, e que acaba por esgarçar os elos entre a população e a polícia, inviabilizando assim qualquer possibilidade de efetividade da ação policial para conter a criminalidade, que pressupõe confiança recíproca entre esses atores. Mais um exemplo, nos anos de 2002 a 2004 a polícia carioca[8] matou em operações oficiais 1.023 civis por ano. Nesse mesmo período, todas as polícias americanas mataram 363 civis, a cada ano. Sob qualquer prisma que se queira analisar a questão, fica evidente o fracasso de uma gestão que seja minimamente racional, que se utiliza do exercício em demasia da truculência, como substituto à ausência de um trabalho técnico de alto nível e de inteligência.

Os exemplos apontados acima não acontecem com exclusividade em Pernambuco ou no Rio de Janeiro, mas em todas as unidades federativas. Caso tivéssemos um sistema de informações em segurança pública minimamente descente no Brasil, poderíamos responder a várias questões triviais, que são o ponto de partida para a elaboração de políticas efetivas, conforme nos ensina a prática dos países mais desenvolvidos. Por exemplo, deveríamos ter acesso a informações sistemáticas, periódicas e por unidade federativa, que nos permitissem responder ao menos a algumas questões.

Qual a prevalência de determinados tipos criminais, violentos e não violentos contra a pessoa e contra a propriedade? Qual a taxa de subnotificação à polícia relativa a esses delitos? Qual a taxa de esclarecimento de crimes pela polícia? Qual a taxa de inquéritos que resultaram em denúncia pelo Ministério Público? Qual a taxa de arquivamento pela justiça das denúncias apresentadas pelo Ministério Público? Qual a taxa de condenação?

Qual a taxa de reincidência criminal? Quais os tempos médios por delitos de cada etapa processual no sistema de justiça criminal?

Lamentavelmente, não podemos responder a nenhuma dessas questões, por completa omissão dos próprios poderes públicos que não produzem as informações necessárias de modo sistemático e transparente. A inexistência desse tipo de informação mais básica constitui outra grande evidência da miséria da segurança pública no Brasil. No lugar de informações precisas e transparentes, a retórica ocupa o papel central na formulação das políticas, ajudando a sedimentar vários mitos relacionados à segurança pública.[9]

É possível diminuir a violência – lições de algumas experiências bem-sucedidas

Conforme já apontamos, desde o final da década de 1960, quando ocorreu um aumento na taxa de crime em vários países europeus e nos EUA, percebeu-se que o modelo de segurança pública calcado no policiamento tradicional era obsoleto e não dava mais conta dos enormes desafios propostos pela complexidade da vida urbana. O ponto central da questão é que o modelo tradicional de policiamento direcionado para o incidente requer que não se pense em problemas persistentes ou padrões de incidentes, muito menos que se elabore a respeito das virtuais causas que levariam ao delito. Nesse sentido, a responsabilidade do oficial acaba quando ele responde à reclamação do cidadão sobre um incidente único (Bayley, 2001).

A discussão em torno da ineficácia do modelo de policiamento orientado para o incidente levou vários autores a destacarem a necessidade de haver uma "coprodução" do trabalho polícia, que deveria estar atuando em conjunto com as comunidades. Esse princípio, concatenado à idéia da prevenção ao crime pela intervenção nas causas que levariam às tensões e conflitos sociais, foi o sustentáculo de dois novos modelos de policiamento, conhecidos como "policiamento orientado para as comunidades" e "policiamento orientado para a solução de problemas".

Com isso, desde a década de 1970 vários países e cidades passaram a adotar modelos integrados de gestão de segurança pública, em que as ações no campo da prevenção social eram idealizadas conjuntamente com o planejamento do trabalho policial.

Uma análise dessas experiências de sucesso que fizeram diminuir a criminalidade[10] nos diz que não há uma fórmula pronta para equacionar a questão. Depende das circunstâncias e das condições socioeconômicas. Porém, é interessante notar alguns elementos sempre presentes:

- a reforma do modelo de polícia, que passa a trabalhar com os conceitos de polícia orientada para a comunidade e polícia orientada para a solução de problemas;
- o controle civil das polícias, não apenas quanto ao eventual desvio de conduta do policial, mas também em relação aos procedimentos institucionais;
- o uso de aferição empírica e de análises benefício-custo e custo-efetividade para orientar a alocação de recursos públicos;
- o uso de indicadores e sistemas estatísticos georreferenciados para orientar o policiamento preventivo;

- o envolvimento das comunidades para definir prioridades, colaborar no policiamento e em outras ações preventivas;
- o foco na orientação e supervisão do jovem, principalmente naqueles em maior situação de vulnerabilidade.

É interessante ainda observar que modelos de gestão da segurança pública baseados em métodos científicos e orientados para a prevenção não são exclusividade de países ricos, como na experiência colombiana, país bem mais pobre e com problemas de violência bem mais profundos do que o Brasil, relacionados ao narcotráfico e à guerrilha.

Conclusões

Argumentamos que a dinâmica da violência letal no Brasil, desde 1980, foi fortemente condicionada por fatores socioeconômicos, mais precisamente relacionados à densidade demográfica, estrutura etária jovem da população e desigualdade de renda. Tal fato, contudo, não implica diminuir o papel das organizações de segurança pública na garantia da ordem e da paz social. Pelo contrário, a forte correlação entre crime e social revela o fracasso das políticas de segurança pública nestas últimas décadas, que se basearam no obsoleto modelo de policiamento orientado para o incidente.

A análise de inúmeras experiências internacionais bem-sucedidas em fazer diminuir o crime indica que boas políticas de segurança pública e, em particular, o trabalho da polícia podem fazer a diferença. Ou seja, há tecnologia e conhecimento acumulado para possibilitar essa revolução na segurança pública no Brasil, capitaneada por um novo modelo de polícia. Essa inflexão exige que duas condições necessárias sejam satisfeitas.

Em primeiro lugar, é absolutamente crucial o compromisso efetivo do governador do estado e dos prefeitos para garantir a segurança pública que, muito além da retórica, passa a estabelecer um plano transparente de reforma institucional das polícias no âmbito da gestão.[11]

Em segundo lugar, essa reforma profunda das organizações policiais teria que conter alguns elementos, como: uma nova forma organizacional, onde o policiamento passaria a ser orientado para a solução dos problemas;[12] descentralização administrativa para que os comandantes locais possam equacionar problemas de desordens, de medo e de crime em suas zonas de policiamento; a introdução de um sistema de incentivos (premiação e punição) que valorize o resultado e o uso da boa técnica de investigação, mas que puna o desvio de conduta do mau policial; um sistema de informações de segurança pública, contendo dados georreferenciados de crimes atualizados em tempo real, de modo que se possa acompanhar o movimento das dinâmicas criminais quase ao mesmo tempo em que elas ocorram, e se possa fazer análises do tipo *hot-spots* para melhor organizar o policiamento e prover as soluções aos problemas de delitos. Esse sistema seria ainda utilizado para avaliar o desempenho dos comandos locais em resolver os problemas específicos nas suas áreas de atuação.

Em última instância, as reformas propugnadas visam propiciar um sistema de gestão que permita estabelecer uma organização orientada para o alto desempenho baseado em resultados. Nessa nova organização — com monitoramento, avaliação e premiação — a cultura da indolência, da burocracia e dos desvios de conduta dos maus policiais cederia espaço para o talento, para o conhecimento (que passaria a ser internalizado pela organização) e para a ação dos bons policiais que têm, no ambiente atual, suas capacidades desperdiçadas em um processo altamente frustrante.

Referências bibliográficas

BAYLEY, D. H. *Padrões de policiamento*. São Paulo: Edusp, 2001 (Tradução do original Patterns of policing: a comparative international analysis, 1985).

BIDERMAN, C.; MELLO, J. M. P. de; SCHNEIDER, A. A. *Dry law and homicides:* evidence from the São Paulo metropolitan area. Rio de Janeiro: Ipea, 2006.

BLUMSTEIN, A.; COHEN, J.; NAGIN, D. (Eds.). *Deterrence and incapacitation*: estimating the effects of criminal sanctions on crime rates. Washington DC: National Academy of Sciences, 1978.

CANO, I. *Letalidade da ação policial no Rio de Janeiro*. Rio de Janeiro: Iser, 1997.

CARVALHO, A.; CERQUEIRA, D.; LOBÃO, W. Socioeconomic structure, self-fulfilment, homicides and spatial dependence in Brazil. *Texto para Discussão*, n. 1105. Rio de Janeiro: Ipea, 2005.

______; ______; ______. O jogo dos sete mitos e a miséria da segurança pública no Brasil. In: CRUZ, M. V. G.; BATITUCCI, E. C. (Orgs.). *Homicídios no Brasil*. Rio de Janeiro: FGV, 2007.

CERQUEIRA, D.; LOBÃO, W. Condicionantes sociais, poder de polícia e o setor de produção criminal. *Texto para Discussão*, n. 957. Ipea, 2003.

______. Criminalidade, condições socioeconômicas e polícia: desafios para os governos. *Revista de Administração Pública*, Rio de Janeiro: FGV, v. 38, n. 3, p. 371-400, 2004.

GREENWOOD, P. W.; PETERSALIA, J.; CHAIKEN, J. *The criminal investigation process*. Lexington, MA: D.C. Health, 1977.

HOLLOWAY, Thomas H. *Polícia no Rio de Janeiro* – repressão e resistência numa cidade do século XIX. Rio de Janeiro: FGV, 1997.

KANT LIMA, R. O sistema de justiça criminal no Brasil: dilemas e paradoxos. In: CERQUEIRA, Daniel; LEMGRUBER, Julita; MUSAMECI, Leonarda (Orgs.). *Fórum de debates em criminalidade, violência e segurança pública no Brasil*: uma discussão sobre as bases de dados e questões metodológicas — 1º Encontro: Conceituação do sistema de justiça criminal, crime. Relato I: As bases de dados policiais. Ipea: 2000.

KELLING, G. L. et al. *The Kansas City preventive patrol experiments*: a technical report. Washington D.C.: Police Foundation, 1974.

SHERMAN, L. W. et al. *Preventing crime*: what works, what doesn't work, what's promising. Washington, D.C.: U.S. Department of Justice, National Institute of Justice, 1997.

SKOLNICK, J. H.; BAYLEY, D. H. *Policiamento comunitário*. São Paulo: Edusp, 2002. (Tradução do original Community policing: issues and pratices around the world, 1988).

SOARES, J. L. *Dicionário etimológico e circunstanciado de biologia*. São Paulo: Scipione, 1993.

SOARES, Luis E. *Meu casaco de general*. São Paulo: Cia. das Letras, 2000.

SPELMAN, W.; BROWN, D. K. *Calling the police*: citizen reporting of serious crime. Washington DC: Government Printing Office, 1984.

ZAVERUCHA, J. *Polícia Civil de Pernambuco*: o desafio da reforma. Recife: UFPE, 2004.

Notas

[1] Estamos nos referindo ao Sistema de Informações de Mortalidade (SIM), organizado pelo Ministério da Saúde, com dados desde 1979, e que segue a metodologia adotada pela Organização Mundial de Saúde.

[2] Para maiores detalhes, ver Carvalho, Cerqueira e Lobão (2005).

[3] As informações sobre escolaridade foram extraídas da Pesquisa Nacional por Amostra de Domicílios de 2002 (Pnad/IBGE, 2002).

[4] Trata-se da principal equação do modelo, descrita em sua forma reduzida.

[5] A discussão teórica do modelo supramencionado pode ser encontrada em Cerqueira e Lobão (2003).

[6] Ver Blumstein, Cohen e Nagin (1978); Blumstein et alii (1986); Greenwood, Petersilia e Chaiken (1977); Kelling et alii (1974) e Spelman e Brown (1984).

[7] Ver Kant Lima (2000); Soares (2000); Holloway (1997:227).

[8] Sobre a violência letal da polícia carioca, ver Cano (1997).

[9] Ver Cerqueira, Lobão e Carvalho (2007).

[10] Foram analisadas várias experiências nos EUA, em vários países da Europa, na Nova Zelândia, na Austrália e na Colômbia. Ver Cerqueira, Lobão e Carvalho (2007).

[11] Certamente há dificuldades impostas pela Constituição que, além de anacrônicas, dificultam mudanças cruciais, como a possibilidade de a unidade federativa decidir ou não pela fusão das polícias Civil e Militar. Contudo, ao largo das questões legislativas, há um enorme espaço para mudanças institucionais no plano da gestão, que é ao que nos referimos aqui.

[12] Ver Goldstein (1993).

Responsabilidade civil do Estado por balas perdidas

Maurício Jorge Pereira da Motta*

Introdução

O recrudescimento da violência urbana nas grandes cidades brasileiras é uma característica desse início do século XXI. A expansão dos territórios informais nos principais centros urbanos brasileiros deve ser encarada como um problema de primeira grandeza. Esse recrudescimento da violência urbana no país não é somente uma expressão imediata do crescimento do desemprego e dos trabalhos precários, mas também uma consequência do fato de que grandes aglomerados habitacionais vêm se convertendo em territórios regulados por autoridades informais, nos quais não faltam uma ordem jurídica e uma moralidade mais ou menos autônomas. Não por acaso, nesse ambiente vicejam, de modo crescente, os negócios clandestinos, envolvendo tráfico de drogas e de armas, que importam para esses territórios mecanismos autoritários de controle social que, em muitos casos, chegam a cancelar os direitos civis mais básicos das populações que ali vivem.

Estudo publicado em 2007 pelo Instituto de Segurança Pública do Estado do Rio de Janeiro, denominado Relatório Temático Bala Perdida 2007, de responsabilidade dos pesquisadores Mário Sérgio de Brito Duarte, Robson Rodrigues da Silva, João Batista Porto de Oliveira e Leonardo

---

* Doutor em direito civil pela Uerj. Professor da Uerj (graduação e pós-graduação). Procurador do estado do Rio de Janeiro.

de Carvalho Silva, comprova que de 2006 para 2007 o número de vítimas de balas perdidas no município do Rio de Janeiro cresceu 19,4%.

Os registros de ocorrência (ROs) de todas as delegacias do estado mencionaram 224 vítimas por bala perdida no ano de 2006. Sendo 19 fatais e 205 não fatais. Das vítimas fatais, 13 eram do sexo masculino, entre as quais, a maioria (16) constituída por jovens e adultos acima dos 18 anos (inclusive). Verificou-se maior incidência de balas perdidas nos três primeiros meses do ano de 2006.

Os dados indicaram a capital como a região do estado onde mais ocorreu o fenômeno. Foram 17 vítimas fatais e 169 vítimas não fatais ocorridas naquela região. A Baixada Fluminense veio logo a seguir com duas vítimas fatais e 19 não fatais.

Nesse trabalho ficou claro que a capital fluminense foi a área com maior concentração de eventos de bala perdida, tanto em 2006 quanto em 2007. Durante todo o ano de 2006, 186 das vítimas estavam na capital. Esse número aumentou para 222 vítimas em 2007, representando um aumento percentual de 19,4%.

Em ambos os períodos observados, verificou-se que a maior parte das vítimas era do sexo masculino e foi atingida em via pública. Também se observou que na maioria dos registros não havia relato de qualquer evento que envolvesse arma de fogo próximo ao local do fato (79,0% em 2006 e 76,2% em 2007).

Essa realidade cotidiana das grandes cidades e, particularmente, do Rio de Janeiro vem reacendendo a discussão jurídica sobre a responsabilidade civil do Estado em relação às balas perdidas. A questão é complexa e deve ser esmiuçada em seus múltiplos aspectos, para delimitar com rigor os limites dessa responsabilidade.

Pretendemos abordar a questão da responsabilidade civil do Estado, seu perfil contemporâneo, a peculiaridade da responsabilidade do Estado por omissão e a responsabilidade que decorre para o Estado em quatro hipóteses principais de danos a terceiros: quando o dano resulta da ação de marginais, em caso fortuito e imprevisível, como em assaltos nas vias públicas, com a omissão genérica do Estado; quando o dano resulta de ação do agente do Estado, como em troca de tiros com marginais na qual um projétil de sua arma atinge um terceiro; quando o dano resulta de confronto entre policiais e marginais sem que se saiba com certeza de onde partiu o disparo; quando o dano resulta de confronto unicamente entre marginais, em áreas de reiterada conflagração armada, com omissão específica do Estado.

A responsabilidade civil do Estado

A Constituição de 1988 estabeleceu a responsabilidade civil do Estado, em termos genéricos, em seu art. 37, §6º, que dispõe que as pessoas jurídicas de direito público e as de direito privado prestadoras de serviços públicos responderão pelos danos que os seus agentes, nessa qualidade, causarem a terceiros, assegurado o direito de regresso contra o responsável nos casos de dolo ou culpa.

Essa responsabilidade do Estado, instituída em caráter geral, constitui uma garantia fundamental da cidadania e dos direitos dos administrados. Embora esteja inserida no Título III da Constituição, no capítulo VII, não pode ser interpretada restritivamente no sentido de limitar a obrigação de indenizar os danos causados pela atividade administrativa.

Esse argumento é corroborado pelo fato de que o Congresso Constituinte de 1988 expressamente rejeitou a fórmula mais restritiva prevista no Anteprojeto da Comissão Afonso Arinos,[1] que previa implicitamente que somente seria cabível a responsabilidade do Estado quando se tratasse de dano efetuado por servidor de entidade administrativa. Conclui-se então que o constituinte, ao acolher fórmula mais dilatada e rejeitar texto mais restritivo, expressamente optou por adotar um regime ampliado da responsabilidade civil do Estado.

A doutrina é unânime em reconhecer que, se o elemento culpa é previsto[2] apenas para assegurar a ação regressiva das pessoas jurídicas contra os funcionários causadores do dano, quando tiver havido culpa ou dolo deles, daí resulta, por exclusão, que, omitindo-se o corpo do artigo quanto a se referir ao elemento subjetivo, terá estabelecido que essas entidades devem reparar o dano mesmo sem culpa, em qualquer caso; assim, a interpretação que se extrai da ausência de referência ao elemento culpa do funcionário na disposição principal só pode ser a de que prescinde desse elemento subjetivo para a obrigação de indenizar nele estabelecida.

A discordância doutrinária e jurisprudencial se manifesta quanto à extensão do conceito de responsabilidade objetiva e da teoria que lhe serve de fundamento. Três são os sistemas de responsabilidade civil do Estado em direito público: teoria do risco integral, ou por causa do serviço público; teoria da culpa administrativa; e teoria do risco administrativo.

Na teoria do risco integral, o Estado responderia integralmente em virtude de sua posição de preeminência diante dos particulares e por ser o denominador comum das pretensões assistenciais de qualquer pessoa colocada sob o seu domínio. Não logrou aceitação no país porque o Estado seria segurador universal, com graves prejuízos para as finanças públicas, para o custeio das despesas ordinárias estatais e reduziria o próprio conceito de responsabilidade à insubsistência.

A responsabilidade civil do Estado sob a modalidade da culpa administrativa ocorre sempre quando há acidente imputável ao Estado, mas não se consegue apurar qual é o funcionário responsável pelo fato. É o caso, por exemplo, de um funcionário qualquer do Estado que tranca a porta principal do prédio antes da hora determinada. Ocorre um incêndio no andar e as pessoas morrem por não terem acesso à saída. Ocorre a culpa anônima pelo prejuízo ocasionado ao particular. Assim, ainda se indaga a culpa, apenas torna-se desnecessário identificar o culpado, considerando-se o Estado.

Outra modalidade de culpa administrativa é a denominada *faute du service public* (falta do serviço público). Nessa teoria, o fundamento da responsabilidade é a falta do serviço público. Pode-se entender como a falta, o mau funcionamento, o tardio ou mesmo o não funcionamento do serviço público. Em qualquer dos casos, a responsabilidade seria do Estado. Essa noção de falta do serviço não é absoluta, variando conforme aquilo que se poderia esperar do seu funcionamento e da média do que seria razoavelmente exigido. Ao Estado se ressalva a prova dos fatos elisivos da responsabilidade: a culpa da vítima, caso fortuito e força maior, estado de necessidade e culpa de terceiro. Não ocorre nessa teoria, contudo, presunção de culpa da administração, o que implicaria dispensar a prova do mau funcionamento do serviço. A imperfeição do serviço há de ser provada, pois de outro modo a responsabilidade seria puramente objetiva, em vez de repousar na noção de culpa.

A culpa administrativa, ainda que na acepção da *faute du service public*, dava lugar a grandes dificuldades no campo do direito processual, pois os juízes, com raciocínio moldado no direito privado, tendiam a aferir a prova do mau funcionamento do serviço público a teor dos parâmetros sedimentados no campo civilístico. Assim, à medida que se exigisse maior rigor probatório da ocorrência da culpa, diminuiria a probabilidade de a vítima obter a indenização. Urgia então superar o velho conceito de culpa, analisando a questão da ótica estrita do direito público.

Surge então a denominada teoria do risco administrativo, cuja evolução das idéias nessa matéria culmina com a noção de inversão do ônus da prova: em lugar de pretender que a vítima prove a imperfeição do serviço, dela se pede só a prova do nexo causal entre o ato de serviço e o dano, facultando-se ao poder público a prova de algumas das excludentes da responsabilidade. Como a administração desenvolve atividades suscetíveis de ensejar danos aos particulares, destas recolhendo benefícios de várias ordens, sustenta-se que deva responder em razão dessas atividades. Não se cogita mais da culpa, nem da razoabilidade na prestação do serviço público, mas apenas da relação entre a causa provinda do Estado e o efeito danoso no agente privado.

A responsabilidade é dita objetiva porque ocorre diante dos seguintes requisitos: do dano; da ação administrativa; e desde que haja nexo causal entre o dano e essa ação. A consideração da licitude do atuar administrativo é irrelevante, pois o que interessa é: sofrendo o particular um prejuízo, em razão da atuação estatal, regular ou irregular, no interesse da coletividade, é devida a indenização, que se assenta no princípio da igualdade dos ônus e encargos sociais.

No que atine à omissão do Estado, os parâmetros são outros. Aplica-se a teoria da responsabilidade subjetiva em função da necessidade de imputação, ainda que genérica. Não agindo diretamente, ao Estado só cabe a responsabilização se tinha o dever legal de obstar o evento lesivo e descumpriu-o. Assim, trata-se de responsabilidade por comportamento ilícito que, como toda responsabilidade por ato ilícito, deve ser proveniente de dolo ou culpa (negligência, imprudência ou imperícia) e, portanto, responsabilidade subjetiva do Estado. Embora subjetiva, tal responsabilidade não decorre apenas de culpa ou dolo do agente público causador do dano; também a configura a culpa do serviço diluída na sua organização, assumindo feição anônima em certas circunstâncias, quando nos encontramos diante do quadro da falta do serviço (*faute du service public*).

Esta última concepção de responsabilidade objetiva do Estado por atos comissivos, baseada na teoria do risco administrativo, e de responsabilidade subjetiva (ainda que resultante da *faute du service public*) por omissões é a que granjeou maior aceitação na doutrina e na jurisprudência, consistindo, hoje, na representação dominante sobre a responsabilidade do Estado.

A omissão do Estado e sua responsabilidade: peculiaridades e vicissitudes

A definição de comportamento humano deve partir da noção de fato jurídico em geral. O comportamento humano é espécie de fato jurídico e é gênero das espécies ação e omissão, podendo ser lícito e ilícito. A expressão ação é utilizada muitas vezes como sinônimo de comportamento (como ocorre no Brasil), mas é mais adequado o termo conduta para designar atividade corporal positiva. A ação não pode ser apreciada numa perspectiva puramente mecanicista ou naturalística, pois, além de não dar cobertura às omissões, nem todo acontecimento fático é apreciado pelo direito.

Para a definição de comportamento, deve-se partir do conceito de "evento ou acontecimento socialmente relevante". Este evento não necessariamente será uma alteração física da realidade, podendo-se entendê-lo como o impacto social. Será verificando este evento que o jurista partirá para a análise da atividade, estabelecendo o nexo entre essas duas realidades, muito embora cronologicamente a atividade venha na frente do resultado. A relevância social e jurídica é verificada tanto nos eventos contrários ao direito quanto nos lícitos. Portanto, o comportamento (também chamado de fato voluntário pela doutrina portuguesa) abrange a conduta e o evento, que pode ser danoso ou não, mas só os danosos ensejam o direito à indenização.

Pedro Pitta e Cunha Nunes de Carvalho propagam para a resolução desse problema a adoção da teoria da causalidade adequada cuja relação de adequação e probabilidade são averiguadas com base em um critério empírico, de fundo social, e não meramente naturalístico. Esta ideia de causalidade adequada deve ser transportada para a área dos comportamentos lícitos também, como o liame entre a conduta humana e o acontecimento de relevância social, não exclusivamente danoso. Verificamos, pois, que o jurisconsulto insere o resultado dentro do conceito de comportamento, o qual deve ser conceituado não só em função do dano:

> Conduta é a actividade física humana ou a inactividade para a hipótese de omissão. A conduta, enquanto actividade física humana, nenhum significado jurídico tem de "per si". (...)
> Tal nos permite concluir que é o evento que dá relevância social à conduta (actividade física), em si juridicamente neutra, pela sua vinculação, enquanto resultado, a este. (...)
> Concluindo, acção ou comportamento em sentido jurídico, será toda a conduta que causa (juridicamente) um evento socialmente e juridicamente relevante.
> A ilicitude, que é a contrariedade ao direito, a "(...) violação injustificada de direitos e interesses juridicamente protegidos de outrem", é característica do comportamento (ou fato humano), e não uma característica do dano.

Adentrando no conceito de omissão, o termo usualmente está vinculado às idéias de abstenção, oposição, oposto, contrário, contraditório e adverso. Abstenção seria a recusa voluntária de fazer algo; a negação, a ação de negar;

oposição seria posição de uma coisa em face da outra, contraste de duas ideias que se defrontam; oposto e contrário significam de diferente natureza, absolutamente diversos no aspecto.

Pedro Pitta e Cunha Nunes de Carvalho analisam as teses existentes sobre a definição de omissão. A tese mecanicista considera a omissão uma forma de comportamento físico, pois o sujeito se esforçaria "para travar os nervos motores que o impeliam à acção". Mas, mesmo que se admita a existência de tal impulso, nem toda omissão é juridicamente relevante e, para que se fale em omissão em sentido jurídico, ela haverá de ser relevante para o direito.

A tese do *aliud facere* defende que "(...) a omissão não surge como o contrário ou negação da acção, mas como a acção efetivamente praticada, em vez daquela que não foi levada a cabo", posto que o homem nunca esteja inativo, sem nada fazer, e que o indivíduo, inevitavelmente, sempre está praticando uma ação positiva.

Já a tese valorativa define a omissão como "mero produto mental, sem verdadeira existência no mundo exterior", e sustenta que, sendo a ação uma realidade existente no mundo, impossível seria reunir ação e omissão num mesmo conceito, por serem antagônicos.

A tese normativista nega a existência da omissão que não seja ilícita, pois é um juízo de contrariedade entre a conduta e a conduta esperada pelo ordenamento. A tese finalista defende que somente se poderá falar que a omissão causou certo resultado, quando a realização da ação tivesse evitado o resultado, desde que essa ação seja uma ação possível. Este conceito é muito amplo, pois a ação vislumbrada deve ser aquela esperada pela sociedade, dentro do juízo formulado pela coletividade de esperança, não se podendo falar em omissão em sentido jurídico, partindo-se da análise de todas as ações que poderiam ter sido praticadas.

Eis, finalmente, para o autor, o conceito de omissão:

> Parece-nos, enfim, possível a integração do conceito de omissão num conceito globalizante de comportamento, desde que se trate de um conceito de comportamento não puramente naturalístico, como foi o que atrás se perfilhou. E assim, acção e omissão seriam duas formas diversas de comportamento. A omissão, em sentido jurídico, consistiria então na abstenção (dominável pela vontade) de uma dada acção, desde que essa abstenção seja relevante para o Direito.

Essa relevância é verificada pelo sentimento social de esperança de que o agente omitente praticasse a ação omitida. É um conceito pré-jurídico: a ação omitida deve ser esperada dentro do contexto social. A relevância jurídica de qualquer comportamento é indicada pela relevância social. Portanto, o conceito jurídico de omissão independe da violação de uma norma jurídica, como o que ocorre com a ação. A omissão é pressuposto autônomo da responsabilidade civil, devendo ser compreendida, juntamente com a ação, como modalidade de comportamento humano.

Já na doutrina pátria temos a clara doutrina de Heleno Cláudio Fragoso que, em sede de direito penal, enfatiza o aspecto normativo:

> Só do ponto de vista puramente formal e sem conseqüências podemos dizer que ação e omissão são formas de comportamento punível. A omissão é algo inteiramente diverso da ação. No plano ontológico existem apenas ações. Omissão não é inércia, não é não-fato, não é inatividade corpórea, não é, em suma, o simples não fazer. Mas sim não fazer algo, que o sujeito podia e devia realizar. Em conseqüência, não se pode saber, contemplando a realidade fenomênica, se alguém omite alguma coisa. Só se pode saber se há omissão referindo a atividade ou inatividade corpórea a uma norma que impõe o dever de fazer algo que não está sendo feito e que o sujeito podia realizar. A omissão é, assim, um conceito necessariamente normativo, mesmo quando se considera o comportamento juridicamente indiferente.

Consequentemente, a omissão é, de um lado, não fazer, de outro, colisão entre esse comportamento e uma norma. Apresenta caráter normativo que não exclui, mas exige um estado físico da pessoa, que é a conduta omissiva. Omitir, no campo do direito, não é não fazer nada, mas antes não executar a ação que a norma impõe.

Temos, no campo do direito administrativo, variados exemplos de omissões estatais: roubo em via pública é hipótese em que o Estado poderá ser responsabilizado por omissão, devendo-se sempre verificar se houve comportamento inferior ao padrão exigível. Outra hipótese é de danos decorrentes da ineficiente atividade fiscalizatória pelo poder público das atividades particulares que afetam a vida coletiva, no seu exercício do poder de polícia.

Danos decorrentes de movimentos multitudinários, quando o poder de polícia tinha meios de evitá-los. Quando a massa enfurecida se revolta e depreda a propriedade privada, não basta a ineficácia genérica do aparelhamento estatal de polícia preventiva para ensejar a responsabilização. Elemento configurador da omissão juridicamente relevante é, assim, a imprescindibilidade do dever de agir.

Temos aí a lição de Celso Antônio Bandeira de Mello, para quem a responsabilidade é subjetiva, mas que entende que tal dever de agir deva ser legal e segundo os limites de eficiência normais.

O padrão de exigência deve ser averiguado na responsabilização estatal, mas tal dever de agir não é somente aquele que está expressamente previsto na lei, mas aqueles outros decorrentes de princípios norteadores da administração pública, especialmente aqueles que informam os deveres laterais de conduta da boa-fé objetiva, como a moralidade e a razoabilidade, configurando uma imprescindibilidade de tal dever de agir, constituindo a causa da omissão.

Mesmo que o ato seja discricionário, os princípios da razoabilidade e moralidade irão nortear o administrador, impondo limites à liberdade dessa atuação e indicando quando e se deverá o Estado agir ou não. Por meio desses juízos de valor, poderá o Judiciário verificar o dever de agir, mesmo nos casos em que o ato não é vinculado, podendo impor à administração que efetivamente atue, se ainda for possível, e estabelecendo o ressarcimento dos prejuízos causados ao administrado em razão dessa omissão.

A responsabilidade civil do Estado por balas perdidas

Fixados esses pressupostos iniciais da responsabilidade civil do Estado, vejamos o tormentoso tema das balas perdidas.

A segurança pública é dever do Estado e direito de todos (art. 144, Constituição Federal), incumbindo às polícias estatais a preservação da ordem pública e a incolumidade das pessoas e de seus patrimônios. Tal atividade do Estado, como qualquer atividade estatal, deve ser juridicamente exigível dentro de padrões normais e razoáveis de conduta da autoridade pública. Se a cada pequeno furto, se a cada mínimo incidente, ocorrido muitas vezes em circunstâncias de extrema rapidez e súbita violência, o Estado fosse convocado a indenizar o particular, estaria se criando uma situação insustentável, se erigindo o Estado, nas palavras de Celso Antonio Bandeira de Mello, em segurador universal:

> Quando o dano foi possível em decorrência de uma omissão do Estado (o serviço não funcionou, funcionou tardia ou ineficientemente) é de aplicar-se a teoria da responsabilidade subjetiva. Com efeito, se o Estado não agiu, não pode, logicamente, ser ele o autor do dano. E se não foi o autor, só cabe responsabilizá-lo caso esteja obrigado a impedir o dano. Isto é: só faz sentido responsabilizá-lo se descumpriu dever legal que lhe impunha obstar ao evento lesivo.

> (...) Logo, a responsabilidade estatal por ato omissivo é sempre responsabilidade por comportamento ilícito. E sendo responsabilidade por comportamento ilícito, é necessariamente responsabilidade subjetiva, pois não há conduta ilícita do Estado (embora do particular possa haver) que não seja proveniente de negligência, imprudência ou imperícia (culpa) ou, então, deliberado propósito de violar a norma que o constituía em dada obrigação (dolo).
> Ademais, solução diversa conduziria a absurdos. É que, em princípio, cumpre ao Estado prover a todos os interesses da coletividade. Ante qualquer evento lesivo causado por terceiro, como um assalto em via pública, uma enchente qualquer, uma agressão sofrida em local público, o lesado poderia sempre argüir que o "serviço não funcionou". A admitir-se responsabilidade objetiva nessas hipóteses o Estado estaria erigido em segurador universal! (...) Razoável que o Estado responda por danos oriundos de uma enchente se as galerias pluviais e os bueiros de escoamento das águas estavam entupidos ou sujos, propiciando o acúmulo da água. Nestas situações, sim, terá havido descumprimento do dever legal na adoção de providências obrigatórias. Faltando, entretanto, este cunho de injuridicidade, que advém do dolo, ou da culpa, tipificada na negligência, na imprudência ou na imperícia, não há cogitar de responsabilidade pública.

Não se pode, a toda evidência, atribuir responsabilidade ao Estado. Com base unicamente na competência genérica de garantidor da segurança pública não é possível se arguir a responsabilidade estatal, sob pena de inviabilizar-se o próprio funcionamento do poder público.

A interpretação dos tribunais também não destoa dessa assertiva:

> RESPONSABILIDADE CIVIL DO ESTADO — BALA PERDIDA — VÍTIMA ATINGIDA NO INTERIOR DE COLETIVO. A dogmática do direito administrativo enquadra a situação em exame na chamada omissão genérica, não geradora de responsabilidade civil, porque o aparelho de segurança do Estado não se omitiu diante da situação concreta, sendo essa a configuração da responsabilidade por omissão, por falta ou deficiência do serviço público. Entender a responsabilidade civil nos termos pretendidos pela autora reconduziria à consagração de uma espécie de responsabilidade sem nexo de causalidade entre uma conduta e o respectivo resultado lesivo, amplitude conceitual não admitida, seja em sede doutrinária, seja em sede jurisprudencial. A documentação carreada aos autos demonstra que o marido da autora teria

sido atingido fatalmente por munição de arma de fogo às 10:00 horas da manhã do dia 08 de março de 2005, não havendo prova nos autos de que no momento do sinistro havia qualquer troca de tiros no local. Na verdade, o confronto entre policiais e criminosos ocorreu somente às 19:00 horas daquele mesmo dia, segundo procedimento instaurado pelo Comando do competente Batalhão de Polícia Militar. Improvimento ao recurso.[3]

RESPONSABILIDADE CIVIL DO ESTADO. LESÃO EM VÍTIMA CAUSADA POR BALA PERDIDA. DEVER DE SEGURANÇA DO PODER PÚBLICO. OMISSÃO GENÉRICA. 1) Não se pode, com arrimo no artigo 37, §6º da CRFB, conferir ao Estado a qualidade de segurador universal, uma vez que o referido dispositivo constitucional não consagrou a teoria do risco integral. 2) Somente estaria caracterizado o nexo de causalidade entre o dano e a inação estatal na hipótese de omissão específica do poder público, a qual pressupõe ter sido este chamado a intervir, ou se o disparo tivesse ocorrido por ocasião de confronto entre agentes estatais e bandidos, o que não restou comprovado na hipótese. 3) Ainda que se perfilhasse o entendimento de que no caso de omissão a responsabilidade do Estado é subjetiva, não se tem por caracterizada a culpa, se não comprovada a ausência do serviço ou sua prestação ineficiente, vez que não se pode esperar que o Estado seja onipresente. 4) Provimento do primeiro recurso. Prejudicada a segunda apelação.[4]

RESPONSABILIDADE CIVIL DO ESTADO. BALA PERDIDA. OMISSÃO GENÉRICA DO PODER PÚBLICO. INEXISTÊNCIA DE DOLO OU CULPA. Apelação Cível. Responsabilidade civil do Estado. Bala perdida. Apelante que foi atingido na porta de seu bar, sem saber de onde veio o tiro. Sentença que julgou o pedido improcedente, adotando entendimento de ser a responsabilidade subjetiva, no caso de omissão do Estado. O par. 6. do art. 37 da CF/88 estabelece a responsabilidade objetiva das pessoas jurídicas de direito público, sem distinção entre a conduta comissiva ou omissiva de seus agentes, mas não adota a teoria do risco integral, não sendo o Estado garantidor universal. No caso, não há provas de que houvesse troca de tiros entre policiais e marginais, ou de onde teria sido efetuado o disparo, afastando a conduta de algum agente estatal. Analisada a omissão quanto à segurança pública, não pode o Estado estar onipresente, pelo que não havendo prova de que foi chamado a agir e se omitiu, não é de se reconhecer a responsabilidade pela omissão genérica, por ausência de

> culpa e de nexo causal. Em qualquer dos entendimentos doutrinários ou jurisprudenciais, a pretensão do apelante não merece prosperar, embora se lamente e seja motivo de revolta a ocorrência de fatos como o que lesionou. Sentença de improcedência que merece ser mantida. Recurso não provido.[5]

Quando então se configuraria a responsabilidade civil do Estado em matéria de segurança pública? Tal gravame se configuraria sempre que resultasse de uma ação dos agentes estatais ou de uma omissão juridicamente relevante, nos termos anteriormente expostos. No caso de balas perdidas são quatro as hipóteses principais de danos a terceiros: a) quando o dano resulta da ação de marginais, em caso fortuito e imprevisível, como em assaltos nas vias públicas, com a omissão genérica do Estado; b) quando o dano resulta de ação do agente do Estado, como em troca de tiros com marginais na qual um projétil de sua arma atinge um terceiro; c) quando o dano resulta de confronto entre policiais e marginais sem que se saiba com certeza de onde partiu o disparo; d) quando o dano resulta de confronto unicamente entre marginais, em áreas de reiterada conflagração armada, com omissão específica do Estado.

Dano resultante da ação de marginais, em caso fortuito e imprevisível, como em assaltos nas vias públicas, com a omissão genérica do Estado

Nesse caso não se configura a responsabilidade do Estado. Na omissão genérica não há o fato juridicamente relevante, qual seja, um comportamento inferior ao padrão legal exigível na situação em apreço. O Estado não atuou dada a impossibilidade ou a instransponível dificuldade de fazê-lo (que depende do cotejamento dos recursos disponíveis em face das outras necessidades estatais) e ainda a imprevisibilidade do acontecimento. A garantia genérica da segurança pública é um padrão mínimo de resguardo da coletividade e não uma proteção individualizada, subjetiva, de cada particular em todas as circunstâncias.

Há que se entender a responsabilidade civil dentro de um quadro de compreensão global. É a compreensão de toda a riqueza da doutrina da responsabilidade civil e de seus meandros que possibilita a percepção das estruturas sólidas nas quais ela se embasa e nos campos pelos quais se espraia.

Hoje, muitas das atividades tornaram-se imantadas de verdadeiro caráter aleatório: atraem grande contingente de riscos para si, devendo haver uma ultracautela no tocante à evitabilidade. Assim, há que se distinguir na responsabilidade civil a natureza do fortuito, se interno ou se externo.

Agostinho Alvim define com proficiência a diferença entre o fortuito interno e o fortuito externo:

> A distinção que modernamente a doutrina vem estabelecendo, aquela que tem efeitos práticos e que já vai-se introduzindo em algumas leis, é a que vê no caso fortuito um impedimento relacionado com a pessoa do devedor ou sua empresa, enquanto a força maior é um acontecimento externo.
> Tal distinção permite estabelecer uma diversidade de tratamento para o devedor, consoante o fundamento de sua responsabilidade.
> Se esta fundar-se na culpa, bastará o caso fortuito para exonerá-lo. Com maior razão o absorverá a força maior.
> Se a sua responsabilidade fundar-se no risco, então o simples caso fortuito não o exonerará. Será mister que haja força maior, ou, como alguns dizem, caso fortuito externo.
> Nesta última hipótese, os fatos que exoneram vêm a ser: culpa da vítima, ordens de autoridades (*fait du prince*), fenômenos naturais (raio, terremoto), ou quaisquer outras impossibilidades de cumprir a obrigação, por não ser possível evitar o fato derivado de força externa invencível: guerra, revolução etc.
> Mesmo nesses casos, é preciso indagar se o fato não é devido a qualquer culpa do autor do dano, ainda que indireta ou remota.

A noção de fortuito interno aplica-se ao dano causado por fato inerente ao risco que determinada atividade, pelas características que lhe são próprias, deva suportar. Dessa forma, o fortuito interno surge como exceção que não exclui a responsabilidade por fugir à regra da inevitabilidade. O fortuito interno diferencia-se do externo no prisma subjetivo: o que é razoavelmente inesperado para o homem comum, o acaso, deve ser previsto por determinados agentes, pois sua ocorrência gera danos que deveriam ter sido evitados. Já o fortuito externo englobaria os casos que têm em comum a característica da inevitabilidade.

No âmbito da responsabilidade civil objetiva, o agente assume os riscos inerentes à atividade, devendo por ela responder, como acentua Caio Mário da Silva Pereira:

> Ante uma perda econômica, pergunta-se qual dos patrimônios deve responder, se o da vítima ou o do causador do prejuízo. E, na resposta à indagação, deve o direito inclinar-se em favor daquela, porque dos dois é quem não tem o poder de evitá-lo, enquanto o segundo estava em condições de tirar um proveito, sacar uma utilidade ou auferir um be-

> nefício da atividade que originou o prejuízo. O fundamento da teoria é mais humano que o da culpa, e mais profundamente ligado ao de solidariedade social. Reparte, com maior dose de eqüidade, os efeitos dos danos sofridos, atendendo a que a vida em sociedade se tornou cada vez mais complexa, e o progresso material a todo instante aumenta os riscos a que estão sujeitos os indivíduos. No campo objetivista situa-se a teoria do risco proclamando ser de melhor justiça que todo aquele que disponha de um conforto oferecido pelo progresso ou que realize um empreendimento portador de utilidade ou prazer, deve suportar os riscos a que exponha os outros. Cada um deve sofrer o risco de seus atos, sem cogitação da idéia de culpa, e, portanto, o fundamento da responsabilidade civil desloca-se da noção de culpa para a idéia de risco.

Portanto, aquele que, em razão de sua atividade ou profissão, cria um perigo, está sujeito à reparação do dano que causar, salvo prova de haver adotado todas as medidas idôneas a evitá-lo. Na teoria do risco criado não é necessária a aferição de ter havido qualquer vantagem ou proveito com o exercício da atividade. Em síntese, quem se dispõe a exercer uma atividade perigosa deve fazê-lo com segurança. Como expõe Sérgio Cavalieri Filho:

> Se, de um lado, a ordem jurídica garante a liberdade de ação, a livre iniciativa etc., de outro, garante também a plena e absoluta proteção do ser humano. Há um direito subjetivo à segurança cuja violação justifica a obrigação de reparar o dano sem nenhum exame psíquico ou mental da conduta do seu autor. Na responsabilidade objetiva, portanto, a obrigação de indenizar parte da idéia de violação do direito de segurança da vítima.

No caso de danos causados por marginais, há que se verificar se estamos diante de um verdadeiro fortuito externo que, pela instantaneidade e imprevisibilidade, não permitiria a ação dos agentes públicos policiais. Do contrário, haverá responsabilidade, como já expunha, no século XIX, Rui Barbosa (1898:171-179):

> Essa responsabilidade nasce direta e essencialmente do princípio jurídico da representação, não das relações da culpa *in eligendo* ou da culpa *in vigilando*; pelo que não pode a administração pública eximir-se à responsabilidade, provando que o empregado *bonos mores mutavit in malos*, ou que a vigilância mais cabal dos seus superiores não poderia ter evitado o fato danoso.
>
> E, como a violação de um direito pode resultar, não só da ação de um fato colisivo com ele, como da omissão de um ato destinado por lei a

> protegê-lo, a conseqüência é que as administrações públicas, no tocante ao procedimento dos seus funcionários, respondem tanto pela culpa *in omittendo*, quanto pela culpa *in faciendo*.
> (...) se averigua que o governo e o Congresso Brasileiro têm, por deliberações solenes, confessado a responsabilidade da administração pública pela insuficiência ou negligência das autoridades policiais na defesa da propriedade particular, violada por movimentos tumultuosos...
> (...) Nem mesmo a legalidade do ato exclui em absoluto a responsabilidade civil.
> (...) Princípio foi sempre que o poder, em cujas mãos se ache a autoridade policial, responda pelo dano cometido no seu território pelos ajuntamentos armados ou desarmados.
> (...) Por isso já a legislação do período revolucionário em França, nos fins do século passado, estatuía para as comunas essa obrigação, em vigor até hoje, além daquele país, em todos os outros onde a polícia é municipal, inclusive a Inglaterra e os Estados Unidos. Em São Paulo é o Estado que exerce a polícia. A este, logo, incumbe a responsabilidade pela culpa ativa ou passiva dos seus agentes.

Em 1904, antes do Código Civil de 1916, Amaro Cavalcanti já enfatizava a responsabilidade do Estado por danos decorrentes da sua omissão:

> Quando, porém, se tratar de um dever particularizado pela lei, ou pelas circunstâncias especiais do caso, por exemplo, o dever da autoridade pública competente de impedir que se realize um ataque à propriedade, tendo sido avisada ou solicitada, em tempo, para impedi-lo e, não obstante, deixado o ato consumar-se por sua negligência, culpa ou dolo; — em caso tal, entendemos que a responsabilidade civil do Estado é de rigorosa justiça; porque a omissão aludida é a causa eficiente do dano, de maneira tão manifesta e irrecusável como se ele proviesse de um ato, realmente positivo, ilegal e culposo, do representante do Estado, em relação às garantias da segurança individual e da propriedade.

A questão do fortuito interno nas ações policiais deve ser analisada em cotejo com o dever de prevenção resultante da correta ação policial, como analisa César Caldeira:

> A noção de "caso fortuito" nos casos envolvendo questões policiais precisa ser apreciada com rigor devido à missão constitucional dos órgãos de segurança pública. Um dos mais importantes recursos da polícia profissional é a inteligência — controle sobre informações que ante-

> cipem situações de risco, e dados oriundos de investigações para solucionar crimes. O contribuinte paga impostos e orçamentos vultosos são alocados à segurança pública para que as forças policiais coletem cotidianamente essas informações necessárias para intervir em situações de vulnerabilidade social. Essas exigências institucionais do trabalho policial devem ser ponderadas ao se avaliar o que é "caso fortuito", sob pena de se escusar grave ineficácia policial sob o pretexto de uma noção que só ganha efetivo significado quando aplicada criticamente a um contexto social. A excludente do nexo de causalidade do "caso fortuito" em matéria de segurança pública precisa ser avaliada, quando invocada em defesa do Estado, com enorme cautela e imparcialidade pelo magistrado, indagando-se o que seria razoável exigir-se como padrão de conduta da polícia preventiva nas circunstâncias.

Nas ações onde ocorre dano resultante da ação de marginais, em caso fortuito e imprevisível, como em assaltos nas vias públicas, o decisivo será a instantaneidade da ação que gera a imprevisibilidade e, por isso, a inevitabilidade, essa sim, a característica do fortuito externo, a excluir a responsabilidade do Estado. Como esclarece Sérgio Cavalieri Filho:

> Em nosso entender, estaremos em face do caso fortuito quando se tratar de evento imprevisível e, por isso, inevitável. Se o evento for inevitável, ainda que previsível, por se tratar de fato superior às forças do agente como normalmente são os fatos da natureza, como as tempestades, enchentes etc., estaremos em face da força maior, como o próprio nome diz. É o *act of God*, no dizer dos ingleses, em relação ao qual o agente nada pode fazer para evitá-lo, ainda que previsível.
>
> Como se vê, não se pode estabelecer *a priori* um critério para caracterização do caso fortuito e da força maior. É preciso apreciar caso por caso as condições em que o evento ocorreu, verificando se nessas condições o fato era imprevisível ou inevitável.
>
> (...) A imprevisibilidade, portanto, é elemento indispensável para a caracterização do caso fortuito, enquanto a inevitabilidade o é da força maior.

Se o evento pela sua instantaneidade é imprevisível e, por isso, se torna inevitável, não há que se falar em responsabilidade do Estado:

> APELAÇÃO CÍVEL. RESPONSABILIDADE CIVIL. Marido da autora morto em assalto por três policiais militares. Pedido de pensionamento e indenização por danos morais e materiais em face do Estado.

> Ato ilícito executado fora do horário de trabalho dos policiais que, inclusive, estavam à paisana. Fato imprevisível. Ausência de responsabilidade do Estado. Políticas de segurança que, mesmo que fossem bem planejadas e executadas, não poderiam impedir a totalidade de delitos, conforme estatísticas mundiais. Responsabilidade que, no máximo, se comprovada a negligência do administrador público, deveria ser cobrada deste, pessoalmente, descabendo a condenação do ente público, vez que prejudicaria toda a população, que também sofre, e muito, com a situação de violência do Estado. Denunciação da lide que restou prejudicada. Condenação dos denunciados que depende da condenação do denunciante, não se tratando de litisconsórcio no pólo passivo. Parecer do Ministério Público, em ambos os graus, nesse sentido. Desprovimento do primeiro recurso e provimento dos demais, para julgar prejudicada a denunciação da lide.[6]

> APELAÇÃO CÍVEL. AÇÃO INDENIZATÓRIA. DANOS MORAIS E MATERIAIS. BALA PERDIDA. Demanda deflagrada pela vítima em face do Estado do Rio de Janeiro. Sentença improcedente. Apelo da autora. Manutenção do *decisum*. Uma vez que a violência mostra-se presente em toda e qualquer sociedade moderna, para que surja a obrigação de indenização do Estado, deve haver nexo causal entre o ato (omissivo ou comissivo) praticado pelos seus agentes e o prejuízo sofrido pelo particular, o que, *in casu*, não restou demonstrado. No mais, cumpre esclarecer que no local onde ocorreu o acidente não restou configurada uma omissão específica do Estado no que diz respeito ao seu dever de segurança pública. Ou seja, não restou caracterizada a alegada omissão ou mesmo qualquer negligência por parte do Estado, posto que a demanda não traz a notícia de reiterados incidentes envolvendo a ação de bandidos no local onde ocorreu o acidente. Assim, não há como aplicar a responsabilidade de que trata o artigo 37, parágrafo 6º da Constituição Federal em desfavor do Estado, eis que não restou comprovada de que a ação danosa foi efetivamente praticada por um de seus agentes. Recurso conhecido e improvido.[7]

Se, no entanto, por qualquer evidência ficar comprovado que o Estado, por meio dos seus agentes, sabia do evento, podia atuar e omitiu-se na profilaxia do dano, passível é a sua responsabilização por não se tratar mais na hipótese de fortuito externo. Foi, por exemplo, o que decidiu o Tribunal de Justiça do Estado do Rio de Janeiro em situação na qual houve troca de tiros entre agentes do poder público e indivíduos desconhecidos, ditos traficantes, que não a provocaram, em logradouro público, com transeuntes, próximo a uma viela, acarretando atingimento e paralisia de um menor, que tentou se ocultar do tiroteio. Na ação ficou comprovado que havia uma troca de tiros entre indivíduos encapuzados e bandidos. Esses indivíduos encapuzados estavam acompanhados de policiais militares. Como registrado no voto vencido do desembargador João Nicolau Spyrides não havia prova de que a Polícia Militar tivesse disparado qualquer arma, contudo, pelo depoimento das testemunhas, ficava claro que os policiais tiveram a oportunidade de agir para parar o curso da ação criminosa (o tiroteio) e deixaram de fazê-lo, acarretando a responsabilidade do Estado:

> Inequívoco que tal prova não se tornou material, através de exames periciais no menor, o que não era de qualquer interesse da autoridade! Mas não há dúvida, pela narrativa, de que os fatos assim ocorreram, o que evidencia o atuar culposo dos policiais que, além de não propiciarem à população a paz e a segurança de que são encarregados, ainda agiram com imprudência e desídia, instalando verdadeira batalha campal, que culminou com a paralisia do infeliz Leonardo, de seis anos de idade.[8]

Quando não estiver em causa a instantaneidade da ação a gerar a inevitabilidade, como em movimentos multitudinários de violência, e o Estado se omitir no seu dever de resguardo da segurança pública, cabível se mostra a indenização. Foi essa a decisão do Tribunal de Justiça do Rio de Janeiro no famoso caso da "Revolta das barcas", pequena revolução popular ocorrida em Niterói no dia 22 de maio de 1959. Dela resultaram seis mortos e 118 feridos, depredação de imóveis, uma intervenção militar na cidade e, finalmente, a estatização do serviço de lanchas que faz a travessia para o Rio de Janeiro. Foi destruído, durante um dia inteiro de desobediência civil e violência coletiva, tudo aquilo que fazia lembrar a existência dos concessionários desses serviços.

A ação indenizatória foi movida pela IBM — Indústrias, Máquinas e Serviços Ltda. contra o estado do Rio de Janeiro, "porque ao Estado assistia a obrigação de manter a ordem pública e de garantir o direito de propriedade". A sentença de primeiro grau foi favorável à empresa, condenando o estado a ressarcir a partir do laudo pericial sobre os danos. A decisão do Tribunal de Justiça do Rio de Janeiro confirmou a sentença, da maneira seguinte:

> As manifestações de populares de protesto contra a deficiência dos serviços de transporte marítimo na Guanabara, agravada pela greve dos empregados da empresa que os explorava, e que degene-

> raram em depredações, incêndios e saques, não teriam chegado a tal ponto em que chegou se imediatamente o governo tomasse as medidas enérgicas que a situação exigia.
> Essa opinião da quase unanimidade da imprensa e dos que tiveram a desdita de apreciar as cenas de vandalismo de que foi palco a capital do estado.
> Tal omissão da polícia que muitos se convenceram que a ordem partira do governador, que teria dito que a "Polícia não poderia hostilizar o povo de maneira alguma", como noticiaram os jornais.
> Depois que os acontecimentos cresceram de modo assustador, dando a impressão de que não poderia mais ser controlado, o governo tomou, já à noite, a providência que estava indicada desde o início do conflito: requisitou o auxílio das tropas do Exército sediadas em São Gonçalo, que de pronto estabeleceram a ordem na cidade.
> Não há como negar a responsabilidade do Estado, resultante do descaso, da negligência das autoridades que tinham por dever manter a ordem pública e garantir o direito de propriedade. Houve, evidentemente, omissão de um dever prescrito em lei, o que caracteriza a culpa *in omittendo*.[9]

A missão institucional das polícias é proativa, ou seja, é dever policial estar sempre alerta e informado por meio de suas fontes de inteligência próprias sobre distúrbios sociais de massa e, constatado que no caso examinado as devidas providências de prevenção dos distúrbios ou repressão dos atos predatórios não foram tomadas pelas autoridades governamentais policiais, essa inação policial constitui causa dos fatos danosos praticados pelas multidões. A questão central é o fato danoso — as depredações efetivadas por multidões, que foram comprovadas — e o seu nexo de causalidade com a omissão administrativa. Daí, a responsabilização civil do Estado por omissão, afastando-se, no caso, a ocorrência de fortuito externo.

Dano resultante de ação do agente do Estado, em troca de tiros com marginais, na qual um projétil de sua arma atinge um terceiro

No caso de ação de policiais que, agindo na qualidade de agentes públicos, em troca de tiros com marginais, venham a atingir terceiros é inequívoca a responsabilidade do Estado. Há, aqui, o nexo de causalidade entre a atividade da administração (o disparo da arma pelo policial) e o evento danoso (o ferimento ou morte de terceiro). Provado que o tiro que atingiu o particular partiu da arma do policial (ação do Estado), surge para o poder público o dever de indenizar. São irrelevantes no caso as considerações de licitude da atividade administrativa, de legítima defesa. Sofrendo o indivíduo um prejuízo, em razão da atuação estatal, regular ou irregular, no interesse da coletividade, é devida a indenização que se assenta no princípio da igualdade de todos na repartição dos ônus e encargos sociais.

Como expressa a jurisprudência do Tribunal de Justiça do Estado do Rio de Janeiro:

> ADMINISTRATIVO. RESPONSABILIDADE CIVIL DO ESTADO. DISPARO DE ARMA DE FOGO. DANO MATERIAL E MORAL. O Estado tem responsabilidade objetiva pelos danos que causa, nos termos do artigo 37, §6º, da Constituição da República da qual somente se libera se demonstrada alguma excludente de responsabilidade. Se a prova testemunhal narra que apenas os policiais militares atiraram, não resta dúvida que a vítima fatal foi atingida por projétil proveniente de arma da polícia. A excludente de responsabilidade constitui fato impeditivo do direito alegado pelo Autor, de modo que compete ao Réu o dever de comprová-la. No caso em exame, a ausência de prova de que o tiro partiu de outra arma que não a de um policial desautoriza acolher a tese de fato de terceiro. O dano moral decorre do próprio ilícito e profundo sofrimento da mãe que perde o filho em conseqüência de desastrada ação militar. Reparação arbitrada pela sentença que atende às condições do evento, suas conseqüências e ao princípio da razoabilidade. Desprovimento do recurso.[10]

> RESPONSABILIDADE CIVIL DO ESTADO. DISPARO DE ARMA DE FOGO. FUNÇÃO POLICIAL. MORTE DA VÍTIMA. DANO MORAL. DESPESAS DE FUNERAL. HONORÁRIOS DE ADVOGADO. ISENÇÃO DE CUSTAS. Responsabilidade civil. Vítima atingida por projétil disparado por policial. Nexo causal suficientemente provado. Valor do dano moral por morte de marido e pai. Fixação de tal valor em reais, com correção monetária. Reembolso das necessárias despesas de funeral, independentemente de comprovação. Percentual relativo a honorários de advogado incidente sobre montante das parcelas vencidas mais 12 das vincendas. Estado isento de custas. Recurso provido parcialmente.[11]

Questão importante nessa matéria é saber se o Estado só pode ser responsabilizado por danos causados por seus agentes quando estes se encontrarem no efetivo exercício de suas funções e agindo na qualidade de servidores públicos, ou se, ao revés, caberia a responsabilização do Estado pela conduta dos seus agentes policiais ainda que fora do exercício de suas funções mas agindo em virtude da condição inerente ao cargo.

O texto constitucional exige para a configuração da responsabilidade objetiva do Estado que a ação causadora do dano a terceiro tenha sido praticada por agente público, agindo nessa qualidade; é imprescindível que o agente esteja no desempenho do seu cargo, emprego ou função no ente ou entidade a que está vinculado, representando-o. De modo que, *a contrario sensu*, o Estado não responde por dano causado por alguém que não seja seu agente ou que, embora o seja, não esteja, por ocasião do dano, no desempenho das atribuições do seu cargo, função ou emprego público. A expressão "nessa qualidade" inserida no §6º do art. 37 da Constituição define que o Estado não pode ser responsabilizado senão quando o agente estiver exercendo o seu ofício ou função, ou procedendo como se estivesse a exercê-la. Se assim não for, o dano causado a terceiro não poderá ser imputado ao Estado. A responsabilidade pelos atos praticados na vida pessoal do agente público será pessoal, acomodando-se ao disposto no quadro do direito civil. Como bem expressa o ministro Eros Grau do Supremo Tribunal Federal:

> EMENTA: CONSTITUCIONAL. ADMINISTRATIVO. RECURSO EXTRAORDINÁRIO. RESPONSABILIDADE CIVIL DO ESTADO. LESÃO CORPORAL. DISPARO DE ARMA DE FOGO PERTENCENTE À CORPORAÇÃO. POLICIAL MILITAR EM PERÍODO DE FOLGA. Caso em que o policial autor do disparo não se encontrava na qualidade de agente público. Nessa contextura, não há falar de responsabilidade civil do Estado. Recurso extraordinário conhecido e provido. Após o voto do ministro Carlos Britto, relator, conhecendo do recurso extraordinário, mas lhe negando provimento, pediu vista dos autos o ministro Eros Grau. Presidiu o julgamento o ministro Marco Aurélio. Não participou deste julgamento o ministro Sepúlveda Pertence. 1ª Turma, 21.09.2004. Renovado o pedido de vista do ministro Eros Grau, de acordo com o art. 1º, §1º, *in fine*, da Resolução nº 278/2003. 1ª Turma, 19.10.2004. Continuando o julgamento, a Turma conheceu do recurso extraordinário e lhe deu provimento, após a retificação de voto do ministro Carlos Britto, relator. Unânime. 1ª Turma, 16.11.2004.[12]

Não discrepa desse entendimento o Tribunal de Justiça do Estado do Rio de Janeiro:

> RESPONSABILIDADE CIVIL DO ESTADO. ATO DE AGENTE POLICIAL. INDENIZAÇÃO. Embargos infringentes. Ordinária. Ferimentos graves causados a pedestre, em virtude de disparo de arma de fogo, ocorrido na via pública, cometido por soldado da Policia Militar, à paisana, quando fora do serviço e sem qualquer relação com sua função. Desentendimento surgido em um bar com outro militar, agindo o policial, tão-somente, em favor do companheiro de corporação que, também, não se encontrava no exercício de suas funções ou a pretexto de exercê-las. Inteligência do art. 37, par. 6, da Constituição Federal. Ato praticado por servidor militar "na qualidade de cidadão comum". Indenização repelida. Embargos próvidos.[13]

Cabe ressaltar que se equipara à situação do agente público agindo no exercício de suas funções, quando o agente, embora fora do serviço, age na qualidade de servidor público, ou seja, procedendo (legal ou ilegalmente) como se estivesse exercendo sua função. É o caso de policiais militares que perpetram crimes em chacinas, para "livrar a comunidade da criminalidade". Como se observa, *in verbis*:

> RESPONSABILIDADE CIVIL DO ESTADO. POLICIAL MILITAR. DISPARO DE ARMA DE FOGO. MORTE DE CHEFE DE FAMÍLIA. MORTE DE MÃE DE FAMÍLIA. DANO MORAL. PENSÃO MENSAL. ELEVAÇÃO. Ação ordinária. Pedido de indenização apresentado pelo menor que teve seus pais assassinados por policiais na chacina de Vigário Geral. Responsabilidade objetiva pelos atos praticados por seus prepostos, ainda que não estivessem a serviço, mas na qualidade de servidores públicos. Arbitramento do dano moral fixado em montante considerado adequado pela jurisprudência dominante. Elevação do pensionamento. Desprovimento da 1ª Apelação e provimento parcial da 2ª.[14]

Dano resultante de confronto entre policiais e marginais sem que se saiba com certeza de onde partiu o disparo

O terceiro caso, o confronto entre policiais e marginais sem que se saiba com certeza de onde partiu o disparo, não enseja a responsabilidade do Estado. Indeterminada a origem do disparo, não pode haver a responsabilização do poder público por ausência de nexo de causalidade entre sua ação em defesa da coletividade e o dano causado a terceiro. O preceito constitucional não responsabilizou a administração por atos criminosos de terceiros que só a estes podem ser imputados:

> RESPONSABILIDADE CIVIL DO ESTADO. NEXO DE CAUSALIDADE. INOCORRÊNCIA. RESPONSABILIDADE CIVIL OBJETIVA. BALA PERDIDA. OMISSÃO ESPECÍFICA DO ESTADO. AUSÊNCIA DE NEXO DE CAUSALIDADE. Em havendo omissão específica por parte de agentes do Estado, a responsabilidade civil exsurge objetivamente. Todavia, se para sua configuração é irrelevante o exame da culpa, nem por isso fica o demandante dispensado da prova da conduta do agente, do evento danoso e do nexo causal entre eles existente. Portanto, inexistindo nos autos comprovação de que o projétil de arma de fogo causador do ferimento sofrido pela Apelante tenha partido de uma das armas utilizadas pelos policiais militares que participaram do confronto narrado na exordial, não há como se imputar ao Estado a responsabilidade pelo dano a ela causado. Não restando estabelecido o nexo, impossível a cogitação acerca de eventual responsabilidade. Recurso desprovido, nos termos do voto do desembargador relator.[15]

> EMBARGOS INFRINGENTES. RESPONSABILIDADE CIVIL. AÇÃO POLICIAL. BALA PERDIDA. NEXO CAUSAL INCOMPROVADO. IMPROCEDÊNCIA DO PEDIDO. PROVIMENTO DO RECURSO. A responsabilidade do Estado, ainda que objetiva em razão do disposto no art. 37, §6º da Constituição Federal, exige a comprovação do nexo de causalidade entre a ação ou a omissão atribuída a seus agentes e o dano. Não havendo nos autos prova de que o ferimento causado a vítima tenha sido provocado por disparo de uma das armas utilizada pelos policiais militares envolvidos no tiroteio, por improcedente se mostra o pedido indenizatório. Daí, e sem mais delongas, a razão de não existir fundamento justo para se imputar ao Estado a responsabilidade pelo evento danoso, por mais trágico que tenha sido o ocorrido na vida do autor postulante. Recurso provido.[16]

> APELAÇÃO CÍVEL. ADMINISTRATIVO. RESPONSABILIDADE CIVIL DO ESTADO. FERIMENTOS PROVOCADOS POR BALA PERDIDA DURANTE CONFRONTO ENTRE POLICIAIS E TRAFICANTES. AUSÊNCIA DE NEXO CAUSAL. RECURSO IMPROVIDO. 1. A responsabilidade do Estado, em matéria de segu-

> rança pública, é objetiva, desde que comprovado o nexo causal entre a ação dos agentes estatais e o dano experimentado pelas vítimas, surgindo aí, para este o dever de indenizar. 2. Na hipótese vertente, durante toda a fase probatória, não ficou esclarecida a procedência do projétil que acabou por ferir os autores no interior de sua residência. 3. Assim, por mais dramática que seja a situação vivida pelos autores, como não é possível afirmar que o tiro partiu da arma de um agente público, não tem o Estado que indenizar os danos por estes sofridos. 4. Pretensão de reforma da sentença que não pode subsistir em razão da ausência de comprovação do nexo causal.5. Recurso que se nega provimento.[17]

Não obstante, alguns doutrinadores vão preconizar que, na ausência de um dever de cuidado do Estado na condução das ações policiais contra marginais, exsurge um dever de indenizar:

> Hipóteses há, contudo, em que o policial, no exercício regular de suas funções causa danos a terceiros, às vezes irreversíveis, como a morte. É o caso de uma perseguição policial em que os meliantes abrem fogo contra os policiais e estes são obrigados a revidar.
>
> Vem se tornando corriqueiros nefastos acontecimentos de pessoas feridas ou mortas por balas "perdidas" ou por disparos feitos por policiais que restam por atingir inocentes que passavam pelo local no momento da perseguição.
>
> São comuns hoje os confrontos entre policiais e marginais nas favelas, na via pública ou interior de estabelecimentos e residências. Nesses casos, embora os policiais possam ter com moderação e comedimento, procedido segundo as normas de conduta estabelecidas para as circunstâncias do momento, responderá o Estado, objetivamente, pelos danos que essa ação legítima causar a terceiros.
>
> Para nós, nem mesmo o estado de legítima defesa ou estado de necessidade vivenciado pelo agente da autoridade retira do Estado o dever de reparar.
>
> Apenas não caberá o direito de regresso, na consideração de que os prepostos só respondem por dolo ou culpa.
>
> São acontecimentos não queridos e fruto muito mais do recrudescimento da violência dos marginais que do comportamento dos agentes policiais, mas que impõe uma resposta mais severa destes.
>
> Nem por isso, entretanto, ficará o Estado acobertado pela indenidade civil, pois vigora — como regra constitucional — a teoria do risco administrativo, que obriga o Estado a indenizar, sem indagação de culpa em seu sentido amplo.

Nesse diapasão consideram algumas decisões do Tribunal de Justiça do Estado do Rio de Janeiro que o art. 5º da Constituição da República positivou o princípio impositivo do dever de cuidado (*neminem laedere*) como norma de conduta, assegurando proteção à integridade patrimonial e extrapatrimonial de pessoa inocente e estabelece como sanção a obrigação de reparar os danos, sem falar em culpa.

A falta de diligência e prudência do lesante em todo dano injusto resulta implícita na ação (em ato ilícito ou lícito) violadora da norma jurídica impositiva do dever de cuidado (*neminem laedere*) de forma evidente ou verossímil *ipso facto,* implicando a inexorável reversão da prova em caso de excepcional existência de causa de exclusão da responsabilidade civil, sob pena de se deflagrar a obrigação de reparar os prejuízos.

Como cediço, a Constituição Federal prestigiou a teoria do risco administrativo como fundamento para a responsabilidade civil do Estado, seja por ato ilícito da administração pública, seja por ato lícito. Assim, no dizer desses acórdãos, a troca de disparos de arma de fogo (bala perdida), efetuada entre policiais e bandidos em via pública, impõe à administração pública o dever de indenizar, sendo irrelevante a proveniência da bala. A conduta comissiva perpetrada, qual seja, a participação no evento causando dano injusto às vítimas inocentes conduz à sua responsabilização, mesmo com um atuar lícito, estabelecendo-se, assim, o nexo causal necessário:

> Ação indenizatória. Morte de menor que se encontrava em um bar comprando doces, vitimado por disparos de arma de fogo de agentes públicos, durante uma operação policial (blitz), próxima à favela do Jacarezinho, nesta cidade. Sentença que julga procedente em parte o pedido, condenando o réu ao pagamento de danos morais arbitrados em R$ 50 mil e honorários advocatícios. Agravo retido. Alegação de suspeição da testemunha ouvida em Juízo. Rejeição. A hipótese não se enquadra nas disposições legais pertinentes ao tema (art. 405, §3º do CPC), posto que a testemunha em questão possui interesse apenas indireto no desfecho da lide, reconhecendo a jurisprudência que: não é testemunha legalmente suspeita: — a pessoa arrolada por uma das partes, que também demanda, em outro processo, contra a outra (Jtaergs 97/351). Estado-réu que invoca a licitude da conduta de seus agentes, baseando-se, principalmente, no dever de combate à criminalidade, o que o desobriga a qualquer indenização. Se a conduta comissiva do agente do Estado engendrou de forma direta ou concorrente o resultado danoso injusto a terceiro inocente, como no fato — espécie de bala perdida, a conduta ativa de agente policial na troca de tiros com bandidos evidencia no próprio fato o nexo de causalidade necessário à imposição da responsabilidade civil objetiva do Estado (art. 37, §6º da CR/88). Ora, o que o Estado pretende é que a força

se sobreponha ao direito, que os fins justifiquem os meios e que as falhas nas tarefas que lhe são próprias sejam legitimadas, sob alegações de combate à criminalidade e estado de necessidade. Fatos que em si mesmos implicaram sérios sofrimentos aptos a abalar não só o psiqué de sua mãe, pessoa pobre e humilde, vítima da desigualdade em nosso país, como também a sua honorabilidade, gerando inafastável dever de indenizar, máxime porque a Carta Federal garante a proteção da dignidade humana (art. 1º, III da CRFB/88). Dano moral indenizável. Majoração do *quantum* a fim de adequá-lo aos Princípios da Proporcionalidade e Razoabilidade. Danos materiais. Na hipótese, além de não existir prova cabal quanto à atividade laborativa desempenhada pela autora, bem como de seus ganhos, não há como mensurar período para sua recuperação, o que acarretaria na subjetivação do dano material, colocando-o no mesmo plano do moral, o que não é possível. Inaplicabilidade da Súmula nº 491 do STF. Desprovimento do primeiro apelo e parcial provimento do segundo recurso, apenas para majorar a verba fixada a título de danos morais para R$ 100 mil (cem mil reais), mantida, no mais, a sentença monocrática.[18]

DILIGÊNCIA POLICIAL COM TROCA DE TIROS. BALA PERDIDA. RESPONSABILIDADE CIVIL DO ESTADO. TEORIA DO RISCO ADMINISTRATIVO. OBRIGAÇÃO DE INDENIZAR. Responsabilidade civil do Estado. Art. 37, par. 6, da CRFB/88. Ato lícito da administração. Troca de disparos de arma de fogo em via pública. Bala perdida. Dever de indenizar. O art. 5, da Lei Maior positivou o princípio impositivo do dever de cuidado (*neminem laedere*) como norma de conduta, assegurando proteção à integridade patrimonial e extrapatrimonial de pessoa inocente, e estabelece como sanção a obrigação de reparar os danos, sem falar em culpa. A CRFB/88, em seu art. 37, par. 6, prestigiou a Teoria do Risco Administrativo como fundamento para a responsabilidade civil do Estado, seja por ato ilícito da administração pública, seja por ato lícito. A troca de disparos de arma de fogo efetuada entre policiais e bandidos conforme prova dos autos impõe à administração pública o dever de indenizar, sendo irrelevante a proveniência da bala. A conduta comissiva perpetrada, qual seja, a participação no evento danoso causando dano injusto à vítima inocente conduz à sua responsabilização, mesmo com um atuar lícito, estabelecendo-se, assim, o nexo causal necessário. Desprovimento do recurso.[19]

A imputação dos danos por confrontos entre agentes públicos e marginais, sem determinação da origem dos disparos, passa, desse modo, pela insusceptibilidade de se tomar como causa da imputação uma causalidade naturalística, como a do dano direto e imediato.

A causalidade nessa hipótese deve ser uma causalidade jurídica ou normativa que atenda a dois requisitos básicos: primeiro, deve ser valorativamente adequado, máxime deve cumprir a finalidade de seleção dos danos a atribuir ao agente, limitando a respectiva responsabilidade; em segundo, o critério de imputação deve ser juridicamente operativo, ou seja, deve funcionar como efetivo instrumento jurídico útil na tarefa de identificação do nexo de causalidade no caso concreto.

Deve-se partir da idéia de risco, ou seja, da prevenção, de que serão normativamente imputáveis os danos derivados de um risco específico ou aumentado pelo agente. Em outras palavras, serão normativamente imputados os danos que excederem a confiança, a ideia de risco aceitável pela comunidade. Por essa teorização, deve-se fazer a imputação dos danos ao agente por meio da demarcação de áreas de risco, de tal maneira que haveria que separar os danos que resultam do "risco geral da vida" — os quais não seriam imputáveis ao agente — e os danos derivados de um risco específico ou aumentado pelo agente — susceptíveis de lhe serem imputados.

Como decidiu o Superior Tribunal de Justiça em *leading case* da lavra do ministro Luiz Fux em agosto de 2006 ao informar que, em virtude do parágrafo único do art. 927 do Código Civil, nas atividades perigosas desenvolvidas pelo Estado, como o é a ação policial, a causalidade entre a ação e o dano deriva do agravamento do risco geral da vida aumentado pelo agente do Estado. Se a sociedade pós-moderna é uma sociedade de riscos, incumbe aos agentes o controle do gerenciamento do risco. Agravado este além do limite aceitável pela comunidade, a conduta se torna passível de ser atribuída como causadora do dano pela agravação do risco. Assim, no dizer da decisão judicial, caracterizada a hipótese de responsabilidade objetiva do Estado, impõe-se ao lesado demonstrar a ocorrência do fato administrativo (invasão de domicílio), do dano (morte da vítima) e do nexo causal (que a morte da vítima decorreu de errôneo planejamento de ação policial). Consectariamente, os pressupostos da responsabilidade objetiva *impõem ao Estado provar a inexistência do fato administrativo, de dano ou ausência de nexo de causalidade entre o fato e o dano*, o que atenua sobremaneira o princípio de que o ônus da prova incumbe a quem alega. Na responsabilidade objetiva, a imputação do dano ao Estado se dá pela prova do agravamento do risco inerente à atividade por sua conduta, em detrimento do lesado. Assim, inverte-se o ônus probatório quanto à ocorrência do agravamento ilícito do risco específico, incumbindo ao Estado provar que a procedência do tiro de arma de fogo decorreu de projéteis dos marginais e não dos seus agentes, a fim de eximir-se da responsabilidade objetiva:

> Consoante cediço, a responsabilidade objetiva do Estado em indenizar, decorrente do nexo causal entre o ato administrativo e o prejuízo causado ao particular, prescinde da apreciação dos elementos subjetivos (dolo e culpa estatal), posto que referidos vícios na manifestação da vontade dizem respeito, apenas, ao eventual direito de regresso, incabível no caso concreto.
> Destarte, as razões expendidas no voto condutor do acórdão hostilizado revelam o descompasso entre o entendimento esposado pelo Tribunal local e a jurisprudência desta Corte, no sentido de que nos casos de dano causado pelo Estado, se aplica o art. 37, §6º da Constituição Federal.
> **Ressalte-se, ainda, que nos termos do artigo 927, § único, do Código Civil, haverá obrigação de reparar o dano, independentemente de culpa, nos casos especificados em lei, conceito que abrange, *lato sensu*, a própria Carta Magna.**
> (...) Deveras, consoante doutrina José dos Santos Carvalho Filho: A marca da responsabilidade objetiva é a desnecessidade de o lesado pela conduta estatal provar a existência da culpa do agente ou do serviço. O fator culpa, então, fica desconsiderado com pressupostos da responsabilidade objetiva (...), sendo certo que a caracterização da responsabilidade objetiva requer, apenas, a ocorrência de três pressupostos: a) fato administrativo: assim considerado qualquer forma de conduta comissiva ou omissiva, legítima ou ilegítima, singular ou coletiva, atribuída ao Poder Público; b) ocorrência de dano: tendo em vista que a responsabilidade civil reclama a ocorrência de dano decorrente de ato estatal, *lato sensu*; c) nexo causal: também denominado nexo de causalidade entre o fato administrativo e o dano, consectariamente, incumbe ao lesado, apenas, demonstrar que o prejuízo sofrido adveio da conduta estatal, sendo despiciendo tecer considerações sobre o dolo ou a culpa.
> **Assim, caracterizada a hipótese de responsabilidade objetiva do Estado, impõe-se ao lesado demonstrar a ocorrência do fato administrativo (invasão de domicílio), do dano (morte da vítima) e do nexo causal (que a morte da vítima decorreu de errôneo planejamento de ação policial).**

Consectariamente, os pressupostos da responsabilidade objetiva impõem ao Estado provar a inexistência do fato administrativo, de dano ou ausência de nexo de causalidade entre o fato e o dano, o que atenua sobremaneira o princípio de que o ônus da prova incumbe a quem alega.

Contudo, na hipótese vertente, o acórdão deixou entrever que os autores deixaram de produzir prova satisfatória e suficiente de que o óbito da vítima resultou de imperícia, imprudência ou negligência do policial militar que invadiu a casa da vítima, consoante se infere do voto de fls. 184/191, o que revela o provimento do recurso especial.

Nesta esteira, vale-se ressaltar mais uma vez o magistério de Luiz Guilherme Marinoni, no sentido de admitir recurso especial que verse acerca da inversão do ônus da prova, *in verbis*:

(...) Não se diga, como já fez o STJ, que "o indeferimento do pedido de inversão do ônus da prova na origem, por não se tratar de hipossuficiência, mas, também, pela impossibilidade de se aferir da razoabilidade da verossimilhança das alegações do consumidor, conceito de índole fático-porbatório, atraia a censura da súmula 7 do STJ, impedindo o conhecimento do especial, manejado sob o fundamento de maltrato ao art. 6º, VIII do CDC". Lembre-se de que os critérios da hipossuficiência devem considerar apenas a dificuldade de produção de prova. Portanto, a decisão a respeito de hipossuficiência não pode impedir o especial sob o argumento de impossibilidade de reexame de prova. Além disso, como dito no item anterior, não há como confundir exame de prova para a formação da convicção de verossimilhança com redução das exigências de prova para a procedência do pedido ou para a inversão do ônus da prova na sentença.

Decidir sobre a inversão do ônus da prova requer a consideração do direito material e das circunstâncias do caso concreto, ao passo que a formação da convicção nada mais é que a análise da prova e dos demais argumentos. Inverter o ônus da prova não está sequer perto de formar a convicção com base nas provas. Assim, o recurso especial pode afirmar que a decisão que tratou do ônus da prova violou a lei, o que evidentemente não requer o reexame das provas. (grifou-se) (Reexame de prova diante dos recursos especial e extraordinário, publicado na *Revista Genesis*, de Direito Processual Civil, Curitiba, n. 35, p. 128-145).

Saliente-se ainda que a Constituição Federal não assegura a inviolabilidade do domicílio (artigo 5º, inciso XI) de modo absoluto, inserindo, no rol das exceções à garantia, o caso de flagrante delito, desastre, prestação de socorro ou determinação judicial, inocorrentes na presente hipótese.

Destarte, esta Corte, apesar de adstrita a averiguação de ofensa à legislação federal infraconstitucional dentro dos estreitos limites da indicação feita por parte do recorrente, não está com isso impedida de aplicar o direito à espécie. Esta é justamente a *ratio* do art. 257 do RISTJ, *in verbis*:

Art. 257. No julgamento do recurso especial, verificar-se-á, preliminarmente, se o recurso é cabível. Decidida a preliminar pela negativa, a Turma não conhecerá do recurso; se pela afirmativa, julgará a causa, aplicando o direito à espécie.

Infere-se dos autos que o policial militar invadiu o domicílio da vítima, que restou assassinada por bala perdida no interior de sua própria residência, justamente quando procurava saber quem estava no teto da sua casa, não tendo o Estado logrado êxito em demonstrar a procedência do tiro de arma de fogo, disparado de "cima para baixo" no seu crânio, ônus que lhe incumbia, a fim de eximir-se da responsabilidade objetiva.

Ademais, extrai-se dos autos, que os autores às fls. pediram a exumação do cadáver da vítima para exame de balística e verificação do calibre da arma que realizou o disparo fatal, a qual não fora realizada no momento oportuno porque o raio-X do Instituto Médico Legal estava quebrado, pedido que restou indeferido pelo juízo *a quo*.

Destaque-se, por sua vez, o teor do parecer ministerial, acostado aos autos às fls. 117/120, no sentido de condenação do Estado, à luz do art. 37, §6º da Constituição Federal, *in verbis*:

(...) Pois bem, a vítima era pessoa que trabalhava, tinha família, e por infelicidade, morava perto de local em que havia tráfico.

Por infelicidade sua, acreditando na inviolabilidade de seu domicílio, subiu na laje, e foi atingida por disparo de arma de fogo, situação de risco criada a partir de desastrada operação policial no local onde habitava.

Pergunta-se: será que o Estado é isento de qualquer responsabilidade, por não garantir àquela pessoa sequer o direito à inviolabilidade de seu domicílio, dizendo que foi imprudente ao subir na laje de sua própria casa? Parece-nos que não.

(...)

Frise-se que em nenhum momento houve qualquer afirmação pelos policiais em depoimento de que teriam subido na casa da vítima porque ali se estaria praticando qualquer crime, ou porque lá havia qualquer traficante.

Ao contrário, um dos policiais ouvidos, às fls. 97, inclusive declarou que "soube pelo sargento Firmo que ele teria subido na laje da casa da vítima para vasculhar a área".

> (...)
> **Com efeito, a ação dos agentes do Estado contribuiu de forma decisiva para o evento ocorrido, e neste particular, independentemente da perquirição de culpa ou dolo dos agentes, para o particular que se viu lesionado por bala perdida, sem qualquer participação na perseguição, existe a possibilidade de reparação dos danos sofridos. Isso porque há a responsabilidade civil do Estado face à comprovação indiscutível de que o ato do agente policial foi concausa para os danos patrimoniais e morais de que hoje sofrem os autores da presente ação indenizatória.**
> Tendo em vista ser cabível a condenação de indenização a título de danos morais e materiais, ratifico o teor da parte dispositiva da sentença, fl. 125, para adotar suas razões de decidir, *in verbis*:
> "(...) Ante o exposto, julgo procedente, em parte, o pedido indenizatório, para condenar o réu a pagar aos autores."[20]

O Tribunal de Justiça do Estado do Rio de Janeiro também admite, em algumas decisões, que o comportamento omissivo reiterado do poder público, desde que deflagrador primário do dano praticado por terceiro, é a causa do evento danoso. De acordo com essa perspectiva, em cada caso deve se examinar se o evento danoso (o confronto armado) teve como causa a omissão grave do Estado; se teve, a responsabilidade subjetiva do Estado (por culpa *in omitendo*) aparece.

Há omissão reiterada, de acordo com o Tribunal, quando por inação do Estado se possibilitou, ao longo do tempo, o armamento sofisticado dos marginais e a formação de portentosas quadrilhas e complexos criminosos, constituídos em algumas áreas em poder paralelo ao Estado. Afetou-se desse modo o padrão médio de exigibilidade de garantia coletiva da segurança pública. A omissão administrativa nesses locais na área de segurança pública possibilitou tal condição de surgimento de confrontos armados, pois, no passado, a tônica era o marginal fugir da polícia. Atualmente o que se vê é o enfrentamento e, não raro, o encurralamento de policiais por marginais. Estabeleceu-se assim uma omissão juridicamente relevante do Estado que, atualmente, leva-o, na tentativa de retomar o controle dos espaços públicos, a cotidianamente confrontar-se com marginais, gerando o risco para as populações circunvizinhas. Tendo tal descalabro nessas localidades, no dizer do Tribunal, ocorrido em função da exclusiva omissão do Estado na sua responsabilidade de garantir um padrão mínimo de segurança para a coletividade, emerge, nessas condições, o dever de indenizar:

> Os policiais militares são agentes públicos garantidores da segurança pública, sendo esta atribuída especificamente aos mesmos e genericamente ao Estado.
> É sabido que as incursões policiais em áreas de risco ocorrem periodicamente, sendo previsível que os confrontos com traficantes, bem como o fenômeno da "bala perdida", que castiga a população que reside nessas localidades.
> Nessas áreas inexiste minimamente a atuação do poder público, e quando este se faz presente, o faz através dos lamentáveis confrontos que todos os dias são notícias nos jornais.
> Assim, a omissão do poder público é flagrante tanto no que diz respeito à sonegação dos serviços básicos necessários à população, quanto da despreparada atuação de seus agentes em tais locais, por meio da truculência de suas incursões.
> O cotidiano de confronto entre policiais e traficantes é inadmissível e mostra-se revelador da total incapacidade estatal de manter permanentemente a segurança de tais áreas de risco.
> Dessa forma não há que se falar em excludente do nexo causal, seja pelo caso fortuito, pela força maior ou pela ação de terceiros, porquanto a inércia estatal é flagrante, bem como pela violação do princípio da eficiência, pois a ação de meliantes em tal proporção decorre exatamente da referida omissão. Assim, verifica-se que a omissão estatal, sobretudo em razão do dever garantidor de segurança, mostra-se inserida na cadeia causal do resultado ocorrido na presente hipótese.
> Note-se também que não há qualquer plano de manutenção da segurança nessas comunidades, reduzindo-se a atuação do Estado à simples incursão de seus agentes mal preparados.[21]

Dano resultante de confronto unicamente entre marginais em áreas de reiterada conflagração armada, com omissão específica do Estado

A quarta hipótese é a do dano resultante de confronto unicamente entre marginais, em áreas de reiterada conflagração armada, com omissão específica do Estado. Também nesse caso, como regra geral, não cabe a responsabilidade do Estado por confronto entre marginais:

> RESPONSABILIDADE CIVIL DO ESTADO. LESÃO EM VÍTIMA CAUSADA POR BALA PERDIDA. DEVER DE SEGURANÇA DO PODER PÚBLICO. OMISSÃO GENÉRICA. 1) Não se pode, com arrimo no artigo 37, §6º da CRFB, conferir ao Estado a qualidade

> de segurador universal, uma vez que o referido dispositivo constitucional não consagrou a teoria do risco integral. 2) Somente restaria caracterizado o nexo de causalidade entre o dano e a inação estatal na hipótese de omissão específica do poder público, a qual pressupõe ter sido este chamado a intervir, ou se o disparo tivesse ocorrido por ocasião de confronto entre agentes estatais e bandidos, o que não restou comprovado na hipótese. 3) Ainda que se perfilhasse o entendimento de que no caso de omissão a responsabilidade do Estado é subjetiva, não se tem por caracterizada a culpa, se não comprovada a ausência do serviço ou sua prestação ineficiente, vez que não se pode esperar que o Estado seja onipresente. 4) Provimento do primeiro recurso. Prejudicada a segunda apelação.[22]

> RESPONSABILIDADE CIVIL DO ESTADO. BALA PERDIDA. OMISSÃO GENÉRICA DO PODER PÚBLICO. INEXISTÊNCIA DE DOLO OU CULPA. Apelação cível. Responsabilidade civil do Estado. Bala perdida. Apelante que foi atingido na porta de seu bar, sem saber de onde veio o tiro. Sentença que julgou o pedido improcedente, adotando entendimento de ser a responsabilidade subjetiva, no caso de omissão do Estado. O par. 6. do art. 37 da CF/88 estabelece a responsabilidade objetiva das pessoas jurídicas de direito público, sem distinção entre a conduta comissiva ou omissiva de seus agentes, mas não adota a teoria do risco integral, não sendo o Estado garantidor universal. No caso, não há provas de que houvesse troca de tiros entre policiais e marginais, ou de onde teria sido efetuado o disparo, afastando a conduta de algum agente estatal. Analisada a omissão quanto à segurança pública, não pode o Estado estar onipresente, pelo que não havendo prova de que foi chamado a agir e se omitiu, não é de se reconhecer a responsabilidade pela omissão genérica, por ausência de culpa e de nexo causal. Em qualquer dos entendimentos doutrinários ou jurisprudenciais, a pretensão do apelante não merece prosperar, embora se lamente e seja motivo de revolta a ocorrência de fatos como o que lesionou. Sentença de improcedência que merece ser mantida. Recurso não provido.[23]

Decisão desse Tribunal *admite em tese* que, quando tais confrontos se dão, de maneira reiterada e contínua, numa área geográfica perfeitamente delimitada, com a constante desídia do Estado em garantir a segurança de tais áreas, que se tornam verdadeiros territórios livres do crime, nesses casos surge a omissão juridicamente relevante que configura a responsabilidade do Estado. Tal comportamento omissivo da administração é, nesse caso, deflagrador do dano praticado por terceiro e causa do mesmo:

> No mais cumpre esclarecer que no local onde ocorreu o acidente não restou configurada uma omissão específica do Estado no que diz respeito ao seu dever de segurança pública. Ou seja, não restou caracterizada a alegada omissão ou mesmo qualquer negligência por parte do Estado, posto que a demanda não traz notícia de reiterados incidentes envolvendo a ação de bandidos naquela região.
> Em outras palavras, não vislumbro uma ação estatal deficiente em conhecida área de risco ou mesmo eventual ação reincidente de marginais, capaz de chamar o ente público à sua responsabilidade de indenizar a cidadã que veio a ser atingida por bala perdida, não se sabe vinda de onde.[24]

Na hipótese em questão, apenas algumas decisões de primeira instância vêm admitindo tal responsabilização e, mesmo elas, sem confirmação pelo Tribunal. Para caracterização de tal responsabilidade do Estado por ato omissivo é necessário que a omissão seja de caráter prolongado e não fortuita. O padrão mínimo de exigibilidade de garantia da segurança pública da coletividade é atingido pela omissão reiterada do Estado, tornando-se essa omissão a causa do evento danoso (por ausência de repressão) e, assim, acarretando a responsabilidade civil do Estado, *in verbis*:

> No caso em julgamento, restou comprovado que o autor foi atingido por "bala perdida" oriunda de guerra entre traficantes, quando conduzia seu veículo pela estrada Grajaú-Jacarepaguá, do que resultou a paralisia dos seus membros inferiores. Ora, é sabido que a aludida via é reputada de alta periculosidade, eis que cercada por favelas dominadas pelo tráfico de entorpecentes, sendo certo que, na ocasião do disparo, restou apurada a existência de tiroteio entre bandidos dos morros Cotios e Cachoeirinha, objetivando o controle dos pontos-de-venda de drogas (fls. 20).
> De fato, a omissão específica quanto ao policiamento na referida região é fato público e notório, tratando-se de zona de alto risco, na qual é freqüente tanto o confronto entre traficantes, como falsas blitz, revelando a insuficiência de medidas administrativas eficientes capazes de evitar danos como o sofrido pelo autor. Com efeito, tal situação somente confirma a responsabilidade do réu, pela falha no dever de prestar uma segurança pública minimamente eficiente, de forma a "preservar a ordem pública" e garantir a "incolumidade das pessoas", tal como exigido pelo art. 144, §6º da CF, evitando que fatos como esse, envolvendo guerra de traficantes por pontos-de-venda de drogas, de onde surgem "balas perdidas" como a que atingiu o

> autor, continuem a ocorrer com a freqüência inaceitável com que ocorrem. Isso porque, admite-se que em qualquer país, mesmo de primeiro mundo, haja assaltos, mortes, roubos, assassinatos em série e até, eventualmente, morte por PAF não identificado, sem que o Estado possa ser responsabilizado por isso, dado o caráter eventual e esporádico com que ocorrem.
>
> No entanto, não se pode admitir que em um estado de direito, no qual haja segurança pública minimamente eficiente, pessoas sejam freqüentemente vítimas de "balas perdidas", sempre nos mesmos locais, cuja periculosidade é conhecida de todos, sejam elas oriundas do confronto entre bandidos e polícia, ou o que é pior, do confronto entre facções criminosas na busca pelo domínio de regiões dominadas pelo tráfico, nas quais o Estado se faz ausente. A freqüência com que tais fatos ocorrem na cidade, em especial no local em que o autor foi atingido, torna específica e abusiva a omissão estatal, no que pertine à prestação de segurança pública, afastando a imprevisibilidade e a inevitabilidade que, em regra, serve para justificar a ausência de responsabilidade e afastar a sua obrigação de indenizar.
>
> Neste sentido, vale observar que, de forma análoga, a jurisprudência evoluiu, em dado momento, para admitir a responsabilização das empresas de ônibus, por assaltos ocorridos em certos trechos, cuja freqüência pressupõe a previsibilidade e evitabilidade do fato.[25]

Faz-se a prova de tal omissão específica, pelos meios usuais de prova admitidos em direito, ou seja, por meio de testemunhas, perícias de balas alojadas nas paredes de casas e edifícios, configurações balísticas de linhas de tiro, desvalorização do preço dos imóveis situados em áreas conflagradas, juntada de reclamações reiteradas à polícia sem que fossem tomadas providências, anotação dos apartamentos onde são colocadas placas de aço nas janelas etc.

Conclusão

O estudo conduzido pelo Instituto de Segurança Pública (ISP), da Secretaria de Segurança Pública do Estado do Rio de Janeiro, divulgado no fim de março de 2007, denominado "Relatório Temático Bala Perdida 2007", analisou registros de ocorrência de homicídio e lesão corporal feitos em todas as delegacias do estado no ano de 2006 e identificou 224 vítimas de balas perdidas, 19 fatais e 205 não fatais. Os 19 mortos representam 0,4% dos homicídios por arma de fogo no estado.

No mês de janeiro de 2007, foram contabilizadas 31 vítimas — três fatais e 28 não fatais — representando uma média de uma vítima por dia. Notícias de jornal ajudaram os pesquisadores a localizar os registros. A análise levantou o sexo e a idade das vítimas, o local do fato e observou se havia menção à ação policial (confronto ou operação), ação de criminosos ou outros eventos, como festas, disparos contra terceiros e roubo nas proximidades.

Das 19 vítimas fatais por bala perdida mencionadas nos registros no ano de 2006, 17 foram atingidas na capital e duas na Baixada Fluminense. Das 205 vítimas não fatais, 169 foram atingidas na capital, 19 na Baixada Fluminense, cinco na Grande Niterói e 12 no interior do estado. Observe na tabela.

Em 14 dos 19 registros com vítimas fatais (73%) não houve menção à ação armada de qualquer natureza, envolvendo ou não policiais, próxima ao local do fato. Em três, mencionou-se confronto policial e em uma troca de tiros sem a presença da polícia. Dos 205 registros sem vítima fatal, 161 (79%) não relacionaram evento armado próximo ao local, 18 (8,8%) men-

Vítimas fatais e não fatais de bala perdida

Vítimas fatais — ano 2006

Região	Nº de vítimas	%
Capital	17	89,5
Baixada	2	10,5
Grande Niterói	0	0,0
Interior	0	0,0
Total do estado	19	100,0

Vítimas não fatais — ano 2006

Região	Nº de vítimas	%
Capital	169	82,4
Baixada	19	9,3
Grande Niterói	5	2,4
Interior	12	5,9
Total do estado	205	100,0

Vítimas fatais — janeiro 2007

Região	Nº de vítimas	%
Capital	3	100,0
Baixada	0	0,0
Grande Niterói	0	0,0
Interior	0	0,0
Total do estado	3	100,0

Vítimas não fatais — janeiro 2007

Região	Nº de vítimas	%
Capital	23	82,1
Baixada	1	3,6
Grande Niterói	1	3,6
Interior	3	10,7
Total do estado	28	100,0

cionaram ação de criminosos, 16 (7,8%) confronto com a polícia e quatro (2%) operação policial.

O termo "operação policial" foi entendido como ação policial de natureza extraordinária, previamente planejada, e o termo "confronto" como resultado da reação armada a uma ação ordinária das polícias Militar ou Civil. No caso da Polícia Militar, o "confronto" é uma reação ao policiamento ou patrulhamento ostensivo e, no caso da Polícia Civil, às ações de investigação e persecução criminal como, por exemplo, o cumprimento de mandados de busca e apreensão, e de mandados de prisão.

Evidencia-se assim o problema como uma questão de segurança pública à qual o direito deve fazer frente. Há comprovadamente, pelo estudo, menos "balas perdidas" em operações planejadas do que em confrontos; menos ocorrências em locais onde a segurança pública é permanente e mais onde ela é escassa ou esporádica.

O trabalho procurou, na limitação de um estudo monográfico ainda prospectivo — até porque ainda não existe conceito jurídico do que seja bala perdida —, delimitar os campos em que pode validamente ser argüida a responsabilidade do Estado em matéria de balas perdidas. A correta urdidura de um direito é essencial para o respeito e a regular observância do mesmo e, como bem definia Ihering, a ofensa ao direito individual de cada um (seja pelo Estado, seja por particular) é a negação do direito como um todo e sua defesa pelo indivíduo é o restabelecimento do direito em sua totalidade.

Referências bibliográficas

ALVIM, Agostinho. *Da inexecução das obrigações e suas consequências*. São Paulo: Saraiva, 1949.

BARBOSA, Rui. A culpa civil das administrações públicas. *Obras completas de Rui Barbosa*, v. 25, tomo IV. Rio de Janeiro: Ministério da Educação e Saúde, 1898.

BRASIL. *Constituição Federal*. Anteprojeto da Comissão Afonso Arinos — índice analítico comparativo. Rio de Janeiro: Forense, 1987, p. 209.

CAHALI, Yussef Said. *Responsabilidade civil do Estado*. 2. ed. São Paulo: Malheiros, 1996.

CALDEIRA, César. Responsabilidade do Estado por omissão na área de segurança pública: o problema dos danos causados por multidões no Tribunal de Justiça do Estado do Rio de Janeiro. *Revista da Escola da Magistratura Regional Federal*. Tribunal Regional Federal: 2ª Região, v. 8, n. 1. p. 9-47. Rio de Janeiro: Emarf — TRF 2ª Região/RJ, 2007.

CAVALCANTI, Amaro. *Responsabilidade civil do Estado*. tomo I. Nova edição atualizada por José de Aguiar Dias. Rio de Janeiro: Editor Borsoi, 1957.

CAVALIERI FILHO, Sergio. *Programa de responsabilidade civil*. 3. ed. São Paulo: Malheiros, 2003.

DUARTE, Mário Sérgio de Brito et al. (Org.). *Bala perdida*. Rio de Janeiro: ISP, 2007. Disponível em: <www.isp.rj.gov.br>.

FRAGOSO, Heleno Cláudio. Crimes omissivos no direito brasileiro. *Revista de Direito Penal e Criminologia*, Rio de Janeiro, n. 33, p. 41-47, jan./jun. 1982.

MELLO, Celso Antonio Bandeira de. *Curso de direito administrativo*. 17. ed. São Paulo: Malheiros, 2004.

NUNES, Edson. *A revolta das barcas*: populismo, violência e conflito político. Rio de Janeiro: Garamond, 2000.

PEREIRA, Caio Mário da Silva. *Instituições de direito civil*. 20. ed., v. I. Rio de Janeiro: Forense, 2004.

PITTA, Pedro; CARVALHO, Cunha Nunes de. *Omissão e dever de agir em direito civil*: contributo para uma teoria geral da responsabilidade civil por omissão. Coimbra: Almedina, 1999, p. 48-49.

SILVA, Juary C. *A responsabilidade do Estado por atos judiciários e legislativos*: a teoria da responsabilidade unitária do poder público. São Paulo: Saraiva, 1985.

STOCO, Rui. Tratado de responsabilidade civil. 6. ed. São Paulo, *Revista dos Tribunais*, p. 1068, 2004.

Notas

[1] Art. 261 – As pessoas jurídicas de direito público responderão pelos danos que seus servidores, nessa qualidade, causarem a terceiros. Parágrafo único – O servidor será solidariamente responsável quando agir com dolo ou culpa. Nesse caso, a entidade administrativa que houver satisfeito a indenização proporá ação regressiva contra o servidor responsável.

[2] Parágrafo único do art. 194 da CF de 1946; do art. 105 da CF de 1967 e do art. 107 da CF de 1969; segunda parte do art. 37, §6º da CF de 1988.

[3] Rio de Janeiro. Tribunal de Justiça do Estado do Rio de Janeiro. Apelação Cível nº 2008.001.05263. 17ª Câmara Cível. Relator: desembargador Edson Vasconcelos. Julgamento em 19 de março de 2008. RESPONSABILIDADE CIVIL DO ESTADO – BALA PERDIDA – VÍTIMA ATINGIDA NO INTERIOR DE COLETIVO.

[4] Rio de Janeiro. Tribunal de Justiça do Estado do Rio de Janeiro. Apelação Cível nº 2007.001.63327. 2ª Câmara Cível. Relator: juiz desembargador Heleno Ribeiro P. Nunes. Julgamento em 19 de dezembro de 2007. RESPONSABILIDADE CIVIL DO ESTADO.

LESÃO EM VÍTIMA CAUSADA POR BALA PERDIDA. DEVER DE SEGURANÇA DO PODER PÚBLICO. OMISSÃO GENÉRICA.

5 Rio de Janeiro. Tribunal de Justiça do Estado do Rio de Janeiro. Apelação Cível nº 2005.001.50847. 12ª Câmara Cível. Relator: desembargador Nanci Mahfuz. Julgamento em 19 de setembro de 2006. RESPONSABILIDADE CIVIL DO ESTADO. BALA PERDIDA. OMISSÃO GENÉRICA DO PODER PÚBLICO. INEXISTÊNCIA DE DOLO OU CULPA.

6 Rio de Janeiro. Tribunal de Justiça do Estado do Rio de Janeiro. Apelação Cível nº 2005.001.23432. 16ª Câmara Cível. Relator: desembargador Gilberto Dutra Moreira. Julgamento em 20 de setembro de 2005. Responsabilidade civil. Marido da autora morto em assalto por três policiais militares. Pedido de pensionamento e indenização por danos morais e materiais em face do Estado. Ato ilícito executado fora do horário de trabalho dos policiais que, inclusive, estavam à paisana. Fato imprevisível. Ausência de responsabilidade do Estado.

7 Rio de Janeiro. Tribunal de Justiça do Estado do Rio de Janeiro. Apelação Cível nº 2008.001.08220. 19ª Câmara Cível. Relator: desembargador Ferdinando do Nascimento. Julgamento em 1º de abril de 2008. APELAÇÃO CÍVEL. AÇÃO INDENIZATÓRIA. DANOS MORAIS E MATERIAIS. BALA PERDIDA. Demanda deflagrada pela vítima em face do Estado do Rio de Janeiro. Sentença improcedente. Apelo da autora. Manutenção do *decisum*.

8 Rio de Janeiro. Tribunal de Justiça do Estado do Rio de Janeiro. Apelação Cível nº 1997.001.00724. 10ª Câmara Cível. Relator: desembargador Jorge Magalhães. Julgamento em 8 de maio de 1997. REV. DIREITO DO TJERJ., vol. 36, p. 308. RESPONSABILIDADE CIVIL DO ESTADO. TEORIA DO RISCO ADMINISTRATIVO. DISPARO DE ARMA DE FOGO. DANOS CAUSADOS A TERCEIRO. MENOR. INCAPACIDADE DEFINITIVA. DANO MORAL. DANO ESTÉTICO. Ação Sumária. Responsabilidade civil do Estado, por lesão irreversível a menor, tornado paralítico, durante tiroteio, em favela, entre policiais e traficantes. Improcedência. 1. Cabe ao Estado, consoante a teoria do risco administrativo, insculpido no art. 37, par. 6., da Carta Federal, responder pelos atos que seus funcionários, nessa qualidade, causarem a terceiros, dispensada a prova da culpa, que deve ser por ele afastada, e exigida do lesado apenas a prova da existência do nexo causal, entre as lesões e os atos, omissivos comissivos, imputados ao seu agente. 2. É absurda a troca de tiros entre agentes do poder público e indivíduos desconhecidos, ditos traficantes que não a provocaram, em logradouro público, com transeuntes, próximo a uma viela, acarretando atingimento e paralisia de um menor, que tentou se ocultar do tiroteio. 3. Em famílias de baixo poder aquisitivo é comum, e por isso indenizável, a mútua colaboração entre todos os parentes e a atividade econômica do menor, mesmo abaixo da idade legal laborativa. Apelo provido. (GAS) Vencido o des. João Nicolau Spyrides.

9 Rio de Janeiro. Tribunal de Justiça do Rio de Janeiro. Apelação Cível nº 14.466. Relator: des. Moacyr Braga Land. Julgamento: 17 de agosto de 1964. Decisão: unânime. Ementa: Responsabilidade civil do Estado. Danos causados pela multidão. O Estado responde civilmente pelos danos causados ao patrimônio particular pela multidão.

[10] Rio de Janeiro. Tribunal de Justiça do Estado do Rio de Janeiro. Apelação Cível nº 2005.001.39808. 17ª Câmara Cível. Relator: desembargador Henrique de Andrade Figueira. Julgamento em 8 de fevereiro de 2006. ADMINISTRATIVO. RESPONSABILIDADE CIVIL DO ESTADO. DISPARO DE ARMA DE FOGO. DANO MATERIAL E MORAL. O Estado tem responsabilidade objetiva pelos danos que causa, nos termos do artigo 37, §6º, da Constituição da República da qual somente se libera se demonstrada alguma excludente de responsabilidade.

[11] Rio de Janeiro. Tribunal de Justiça do Estado do Rio de Janeiro. Apelação Cível nº 2001.001.06156. 12ª Câmara Cível. Relator: desembargador Reginaldo de Carvalho. Julgamento em 4 de setembro de 2001. RESPONSABILIDADE CIVIL DO ESTADO. DISPARO DE ARMA DE FOGO. FUNÇÃO POLICIAL. MORTE DA VÍTIMA. DANO MORAL. DESPESAS DE FUNERAL. HONORÁRIOS DE ADVOGADO. ISENÇÃO DE CUSTAS.

[12] Brasil. Supremo Tribunal Federal. Recurso Extraordinário nº 363.423/SP. Primeira Turma. Relator: min. Carlos Ayres Britto. Julgamento em 16 de novembro de 2004. EMENTA: CONSTITUCIONAL. ADMINISTRATIVO. RECURSO EXTRAORDINÁRIO. RESPONSABILIDADE CIVIL DO ESTADO. LESÃO CORPORAL. DISPARO DE ARMA DE FOGO PERTENCENTE À CORPORAÇÃO. POLICIAL MILITAR EM PERÍODO DE FOLGA. Caso em que o policial autor do disparo não se encontrava na qualidade de agente público. Nessa contextura, não há falar de responsabilidade civil do Estado. Recurso extraordinário conhecido e provido.

[13] Rio de Janeiro. Tribunal de Justiça do Estado do Rio de Janeiro. Embargos Infringentes nº 1990.005.04169. 1º Grupo de Câmaras Cíveis. Relator: desembargador Celso Guedes. Julgamento em 27 de novembro de 1991. RESPONSABILIDADE CIVIL DO ESTADO. ATO DE AGENTE POLICIAL. INDENIZAÇÃO. Embargos Infringentes. Ordinária. Ferimentos graves causados a pedestre, em virtude de disparo de arma de fogo, ocorrido na via pública, cometido por soldado da Polícia Militar, à paisana, quando fora do serviço e sem qualquer relação com sua função. Desentendimento surgido em um bar com outro militar, agindo o policial, tão-somente, em favor do companheiro de corporação, que, também, não se encontrava no exercício de suas funções ou a pretexto de exercê-las. Inteligência do art. 37, par. 6, da Constituição Federal. Ato praticado por servidor militar "na qualidade de cidadão comum". Indenização repelida. Embargos providos.

[14] Rio de Janeiro. Tribunal de Justiça do Estado do Rio de Janeiro. Apelação Cível nº 2000.001.00259. 1ª Câmara Cível. Relator: desembargador Valéria Maron. Julgamento em 6 de junho de 2000. REV. DIREITO DO TJERJ., v. 48, p. 178. RESPONSABILIDADE CIVIL DO ESTADO. POLICIAL MILITAR. DISPARO DE ARMA DE FOGO. MORTE DE CHEFE DE FAMÍLIA. MORTE DE MÃE DE FAMÍLIA. DANO MORAL. PENSÃO MENSAL. ELEVAÇÃO. Ação ordinária. Pedido de indenização apresentado pelo menor que teve seus pais assassinados por policiais na chacina de Vigário Geral. Responsabilidade objetiva pelos atos praticados por seus prepostos, ainda que não estivessem a serviço, mas na qualidade de servidores públicos. Arbitramento do dano moral fixado em montante considerado adequado pela jurisprudência dominante. Elevação do pensionamento. Desprovimento da 1ª Apelação e provimento parcial da 2ª.

[15] Rio de Janeiro. Tribunal de Justiça do Estado do Rio de Janeiro. Apelação Cível nº 2004.001.04270. 7ª Câmara Cível. Relator: desembargador Ricardo Rodrigues Cardozo. Julgamento em 17 de agosto de 2004. RESPONSABILIDADE CIVIL DO ESTADO. NEXO DE CAUSALIDADE. INOCORRÊNCIA. RESPONSABILIDADE CIVIL OBJETIVA. BALA PERDIDA. OMISSÃO ESPECÍFICA DO ESTADO. AUSÊNCIA DE NEXO DE CAUSALIDADE.

[16] Rio de janeiro. Tribunal de Justiça do Estado do Rio de Janeiro. Embargos Infringentes nº 2006.005.00292. 1ª Câmara Cível. Relator: desembargador Maldonado de Carvalho. Julgamento em 30 de janeiro de 2007. EMBARGOS INFRINGENTES. RESPONABILIDADE CIVIL. AÇÃO POLICIAL. BALA PERDIDA. NEXO CAUSAL INCOMPROVADO. IMPROCEDÊNCIA DO PEDIDO. PROVIMENTO DO RECURSO.

[17] Rio de Janeiro. Tribunal de Justiça do Estado do Rio de Janeiro. Apelação Cível nº 2007.001.56863. 6ª Câmara Cível. Relator: desembargador Benedicto Abicair. Julgamento em 23 de janeiro de 2008. APELAÇÃO CÍVEL. ADMINISTRATIVO. RESPONSABILIDADE CIVIL DO ESTADO. FERIMENTOS PROVOCADOS POR BALA PERDIDA DURANTE CONFRONTO ENTRE POLICIAIS E TRAFICANTES. AUSÊNCIA DE NEXO CAUSAL. RECURSO IMPROVIDO.

[18] Rio de Janeiro. Tribunal de Justiça do Estado do Rio de Janeiro. Apelação Cível nº 2007.001.59401. 15ª Câmara Cível. Relator: desembargador Helda Lima Meireles. Julgamento em 18 de dezembro de 2007.

[19] Rio de Janeiro. Tribunal de Justiça do Estado do Rio de Janeiro. Apelação Cível nº 2007.001.32436. 9ª Câmara Cível. Relator: desembargador Roberto de Abreu e Silva. Julgamento em 4 de setembro de 2007. DILIGÊNCIA POLICIAL COM TROCA DE TIROS. BALA PERDIDA. RESPONSABILIDADE CIVIL DO ESTADO. TEORIA DO RISCO ADMINISTRATIVO. OBRIGAÇÃO DE INDENIZAR.

[20] Brasil. Superior Tribunal de Justiça. REsp nº 737.797/RJ. Primeira Turma. Relator: ministro Luiz Fux. Julgamento em 3 de agosto de 2006. Processual civil. Administrativo. Prequestionamento implícito. Possibilidade. Violação dos artigos 186 e 927 do Código Civil brasileiro. Responsabilidade civil objetiva. Pleito de danos materiais e morais. Morte em decorrência de ação policial. Tiro disparado contra a vítima. Invasão de domicílio. Cabimento da indenização. *Onus probandi* do Estado. Correta aplicação do direito material.

[21] Rio de Janeiro. Tribunal de Justiça do Estado do Rio de Janeiro. Apelação Cível nº 2007.001.35622. 18ª Câmara Cível. Relator: desembargador Rogério de Oliveira Souza. Julgamento em 25 de setembro de 2007. Direito administrativo. Responsabilidade civil objetiva do estado. Teoria do risco administrativo. Troca de tiros entre policiais militares e traficantes. Bala perdida. Autora atingida por projétil de arma de fogo, vindo a sofrer a amputação da mão direita. Dinâmica dos fatos reveladora da inexistência de plano de segurança para a atuação dos agentes públicos. Ineficiência da conduta perpetrada pelos policiais. Patente omissão do poder público. Dever genérico de segurança que na hipótese mostrou-se específico. Responsabilidade objetiva do Estado. Danos materiais, morais e estéticos configurados. A taxa de juros moratórios é de 12% ao ano a partir do Novo Código Civil. Interpretação construtiva da Constituição Federal, que prima pelo indivíduo frente ao Estado. Manutenção da sentença. Desprovimento do recurso.

[22] Rio de Janeiro. Tribunal de Justiça do Estado do Rio de Janeiro. Apelação Cível nº 2007.001.63327. 2ª Câmara Cível. Relator: desembargador Heleno Ribeiro P. Nunes. Julgamento em 19 de dezembro de 2007. RESPONSABILIDADE CIVIL DO ESTADO. LESÃO EM VÍTIMA CAUSADA POR BALA PERDIDA. DEVER DE SEGURANÇA DO PODER PÚBLICO. OMISSÃO GENÉRICA. 1) Não se pode, com arrimo no artigo 37, §6º da CRFB, conferir ao Estado a qualidade de segurador universal, uma vez que o referido dispositivo constitucional não consagrou a teoria do risco integral.

[23] Rio de Janeiro. Tribunal de Justiça do Estado do Rio de Janeiro. Apelação Cível nº 2005.001.50847. 12ª Câmara Cível. Relator: desembargador Nanci Mahfuz. Julgamento em 19 de setembro de 2006. Ementário: 24/2007 – n. 15 – 28/06/2007 REV. DIREITO DO TJERJ, v. 72, p. 247. RESPONSABILIDADE CIVIL DO ESTADO. BALA PERDIDA. OMISSÃO GENÉRICA DO PODER PÚBLICO. INEXISTÊNCIA DE DOLO OU CULPA.

[24] Rio de Janeiro. Tribunal de Justiça do Estado do Rio de Janeiro. Apelação Cível nº 2008.001.08220. 19ª Câmara Cível. Relator: desembargador Ferdinaldo do Nascimento. Julgamento em 1º de abril de 2008. AÇÃO INDENIZATÓRIA. DANOS MORAIS E MATERIAIS. BALA PERDIDA. Demanda deflagrada pela vítima em face do estado do Rio de Janeiro. Sentença improcedente. Apelo da autora. Manutenção do *decisum*. Uma vez que a violência mostra-se presente em toda e qualquer sociedade moderna, para que surja a obrigação de indenização do Estado, deve haver nexo causal entre o ato (omissivo ou comissivo) praticado pelos seus agentes e o prejuízo sofrido pelo particular, o que, *in casu*, não restou demonstrado. No mais, cumpre esclarecer que no local onde ocorreu o acidente não restou configurada uma omissão específica do Estado no que diz respeito ao seu dever de segurança pública. Ou seja, não restou caracterizada a alegada omissão ou mesmo qualquer negligência por parte do Estado, posto que a demanda não traz a notícia de reiterados incidentes envolvendo a ação de bandidos no local onde ocorreu o acidente. Assim, não há como aplicar a responsabilidade de que trata o artigo 37, parágrafo 6º da Constituição Federal em desfavor do Estado, eis que não restou comprovada de que a ação danosa foi efetivamente praticada por um de seus agentes. RECURSO CONHECIDO E IMPROVIDO.

[25] Rio de Janeiro. Poder Judiciário do Estado do Rio de Janeiro. 5ª Vara de Fazenda Pública. Ação Ordinária nº 2003.001.008532-9. Autor: Otacílio Carvalho França. Réu: Estado do Rio de Janeiro. Juiz: Gustavo Bandeira. Julgamento em 18 de março de 2005.

Vítimas coletivas da violência

Ricardo Balestreri*

A correlação entre desenvolvimento e segurança pública, violência e criminalidade sugere uma superação do conceito linear de progresso para uma concepção mais ampla de bem-estar nacional.

Uma discussão que já deveria ter sido feita, da qual temos abdicado, é sobre o enfrentamento do drama da segurança pública como uma crise perpetuada sem norte. Norte este que não deveria ser apenas providenciar ordenamento social, mas buscar ambiência básica para que haja investimento público e privado, pessoal e grupal no bem-estar da população.

Pelo menos três aspectos são levantados, hoje, pela comunidade acadêmica internacional como condicionantes mínimos para haver desenvolvimento com bem-estar, todos facilmente relacionáveis à questão da segurança pública e a "interditos" que o domínio do crime e da violência representa.

O primeiro fator, que nos traz o professor Robert Putnam, é relacionado à formação das chamadas redes de engajamento cívico. A teoria de Putnam lembra-nos que a causa do desenvolvimento de algumas regiões do planeta em contraponto com outras, também ricas, mas atrasadas, é a constituição de fortes redes de "engajamento cívico".

Em visita ao Brasil, em entrevistas, identificou-nos neste último grupo, dos países extremamente ricos, mas que não conseguiram se desenvolver e trazer bem-estar à população, pela carência histórica de voluntariado social articulado, do engajamento cidadão.

---

*Educador, com mais de 20 anos de experiência na área de segurança pública, é ex-diretor do Departamento de Pesquisa, Análise da Informação e Desenvolvimento de Pessoal em Segurança Pública da Senasp. Hoje integra o Comitê Nacional de Educação para Direitos Humanos, da Secretaria Especial dos Direitos Humanos/Presidência da República e o Comitê Nacional de Combate e Prevenção à Tortura no Brasil. Presidiu a Anistia Internacional — Seção Brasileira.

Temos aí o primeiro "interdito" representado pelo predomínio do crime organizado e da violência. No Brasil, onde, evidentemente, a maior parte da população é pobre, às vezes vivendo em regiões conflagradas, onde o Estado se ausenta, há um vácuo de poder e tendemos a um predomínio das atividades delinquenciais, aquilo que vulgarmente se tem chamado de "crime organizado".

Contudo, o Comando Vermelho, PCC e outros grupos que hoje são citados largamente pela mídia, não são o "crime organizado", até porque este está em um patamar de sofisticação muito superior. São organizações delinquenciais, empregadas do crime em determinados territórios, como pontos de venda de narcotráfico, por exemplo.

Em tal ambiência, pessoas que vivem em comunidades pobres e que teriam uma vocação natural à liderança são sufocadas e impedidas pelo predomínio do ilegal e do ilícito. Onde o crime viceja, onde a violência domina, não há terreno para a formação de redes de engajamento cívico porque tal predomínio significa o exercício de uma "liderança" autoritária objetiva sobre a comunidade.

São raros os exemplos de coragem, de pessoas que conseguem se sobrepor a essa violência. Assim, temos o primeiro "interdito", o primeiro impedimento. Onde o crime está não se formam redes de cidadania sistêmicas e expressivas.

O segundo fator é também proposto por pesquisa de Harvard, liderada por um professor de linha ideológica diversa, doutor David Landes, que igualmente investiga as razões da riqueza e da pobreza das nações e nos propõe uma abordagem em que o elemento mais fundamental para o desenvolvimento é o "empreendorismo popular". Começamos aí a identificar o novo "interdito". Onde o crime domina, onde a violência domina, não há ambiência para empreendedorismo popular. Vamos traduzir isso de maneira simples: em regiões de prevalência de grupos delinquenciais, há bem pouco estímulo, por exemplo, para a abertura de uma pequena confecção nos fundos de casa ou para manter um mercadinho, ou qualquer outro tipo de atividade econômica autônoma. Não é permitido empreender sem o permissionamento e muitas vezes a participação espúria e exploratória da atividade criminosa. É preciso submissão à "lógica" autoritária, é preciso pagar "pedágio", é preciso ser "servil". Não se pode pensar em empreender livremente a partir da base, de baixo para cima. Muito menos há ambiência e estímulo para empreendimento de maior vulto. Em um quadro dramático, de uma cidade com magníficas potencialidades, mas também cheia de sofrimento como o Rio de Janeiro, não é necessário arguir muito para percebermos que a atividade do turismo, por exemplo, uma das indústrias mais importantes do planeta, se vê absolutamente prejudicada, em sua capacidade de empreendedorismo, pela atividade criminosa. Temos, assim, o segundo "interdito" ao desenvolvimento. Segundo Landes: "nos países em que se formam, historicamente, redes de empreendedorismo popular, de livre empreendedorismo, há uma forte alavancagem do desenvolvimento e da distribuição de bem-estar". Temos, no somatório, um "caldo da cultura" altamente desfavorável ao desenvolvimento: a dificuldade de formação de redes autônomas de engajamento cívico e a dificuldade de formação de redes de empreendedorismo popular.

O terceiro elemento desencadeador do bem-estar e — em nosso caso — o terceiro "interdito" são uma rede de educação de qualidade acessível a todos. Nesse campo há um consenso.

Contudo, não podemos confundir educação com "escolarização", ainda que esta última também seja fundamental. Nem sempre a escola educa. Um pressuposto para que a escola possa educar é que haja liberdade para ensinar e aprender. Em uma proposição de corte "freiriano", os professores necessitam de liberdade para ensinar e aprender e os alunos também. Em uma grande capital brasileira, durante palestra para professores — de escola de periferia, de favela — vivi uma forte revelação: um professor de história, com evidente liderança entre os alunos e colegas, relatou o fato de que, numa aula sobre feudalismo, havia estabelecido "pontes" entre o passado e o presente, didaticamente, a fim de criticar o que compreendia como "enfeudamento" na contemporaneidade brasileira: classes médias e ricas cada vez mais protegidas em condomínios fechados e pobres cada vez mais submetidos, ou como mão de obra barata e servil, ou como prisioneiros reais, dos grupos delinquenciais, empregados do crime organizado. Essa comparação, essa ponte entre o passado e o presente fez com que, na aula seguinte, ao dar uma explicação e pousar a mão no quadro, um punhal voasse do meio da sala para atingi-lo. Olhei para a diretora, que se encontrava sentada à frente, e perguntei: o que fizeram diante disso? "Não fizemos nada, professor. Queremos continuar vivos"— ela respondeu. Já o docente vitimado disse o que fez: "revisei todo o conteúdo programático do ano e retirei desse conteúdo tudo aquilo que pudesse ofender de alguma maneira aos grupos criminosos". Nesse contexto não há educação. Pode haver mera escolarização, mas não educação, porque não há condição mínima de ensinar e de aprender. Agregam-se a esse fator outros, como o fechamento das escolas, o temor dos alunos, pais recebendo telefonemas de filhos relatando situações de desespero, onde há tiroteios, e assim por diante. Então, a terceira predisposição ao desenvolvimento e à socialização de bem-estar passa, no Brasil, a constituir-se um terceiro "interdito". Se pensarmos nosso país sob esse contexto, temos sobradas razões de susto e de temor pelo nosso futuro.

Vivemos, de maneira geral, um quadro em que os três interditos estão fortemente presentes. Assim, impõe-se a seguinte reflexão: como podemos desenvolver nosso país em tal contexto? Ou melhor, como superar tal contexto obliterante?

Há uns anos, convidado por um sindicato de policiais na Suécia para uma palestra sobre nossa realidade, me apresentei dizendo que vinha "de um país pobre chamado Brasil" (os suecos estudam muito a cultura latino-americana e conhecem muitos dados). Um dos policiais levantou a mão, pedindo desculpas pela interrupção. Fazia um curso de português e de cultura brasileira na universidade. Trouxe uma série de informações e, baseando-se nelas, disse que minha apresentação estava incorreta porque eu não vinha de um país pobre, mas de um país muito mais rico do que a Suécia. Senti-me, e ainda me sinto, constrangido, por ser isso uma verdade objetiva. Não somos filhos e filhas de um país pobre. Somos filhos e filhas de um país injusto, que precisa e pode se desenvolver, distribuindo bem-estar. É uma das razões para dedicar-me à área da segurança pública, onde temos esses três fortes "interditos". Nesse contexto, é preciso que entendamos os porquês da marcante reação da população brasileira à insegurança pública, reação esta às vezes desmedida e emocional e algo filofascista, propensa a soluções que não são solução alguma. Tal reação é uma busca bem-intencionada, mas infeliz, fruto da intuição popular que, à sensação desse nosso destino obliterado, percebe-se impedida das benesses do desenvolvimento, caso não resolvamos o drama da segurança pública. Logo, não é estranho também que nas pesquisas, nas enquetes populares, o drama da segurança venha despontando como a principal preocupação da população brasileira.

Quais seriam as soluções para isso? Não vou fazer aqui coro ao "discurso único" de praticamente toda a mídia, do senso comum da classe média brasileira, inclusive de muitos setores da intelectualidade, que hoje submetem-se à retórica vazia da repressão desqualificada.

Essa não é a solução. Há 40 anos, no Brasil contemporâneo, fazemos predominantemente repressão desqualificada e os resultados são os que estamos vendo nas cidades do Rio de Janeiro, Vitória, São Paulo, Recife, Fortaleza, Salvador, Porto Alegre, ou em qualquer conglomerado urbano do país. Parto do pressuposto de que o pecado é a ênfase. Dessa forma, acredito que mais do mesmo nos levará exatamente ao mesmo lugar ou a um lugar pior do que este, aonde chegamos. De maneira geral, vejo uma tendência perigosíssima do senso comum, da grande mídia, de muitos gestores da segurança pública, para a repetição doentia das mesmas velhas fórmulas. É fácil fazer demagogia, difícil é dar uma resposta racional e científica ao drama que estamos vivendo.

É fácil agradar ao senso comum, difícil é ser consequente. O senso comum aponta hoje, fortemente, para a legitimação, para a naturalização da violência, como resposta à violência. Por exemplo, me choca, moral e racionalmente a naturalização da tortura, tendência galopante no Brasil e no mundo. Mas acredito que tenhamos que fazer uma discussão não apenas de ordem moral. As perguntas também precisam partir do campo da eficácia.

Proveniente da comunidade de direitos humanos, e atuando há 20 anos com segurança pública, já abdiquei de insistir com o discurso moral, quando se trata de persuadir o senso ordinário. Sei que, moralmente, é terrível pensar nas consequências do aplauso à barbárie. Contudo, é preciso entender o drama, o desespero do senso comum, a sua emocionalização e, de certa forma, ter alguma compaixão. Não é possível, contudo, ter compaixão pela autoridade pública e nem pelo intelectual que repete, reproduz, de forma demagógica, o senso comum. Ainda assim, quero dizer que o discurso moral, muitas vezes, não nos leva a caminho algum. Tenho feito, historicamente, essa experiência e vejo que não é muito frutífera, porque caímos no campo da subjetividade.

Venho optando, assim, pelo discurso da eficácia, mais "analítico-funcional". Optando pela grande pergunta: com este modelo de segurança pública, com este modelo tradicional, que hoje se torna clamor popular, surfando na crista da onda da média ordinária brasileira, com tal prática, o que é que conseguimos? A que lugar chegamos? Quais são os índices de violência e criminalidade neste país? Que tem isso a ver com o drama de um país imerso em homicídios, numa situação pior do que aquela que encontramos no Oriente Médio? Aonde chegamos com décadas de exploração barata das emoções? Tal drama não é apenas produto de políticas sociais equivocadas. É também produto de políticas de segurança pública equivocadas, as mesmas que hoje se apresentam como novas velhas soluções. Se abdicarmos um pouco do patamar do argumento moral, ingressando no patamar "funcional", podemos perguntar aos gestores de segurança pública, aos policiais, a todos aqueles envolvidos com o sistema, qual foi o resultado de 40 anos de "mais do mesmo", daquilo que, de novo, se está propondo? Aonde chegamos, por exemplo, com essa tendência a um penalismo primário e conservador? Se prendermos todo mundo, será que vamos resolver os dramas e os problemas da segurança pública? Teríamos que ter o dobro da rede prisional e quando conseguíssemos construí-la, seria preciso dobrar novamente. Não me esquivo, com isso, da obrigação que têm os governos federal e estaduais de construírem presídios, mas digo claramente que tal penalismo primário não é solução nenhuma, até porque sabemos que os presídios são entes criminógenos de alta potência. É no presídio que se aprende praticamente tudo o que há de tecnologia no campo da criminalidade, pelas óbvias razões que conhecemos: superlotação, promiscuidade dos níveis de periculosidade, não cumprimento da lei de execuções penais, domínio das facções criminosas, condições cruéis e degradantes... Sim, é preciso abrir vagas nos presídios, mas é necessário repensar o sistema prisional. É preciso ter a coragem, contraditando o senso comum, de dizer que é necessário esvaziar os presídios e não lotá-los. É preciso ser rigoroso com os criminosos de alto potencial, antissocial, mas é, igualmente, preciso repensar o *locus* da sanção para a grande maioria dos condenados, fora dessa categoria dos caracteres psicóticos.

O caráter psicopático, que domina um pequeno segmento do presídio, domina, ali, a vida de todos. A par de uma rigidez maior no controle desse tipo minoritário de população, urge que reconheçamos que a maioria da massa prisional, seguramente, não deveria estar presa. Está apenas se estragando, aprendendo a tecnologia do crime e da violência.

Poderíamos entrar no tema das penas alternativas. Pego "emprestado" um pouco de Piaget, cujo saber pedagógico bem serve à área. Há basicamente duas maneiras (ele escrevia sobre crianças, mas vale para adultos também) de trabalhar a questão da "sanção". A sanção, como tal, é absolutamente necessária. A impunidade é um mal. Contudo, a sanção por reciprocidade é a melhor. Há um rol de sanções por reciprocidade, e a melhor de todas é a "reparação". Causou dano? Repare o dano que causou. Isso é educativo e recupera. No Brasil, o senso comum abraçou a outra linha, a da sanção expiatória. Por isso queremos mais gente presa, queremos punir mais gente, do ponto de vista vingativo, e não nos damos conta de que (não do ponto de vista de uma discussão moral) isso é um desastre em termos de sistema de segurança pública. Não funciona, não dá certo. É uma política burra. Como burrice é acreditar em qualquer "lógica da eliminação". Se matar, prender, "sumir" com os desajustados resolvesse as coisas, estaríamos no paraíso.

As soluções, ao contrário, passam pela coragem de contradizer a mentalidade ordinária, passam por políticas de caráter técnico-científico, por políticas de caráter preventivo, especialmente em relação aos jovens, por uma discussão mais profunda sobre as questões das drogas e particularmente do álcool. O álcool no Brasil, aliás, sob o ponto de vista de dano social, tem um nome: cerveja. Se atentarmos para as pesquisas sobre os lugares que têm conseguido reduzir os índices de homicídio, veremos que, além da limitação do uso do álcool, adotam políticas complexas de prevenção casadas. Essa é uma questão que se escamoteia no Brasil porque mexe com um ícone do nosso capitalismo. Quando se trata de grandes patrocinadores, é complicado inclusive para a mídia. Bordieu (*Sobre a televisão*) diz que há uma censura real permanente na mídia: a grande capital. Não tocamos muito na questão álcool, não vamos muito a fundo, mas esse enfrentamento é fundamental porque o álcool é a grande porta de ingresso a praticamente todas as formas de violência e, do ponto de vista psicológico, ao consumo de quase todas as drogas.

Há alguns anos, nossos pais tinham preocupação com a maconha porque era para eles a "porta de ingresso" para as outras drogas. Não sabiam, mas isso dá-se por conta da "venda casada", importante para o crime do ponto de vista econômico. A porta de ingresso para todas as drogas do ponto de vista psicológico é o álcool, que quebra o superego, quebra a autocensura, é permissivo e onipotencializador das pessoas, permissiona a ação e o consumo de todas as coisas. Então, essa é uma discussão muito séria.

Outra discussão séria é uma educação em relação à mídia. Não estou, com isso, criticando o conjunto da mídia, mas setores muito importantes que, reproduzindo o senso comum, têm prestado um desserviço à causa da segurança pública. Numa entrevista para uma matéria de capa a importante portal da internet, com chamada à participação popular, uma jornalista visivelmente bem-intencionada, mas mal preparada para o campo da segurança pública, ilustrou essa tese. Falei-lhe longamente, dizendo que precisamos ingressar no século XXI no campo da segurança pública, olhar para a questão de uma maneira mais científica, que precisamos, por exemplo, no campo policial, dotar os nossos policias das tecnologias mais contemporâneas, inclusive de armamentos não letais (ao lado da arma de fogo que o policial precisa usar em casos extremos). Que precisamos intensificar os programas de proximidade da polícia com a comunidade, que precisamos superar essa polícia que circula tresloucadamente, que foi abduzida do povo, pela ditadura militar, e até hoje não devolvida. Que precisamos partir para uma polícia que conviva, que esteja enraizada com a comunidade. Que além da viatura, que vai continuar sendo necessária, mas apenas como apoio, saia, caminhe, conviva, converse, ande de bicicleta, ande pelo bairro. A notícia publicada foi a seguinte: "Diretor da Senasp defende o desarmamento da polícia e a substituição da viatura pela bicicleta". Durante uns 10 dias fui, possivelmente, a pessoa mais enxovalhada naquele portal da internet. "Mauricinho", "burocrata de Brasília", "vamos fardá-lo e colocá-lo de bicicleta e com armas não-letais no Complexo do Alemão". E assim por diante. Várias "propostas" a meu respeito. O senso comum responde de forma truculenta e desinteligente, mas digo isso com compaixão pelo sofrimento do senso comum. A culpa é de quem deveria formar opinião e "deforma e desinforma".

Contudo, não podemos entender que policiais ajam assim, não podemos entender que autoridades gestoras do sistema portem-se dessa forma, porque estaremos aí entregues nas mãos de uma espécie de burrice armada e poderosa. A burrice desarmada já é um drama; armada é insuperável.

Está, assim, dando-se combate à violência e ao crime? Não. Está se fazendo somente o que se faz há 40 anos e que não vai chegar a lugar nenhum. No passado, generais de plantão na segurança pública já defendiam tais propostas. Mudamos?

Concluindo, diria que precisamos racionalizar a questão do sistema prisional, inclusive nessa racionalização, evitando a promiscuidade de níveis de periculosidade. Isso é fundamental e não é tão difícil de fazer. É preciso decisão política.

Da mesma maneira, precisamos incrementar os padrões de policiamento de proximidade que, aqui no Brasil, batizamos de "polícia comunitária". Mas isso é uma simplificação. A polícia comunitária é uma forma muito sofisticada de fazer polícia. Significa, necessariamente, traçar estratégias policiais em conjunto, no debate com a comunidade, e para se chegar na polícia comunitária temos que construir uma malha de proximidade policial. Isso, me parece, no Brasil não é discutido com a devida seriedade.

Note-se que não se gasta pouco em segurança pública em nosso país. Gasta-se mal. Aproximadamente 30% dos gastos são com transporte. Traduzindo: viaturas que duram em média de um a dois anos. A cada dois anos, no Estado brasileiro, renova-se praticamente toda a frota de viaturas, sem projeto tático-operacional, sem visão estratégica, sem políticas de garagem, sem plano. Quanto se investe, tradicionalmente, em formação de capital humano, na formação dos policiais? Em torno de 3,5%. A Senasp, em nossa gestão, aumentou para 9,5%, o que ainda é pouquíssimo, mas isso denota o tipo de política que está por trás das coisas. "Queremos fazer a segurança pública funcionar através de viatura, porque viatura é visível, é bom ter muitas, ligar o giroflex, a sirene, circular pela cidade..." O senso comum tem uma falsa impressão de ter segurança pública porque não percebe que daqui a um ano, provavelmente, nada daquilo estará funcionando, estará tudo em depósito. Não há, como disse, política de garagem, de manejo, de aproveitamento de garantia, de conhecimento básico de mecânica, de direção ofensiva e defensiva, não há formação ética para respeito ao patrimônio público, as viaturas rodam loucamente e, em dois anos, fazem 300 a 350 mil quilômetros. Viram sucata, neste país de uma polícia que vem do nada e vai para lugar nenhum (não é uma crítica aos policiais, mas ao sistema). Tenho dedicado os últimos 20 anos da minha vida à polícia, porque acho que na democracia a polícia é fundamental como agente de transformação. A culpa é da gestão pública que se faz. Temos a sensação de ter polícia, vemos polícia passar mas, se você precisar, ela não estará perto de você.

É necessário devolver a polícia ao povo: essa polícia, criada sob o signo do "capitão do mato" no final dos anos 1950 e início dos 1960, viveu ensaios da proximidade. Contudo, foi abduzida pela ditadura. Agora, precisa ser devolvida ao povo. Temos que passar a conhecer de novo o nome e o sobrenome do nosso policial, a história do nosso policial; quando ele passar terá que saber quem somos, onde moramos e o que nós significamos na comunidade.

Todos nós em algum momento da vida queríamos ser policiais ou bombeiros e, no imaginário popular, isso significava alguma coisa. Não era só o respeito, era amor o que nós tínhamos pela nossa polícia. O modelo mal arremedado do modelo americano dos anos 1960 e 1970 faliu, se esgotou! Os Estados Unidos, já há algum tempo, abdicaram do que continuamos propondo no Brasil. Uma polícia que circula, necessariamente, não é uma polícia que está presente.

Há outros elementos para o debate: uma polícia de caráter mais científico, os órgãos de perícia, o combate ao crime, agora sim, organizado. Esse crime que não mora em favela. Não digo que não haja criminosos na favela, empregados do crime organizado, que tenham que ser reprimidos legitimamente. Nem faço uma fala contra a repressão legítima, democrática e qualificada. Os criminosos que estão na favela têm que ser reprimidos porque estão aplastando a vida daquelas cidadãs e daqueles cidadãos humildes que ali vivem, mas ali não está o crime organizado. É preciso cuidar para não criminalizar os pobres. Crime organizado mora em mansão. Não é uma atividade "paralela", não é um "estado paralelo", como equivocadamente se diz. O crime organizado é um estado "transversal", presente nas mais elegantes e glamourosas instituições públicas e privadas. É por isso que subsiste.

Estimamos que essa "indústria" seja a mais lucrativa do planeta. Por essa razão, possui um "exército regular e também um exército industrial de reserva". Por essa razão, ao contrário do que crê o senso comum, "matando" alguns chefetes não reduzimos a atividade criminosa. Têm sido aceitas e naturalizadas pela opinião pública as "execuções extrajudiciais". Alguns cidadãos medianos acreditam que assim se para a atividade criminosa. Mas imediatamente essas pessoas são substituídas por uma indústria que lucra trilhões de dólares/ano e é suficientemente sofisticada para ter um exército substitutivo.

Relembremos aqui uma história: a do pescador que numa manhã, bem cedo, se dirigiu ao lugar da pesca, pela mata, passando por um lenhador que batia vigorosamente com seu machado, no tronco de uma grande árvore. O sujeito ficou pescando o dia inteiro. À tardinha, quando ia voltando para casa, passou pelo mesmo lugar e viu o mesmo lenhador que continuava vigorosamente batendo com aquele grande machado no tronco da grande árvore, mas não havia chegado nem na metade e a árvore se encontrava longe de cair. O pescador parou, observou um pouco a cena e falou ao lenhador, que se encontrava muito suado e extenuado a essa altura. Disse ter observado que ele havia passado o dia inteiro tentando derrubar a árvore, batendo vigorosamente, e que, apesar do seu tamanho e do tamanho do machado, não havia chegado nem até a metade. Disse, ainda que, ao parar para observá-lo, percebeu que o machado estava sem fio. Sugeriu, então, ao lenhador que parasse um pouco para afiar o machado. O lenhador deu uma grande gargalhada e respondeu "que era um homem muito ocupado", que precisava derrubar a árvore. E continuou batendo, batendo.... Essa, para mim, é a metáfora das últimas quatro décadas da segurança pública no Brasil. Nós não paramos nunca para afiar o machado, continuamos batendo com o mesmo machado sem corte e do mesmo jeito, esperando que a árvore caia, mas a árvore do crime e da violência só faz crescer.

Ainda bem que veio o Pronasci, como uma consequência do Susp, que, em muitos estados, secretários de Defesa Social e de Segurança Pública, polícias militares e civis, corpos de bombeiros e guardas municipais vêm sacando de novos machados, de "bom corte", para com inteligência, racionalidade, conhecimento e senso moral derrubar a violência e o crime e criar nova ambiência para o desenvolvimento nacional.

Uma reflexão final

André Luiz de Souza Batista*

Estava eu diante do que supunha ser meu melhor momento, minha hora gloriosa de altivez e força física, parado ali de frente para o meu suposto inimigo. Ele, que minutos atrás disparava sequenciais rajadas com seu Kalashnikov sem querer saber da minha mulher, se minha mãe iria chorar, se eu tinha filhos ou não... Não havia espaço lúdico naquela cena; eu, Estado; ele, marginal. Um *versus* o outro. Brasileiro contra brasileiro.

A descrição clara do que se supunha óbvio merece algumas reflexões.

Uma delas, mais clara para os mais velhos, persegue a redundante força da experiência para se realizar.

A outra, menos intelectualizada, nos remete ao torpor hormonal da juventude em viver 10 anos a mil.

São faces da mesma moeda, a mesma que compra nossa paz, e nos faz relutar em nos vendermos.

A preservação da ordem pública é atribuição das forças policiais pela essencial existência da vida em sociedade. Não há como negar.

O Estado não pode omitir-se no exercício de suas funções, e as corporações policiais por meio do uso legítimo da força garantem a efetividade das decisões administrativas, e judiciais, além da integridade física e patrimonial dos cidadãos e dos estrangeiros que vivem no território nacional.

A Polícia Militar, instituição responsável pela preservação da ordem pública, o realiza por meio da ostensividade. Polícia ostensiva envolve quatro atri-

* Major da PM. Atual secretárioadjunto de Valorização da Vida e Prevenção da Violência de Nova Iguaçu.

butos básicos para sua realização: ordem de polícia, consentimento de polícia, fiscalização de polícia e sanção de polícia. Perfazem o mandato de polícia.

Dentro desses termos, constitucionalizados pela Carta Magna de 1988, podemos tudo. É a lei. Mesmo dentro da precariedade do pacto jurídico em que nos encontramos, o pressuposto continua sendo a norma e seu cumprimento, não fosse assim, não haveria sociedade minimamente organizada, nem haveria necessidade dos mantenedores do "sistema": nós, os policiais. Detestados nestes tempos modernos de liberalidade exacerbada, mas necessários.

Aprendi a clarificar a demanda dentro dos conceitos de guerra de Clausewitz. Me qualifiquei por meio das técnicas de operações especiais. Através delas, sobrevivi.

Me choquei com os dogmas de Freud e a agressividade indelével do ser humano... Minha formação cartesiana era confrontada com a natureza do policiamento e as pessoas. Li e reli a teoria dos jogos, percebi que produzem desunião e disputa, e a confrontei com o meu dia a dia sanguinário e ritualístico. Resisti.

Entendi que ficando à mercê da sucessão ininterrupta dos fatos, num frenético e febril dia a dia, desde o aspirantado, ainda jovem tenente, fatalmente perderia meu presente, e não conseguiria agir sobre o que acontece, sem naturalmente poder circunscrevê-lo acabaria por cristalizar um eterno agora. Nossas polícias vivem do eterno agora.

Vi pretensiosos desmedidos criarem a ilusão de poder absoluto sobre a natureza do bem e do mal, para depois se confrontarem com seus joelhos e sua indigente humanidade, para chorar.

Percebi que era indissociável a insaciabilidade denominada desejo, do real sentido da vida, e seus embates com os limites entre certo e errado, desisti de entender, apenas fui clandestino e inoperante, me sentindo sabotado. Realmente fui.

Aprendi que verdade e certeza não são sinônimas, e a rua te faz entender melhor tudo isso. Tudo que passamos a chamar de vocação é, na verdade, fatalidade.

Assisti David Bayley descrever o óbvio. Nosso tripé tupiniquim da incompetência: eu não sabia, eu me esqueci, e não é comigo. Aprendi.

Não me surpreendi com as lições de Antanas Mockus da Colômbia. Esqueceram de citar que a convergência vitoriosa de suas glórias se dera em razão de outro tripé: trabalho, tecnologia e sorte. Desconfiei.

Reproduzi a lógica da eliminação e da guerra, para satisfazer minha busca pela sensação de bem-estar dos outros, o senso comum. Fracassei. Ou melhor, fracassamos.

Mas mesmo diante da infelicidade sistêmica dos ciclos viciantes da segurança pública, e seus dramas e interesses políticos, não há motivos para desespero; ou talvez não estejamos em confronto com os mafiosos russos, nem do Leste europeu, nem da China, Japão, Israel ou Turquia, talvez confrontados com nossa angústia latino-americana, decrépitos pela influência ibérica colonizadora de outrora, talvez mais complacentes do que o normal, passemos a pensar: como é difícil estruturar políticas públicas de segurança nesse estado em que vivemos.

A única evidência que é mais óbvia do que a oposição possa pensar.

No campo da segurança pública faltam informações, portanto não se pode descrever com precisão as dinâmicas criminais, o que, por sua vez, inviabiliza a elaboração de uma política global apta a permitir iniciativas preventivas e repressivas eficientes, diferentes das soluções comumente abraçadas pelos governos nos últimos anos.

Se estivéssemos diante do modelo ideal, já teríamos vencido o mal.

Nas políticas baseadas apenas em números, não há metas, e sem metas faltam clareza e visualização de uma lógica racionalista do que é necessário demandar. Temos então invenções planejadas dentro do mais do mesmo, numa pretensiosa gincana bélico-civilizatória sem planejamento ou determinada pela desmemória e autocorreção inconsequente. Aos trancos e barrancos caminhamos...

Mas a essa altura do campeonato me perguntariam: e a barbárie cotidiana? Aquela que mata policiais e indivíduos impiedosamente, diante da fatídica guerra particular entre as quadrilhas de narcotraficantes facínoras à margem das leis e normas sociais?

Não há dúvidas sobre o duvidoso triunfo dos atuais métodos de investigação e perícia. É fato. Falar sobre números humilharia nossas convicções, e as instituições seculares de quebra.

A falta de confiança nas polícias é tão evidente quanto as subnotificações que isso tem representado em sede policial.

Não há reforma, nem qualificação do sistema sem a devida proliferação das boas condições de trabalho e renda para todos os que o compõem. Não é um sistema.

Impossíveis boas consequências sem interesse imediato na qualidade do serviço prestado, sem intervenção nas instituições e sua qualificação técnico-profissional. Balela midiática!

Com o aumento paradoxal da confiança nas instituições, teríamos aumento na incidência criminal e quase nenhum governante disposto (ou indisposto) a comprar essa briga.

Mais pessoas estariam dispostas a comparecer e notificar casos, contribuir denunciando ao Disque-Denúncia casos relevantes, exercendo sua cidadania. E o que faríamos?

Falta investigação, confiança, polícia ostensiva, faltam informações e disposição para o trabalho, sobretudo na parte de supervisão e perícia. Sem falar no que nos tem sobrado: incompetência e despreparo, falta de gerenciamento administrativo de alto nível, quadros pouco qualificados de profissionais, investimentos parcos na informatização, salários infames, entre outros quesitos.

Eles contribuem decisivamente para que a combinação de todos esses ingredientes revigore a situação caótica edificada em pilares inviáveis, reducionistas e impraticáveis que tornam quaisquer localidades ingovernáveis do ponto de vista político-administrativo. Só nos resta pensar como bárbaros e reproduzir o senso comum: matar os assassinos e morrer.

Não há que se pensar em modelos de recuperação reformistas sem atuar no âmbito estrutural. As prefeituras devem tomar suas posições e exercer seus papéis diante dos munícipes, considerando suas responsabilidades sociais peculiares intrínsecas e óbvias.

Os aspectos improdutivos e paralisantes da administração pública deveriam dar lugar ao desenvolvimento de alternativas mais condizentes com nossa criatividade popular, internacionalmente conhecida pela desenvoltura e capacidade de adaptação, interessada no desenvolvimento de novas tecnologias em prol dos seres que habitam nosso sofrido e fértil território.

A truculência e a barbárie já demonstram sinais de fraqueza, embora vigorosos votos de permanência frequentemente os saúdem nos telejornais e publicações editoriais do dia a dia.

O processo é quase civilizatório e requer, sobretudo, que seus gestores estejam dispostos a se indispor. Causas eleitoreiras serão nefastamente rejeitadas e identificadas como pífias; representarão o retrocesso mais aviltante da consolidação do Estado democrático de direito e se sinalizarão refratárias aos interesses da maioria.

As ouvidorias externas funcionarão como auditorias de interesse público, funcionando como *ombudsman* e *accountability*.

Tudo será redefinido dentro de uma política séria de redesenho e valorização das instituições públicas que efetivamente serão responsáveis pelo resgate da autoridade dentro do Estado que se pretende democrático de direito.

PARTE 5

ESTUDOS DE CASOS

Polícia Metropolitana de Bogotá: um modelo vitorioso da polícia da Colômbia

Jorge Daniel Castro Castro*

Este texto mostra as ferramentas fundamentais no processo de fortalecimento da polícia, especificamente a Polícia Metropolitana de Bogotá, capital da Colômbia; as experiências da polícia colombiana no desenvolvimento da relação polícia-autoridades locais, no âmbito da política integral de convivência e segurança; e as ferramentas que foram empregadas na Colômbia para a implementação do modelo de polícia comunitária, aspectos que, em sua essência, também estão presentes nas realidades de outros países, claro que adequados às situações de cada nação e de cada localidade.

É importante indicar que a experiência da Colômbia é *sui generis*, devido às condições que o país apresenta quanto à diversidade de atores que intervêm no tema da segurança e à diversidade de fatores que nele incidem. Porém, é importante assinalar que estamos saindo desse caos. Temos otimismo e esperança. Temos tentado programas, processos, mil coisas e, por fim, parece que estamos vendo a diminuição da criminalidade e da violência.

A afirmação anterior tem a ver com a experiência que a Polícia Nacional da Colômbia viveu nos últimos quatro anos, e com a resposta, muito positiva, à situação que a Colômbia vivia no ano de 2002. É importante começar contextualizando, do ponto de vista conceitual, a dimensão que o tema da segurança adquire em razão das condições da Colômbia.

---

*General reformado da Polícia Nacional da Colômbia, ex-diretor geral da polícia. Formado em criminologia pela Universidad Complutense de Madri e em administração pela Universidad de los Andes. Entre suas inúmeras atividades, senpre relacionadas com a luta contra a criminalidade e o narcotráfico, foi instrutor em escolas de formação policial e comandante das polícias de Risaralda, Amazonas, Caldas y el Delito de Naciones Unidas, assessorando diversos programas desenvolvidos na instituição.

Tenho interesse em mostrar nosso ponto de vista sobre o tema segurança, porque a instituição policial hoje, mais do que nunca, está comprometida em um esforço coletivo voltado para a segurança, contando com a colaboração irrestrita da cidadania, que é a razão de ser, não só do nosso serviço, mas também da nossa existência como policiais.

Hoje, o mundo está diante de uma mudança tanto no conceito quanto na agenda de segurança e todos os países estão imersos nessa dinâmica. Da noção da Guerra Fria, de segurança nacional por meio de forças de defesas, passou-se ao conceito de segurança democrática. Na Colômbia, esse processo foi a resposta dada a uma sociedade vítima dos violentos, que afetou a harmonia em aspectos sociais, políticos, econômicos, culturais e morais, razão pela qual foi necessário fazer um diagnóstico preciso, que permitiu retomar cada uma das áreas afetadas e estruturar um projeto de nação, no qual a segurança cidadã é o eixo fundamental e ao redor do qual circulam os programas de solução para cada um dos campos.

Segundo um método dedutivo, partiu-se de uma definição geral sobre o que é segurança até se chegar à dimensão integral da mesma, que é a segurança democrática. Foi com a adoção da Constituição de 1991 que se registrou uma mudança decisiva na segurança na Colômbia. Passamos da condição de um Estado de direito à de um Estado social de direito. Isso envolveu uma drástica mudança na concepção do público. O público já não é um assunto que possa estar nas mãos de uns poucos ou da elite. Ao contrário, o público demanda o compromisso e a participação de todos, em prol do bem-estar comum e da sociedade, que é composta de todas as camadas sociais.

Atentemos para o fato de que um Estado social de direito é includente, pois para ele todos são importantes. É por isso que a atividade do pessoal da polícia deve voltar-se sempre para a proteção e para o desenvolvimento da dignidade humana dos habitantes do território nacional; manutenção da integridade territorial, assegurando a convivência pacífica e a vigência de uma ordem justa e equitativa. Nesse sentido, é o bem-estar que gera a garantia dos direitos e da segurança. Por isso a ação do Estado nos temas sociais é tão importante. O conceito de segurança daí derivado é entendido como o estado de sossego, calma, quietude e placidez de uma pessoa, comunidade e sociedade pelo convencimento de estar isento de risco, perigo, ameaça ou contingência. Nesse marco de segurança, a liberdade é uma realidade e tem-se absoluta convicção a respeito dos direitos.

De acordo com esse conceito, a segurança implica manter a sociedade livre de fatos que descambem em descontentamento social, em violação dos direitos, em indisciplina social e naqueles fatores que geram violência e delinquência ou temor, entre os quais também se inclui um desastre natural.

Nessas condições, as pessoas podem exercer seus direitos fundamentais livremente e com garantias. Essas condições fazem com que, nesse momento, qualquer instituição do Estado deva converter-se numa instituição democrática. Portanto, não foi por acaso que as instituições do Estado colombiano passaram por mudanças, em particular as que têm como missão a garantia da segurança. Para esses organismos do Estado, o objetivo da segurança é minimizar ou reduzir as probabilidades de que se materialize uma ameaça, qualquer que seja a sua origem.

Devo abrir aqui um parêntese na conceitualização da segurança, porque os temas seguintes, o da segurança democrática e o da segurança cidadã, orientam-se de acordo com a realidade da Colômbia, à qual sua capital Bogotá não está alheia. É importante levar em conta que a realidade de cada país é diferente, do mesmo modo que as causas que geram a insegurança, apesar de as manifestações dessa situação — os delitos, as contravenções e os atos de violência — serem semelhantes.

As condições em matéria de segurança e violência que a Colômbia apresenta mostram que vão para esse país todos os tipos delinquenciais que existem no planeta: delinquência comum, bandos delitivos organizados, terroristas. O mais preocupante é que várias dessas ameaças pressupõem outras, como é o caso do tráfico de armas, do terrorismo, do sequestro, dos massacres, da extorsão e da morte por encomenda, delitos qualificados como de lesa-humanidade. Dois tipos de delinquentes estão em ação: os comuns, que se subdividem em delinquentes de rua e delinquentes difusos, e os organizados.

A delinquência de rua é a que, em geral, o cidadão mais percebe e a que gera maior sensação de insegurança. Historicamente, os delitos cometidos por esses delinquentes mostravam uma tendência crescente até chegarem a responder por aproximadamente 25% da criminalidade no país (a soma dos delitos de furto qualificado e lesões comuns), situação que se tornava mais crítica ao agregar-lhes as condutas conhecidas como assalto com intenção de roubo e latrocínio, nas quais a violência também se exerce. O clamor da cidadania, exigindo o direito a transitar por ruas seguras, sem a potencial agressão de um delinquente, tornava-se cada vez mais insistente.

Os fatores com maior incidência na presença dessa delinquência se sintetizam na não denúncia, resultam direto da estreita convivência com o problema e da rotinização dessa realidade. Isso gerou um círculo vicioso com graves consequências, entre elas a de o cidadão não apresentar denúncia por não acreditar nas autoridades e considerar que não existia justiça para os delitos de que era vítima; as autoridades, por sua vez, não atuavam porque não havia denúncia.

Outro fator que contribui é a invasão do espaço público, porque permite que se camufle o delinquente, que a cidadania não tenha espaço para transitar, o que, é claro, abre espaço para que o cidadão venha a ser vítima desses delitos. Além do mais, a indiferença permite que os cidadãos deem oportunidade para que o delinquente atue. Isso ocorre apesar da divulgação das medidas que o cidadão deve tomar mas não são implementadas, e isso facilita o cometimento do delito.

Outro tipo de delinquência comum é a difusa, aquela gerada pelo cidadão comum — dominado pela intolerância — e que resolve suas situações cotidianas de maneira violenta — com a família, amigos, vizinhos, transeuntes e empregados —, o que traz como consequência o homicídio e as lesões em brigas de rua, intrafamiliares e entre vizinhos. Essa delinquência difusa contribui com 20% dos delitos cometidos anualmente.

Ela se distingue por ser, na maioria dos casos, ocasional, individual e geralmente sem planejamento. Não se dá muita importância a essa delinquência quando se trata de desenhar planos de prevenção e controle, porém esse delinquente, pelas situações de violência que provoca, é tão grave quanto os outros. Alguns delitos que comete são denominados não convencionais e para eles a impunidade é elevada. À delinquência difusa também corresponde um grupo populacional que comete delitos não intencionais, como os homicídios e lesões em acidentes de trânsito, ou aqueles "aceitos ou permitidos", como a especulação, o dano contra os recursos naturais, o peculato, o suborno, ou ainda contra a família e a integridade moral, e também os delitos sexuais. Essa delinquência difusa não se computa, pois é aquela que não se vê, é a criminalidade oculta, que soma os delitos, os mortos, soma tudo que gera um capital negativo para a sociedade, mas é essa delinquência que gera a grande sensação de insegurança.

O outro tipo delinquencial que atua na Colômbia é a delinquência organizada. Dentro dessa categoria encontram-se os bandos delitivos organizados, a delinquência de colarinho branco, o narcotráfico, os grupos terroristas e a delinquência deles derivada, como a morte por encomenda, as milícias e as autodefesas. Esse tipo delitivo tem um denominador comum: o de ser um modo de comportamento criminoso coletivo, com especialização e técnica, e que comete os delitos que geram maior periculosidade social e determinam o nível de violência de uma região ou do país. Esse tipo delitivo comete os 55% restantes dos delitos. E é justamente, e infelizmente, por causa da elevada delinquência especializada que a Colômbia é conhecida em todo o mundo.

Essa categoria abarca os terroristas, com 10% dos delitos; o narcotráfico, que comete outros 10% de ilícitos de impacto social; os bandos delitivos, que cometem furto de automóveis, assaltos a banco, furtos a residências, entre outros; a delinquência de colarinho branco, que gera a corrupção, o pior flagelo da humanidade e a causa de muitos mais. O mais grave é que essa modalidade de delinquência é cometida por aquelas personagens que andam sempre metidas em pele de carneiro, mas são lobos, que carcomem e dão mau exemplo a todos. Há também uma delinquência derivada de todas as anteriores, como a morte por encomenda, que compreende o assassinato por contrato e pagamento; as milícias ou elementos urbanos dos terroristas, que se encarregam do recrutamento de apoios nesses setores ou para integrar suas fileiras e para conseguir informação, e atualmente com a presença dos chamados bandos delitivos emergentes que mantêm relações com o narcotráfico.

O terrorismo nutre-se do narcotráfico; dos bandos delitivos para cometer sequestros e extorsões. Os bandos delitivos utilizam o terrorismo para cometer seus delitos. Enfim, é uma interdependência funcional. Por isso é tão difícil a perseguição dessa delinquência organizada especializada. Isso gera, pois, uma grande sensação de violência que é a que se vende a todo o continente e a todo o mundo e o que faz com que a Colômbia seja vista como um país violento.

Nesse contexto, entra a situação de Bogotá, nossa capital, que tem uma população de cerca de 7,5 milhões de habitantes. Trata-se de uma cidade muito particular, que reúne toda a problemática do país. Mas a situação na nossa capital foi evoluindo pouco a pouco, e podemos hoje mostrar com orgulho uma cidade em plena recuperação de imagem, de tranquilidade e, sobretudo, de confiança, que é de que os habitantes de um conglomerado social mais necessitam.

Em Bogotá, como em todo o país, observava-se a pressão da criminalidade. Por isso, é importante mostrar essa realidade e sua evolução em relação ao que conhecemos hoje. A pressão da criminalidade e da violência e, é claro, da insegurança nos levou a três cenários. Assim, entre 2000 e 2002 houve um aumento de 19% nos delitos de impacto social, como o homicídio, o sequestro e a extorsão. O segundo cenário reflete-se nas pesquisas de vitimização e na profunda percepção de temor, do medo, que provocou uma grave erosão em nossa sociedade. Esse é o caso da alteração da ordem pública e da convivência social em Bogotá, do aumento da influência de grupos armados ilegais — milícias, das guerrilhas, das Farcs, dos paramilitares, do ELN (Exército de Libertação Nacional) — instalados em zonas periféricas da cidade, causando grandes danos devido ao enfrentamento entre eles. Com o aumento da violência, a insegurança tornou-se palpável, e a confiança da cidade nas suas instituições diminuiu significativamente. A situação era muito crítica. Instalou-se o dilema entre o legal e o ilegal, porque os moradores das periferias não sabiam a quem pedir segurança, não sabiam se aceitavam ou rechaçavam as milícias, e nessa decisão pesava o temor às represálias. Com tudo isso, o apoio às autoridades legitimamente constituídas diminuiu ostensivamente.

Nesse segundo cenário, também estão presentes outros elementos que acarretaram consequências igualmente graves, como as ações terroristas e suas perdas econômicas substanciais, sobretudo nos setores turísticos, industrial e comercial, a urbanização desordenada provocada pelo deslocamento maciço para a cidade e a discrepância entre os três elementos reguladores do comportamento humano. Mas quais são esses elementos reguladores do comportamento humano? A lei, a moral e a cultura. Uma sociedade ideal é aquela em que a cultura é mais importante do que a lei. E a moral mais importante do que a cultura. Em Bogotá, isso foi rompido, houve um divórcio entre esses três elementos do comportamento humano. Por isso, instaurou-se o caos, começou a cultura da violência como se isso fosse o cotidiano, o normal, e por conta do rompimento desses elementos reguladores do comportamento humano, problemas sérios despontaram.

O terceiro cenário afetava a segurança cidadã e a convivência social em Bogotá, situação gerada pela presença do narcotráfico que estimulou a assimilação da contracultura da agressão, que se estendeu às atividades cotidianas e ainda aos delitos menores, situação evidenciada no aumento das agressões intrafamiliares e na ocorrência de delitos menores, como um latrocínio acompanhado de lesões e homicídio. Essa situação também se refletiu na crise de valores e de capital social negativo, o que evidenciou uma imperiosa necessidade de se ir além nas ações repressivas para enfrentar o problema da segurança, ainda mais porque os espaços para a resolução de conflitos não mostravam resultados efetivos.

Da mesma forma, a indisciplina social estava gerando situações graves nas relações cotidianas, com a ocorrência de ações violentas que representavam, como já foi dito, um percentual importante nas cifras de delitos. Essa situação de desconfiança também afetou as relações entre a cidadania e as autoridades, civis, militares e policiais, com o consequente distanciamento entre esses atores sociais, gerando um clima altamente preocupante, que dificultou o desenvolvimento de projetos coletivos e esgarçou toda idéia de bem comum.

A situação descrita provocou impacto igualmente no âmbito da cooperação cidadã, que praticamente foi anulada pelo temor aos delinquentes e por ter se espraiado a concepção, extremamente equivocada, de que a população deveria manter-se "neutra" diante dos atores desse conflito e diante dos delinquentes comuns. A falta de apoio da comunidade aumentou, pela indiferença quando se vê a violência como algo cotidiano.

A resposta a essa situação veio pelo desenvolvimento da segurança democrática, outro estágio desse conceito de segurança mundial, que busca estimular o sentido coletivo do próprio futuro. Isso permite afirmar que a solidariedade, o apoio e o compromisso de cada cidadão ao bem comum são o que nos diferencia de um grupo de pessoas sem consciência social, indiferentes ao que ocorre ao seu redor.

Para que isso seja alcançado, cada um dos poderes públicos, no âmbito de suas competências, deve desenvolver essas políticas. Assim, fica garantida a segurança democrática, que traduz a doutrina de Estado do novo governo da Colômbia, conceito no qual a segurança é um bem comum e não um direito. Por conseguinte, as políticas de governo destinam-se a permitir a distribuição da segurança como um bem público para a sociedade.

Antes de entrar no tema da política de segurança democrática, quero deter-me nos conceitos de segurança que se desenvolveram em todo contexto histórico e a Colômbia não foi exceção. O conceito de segurança nacional é uma perspectiva universal que representa a vontade de um conjunto de estados de empreender ações contra um campo hostil. Essa segurança legitima as forças militares para garantir o poder político e expressar o sentimento nacional. Compreende a garantia da integridade territorial e da vida dos cidadãos, do funcionamento das instituições e do exercício das liberdades públicas e individuais em todos os campos de atividade e diante de todo risco e ameaça contra a independência e contra a paz social.

Em síntese, a segurança nacional relaciona-se à ordem constitucional, à normalidade econômica e social, aos objetivos comuns e aos objetivos individuais e traduz o conjunto de condições econômicas, sociais, militares, culturais e ambientais que garantem o cumprimento dos interesses públicos e coletivos. Por isso, o narcotráfico, assim como o terrorismo, foi tratado como um tema de segurança nacional e dá margem para que as forças militares tenham que atuar para enfrentar manifestação delitiva. A segurança pública, por sua vez, refere-se àquela situação de fato na qual todas as manifestações legítimas da vida social transcorrem, amparadas contra riscos previsíveis e isentas de dano. Ela compreende a segurança nas ruas e demais logradouros públicos, da mesma forma que a segurança nos domicílios e outros sítios privados contra perigos que vêm de fora. A segurança pública é a garantia preventiva contra todo ato que representa um ataque à integridade física das pessoas ou da propriedade e, igualmente, contra os perigos provenientes das coisas ou de certas atividades ou ofícios. A segurança pública é constitucional, administra a liberdade e conta com medidas para garanti-la, entre elas os estados de exceção.

Essa concepção de segurança democrática remete à idéia de cidadania e, portanto, à capacidade dos cidadãos como agentes ativos, e não como uma massa passiva que demanda segurança de uma instância superior, apropriando-se de seu papel como protagonista de sua segurança. Historicamente, o tema da segurança cidadã vem se manifestando a partir dos anos 1950, mas se instala como uma das prioridades sociais nos anos 1990. Considera-se que, terminada a Guerra Fria, a nova prioridade foi o resguardo das pessoas e de sua qualidade de vida. Nesse contexto, a doutrina de segurança cidadã vem a deslocar a doutrina de segurança nacional. Do mesmo modo, um esquema baseado na prevenção suplanta o paradigma somente repressivo e dessa maneira equilibram-se as decisões, os recursos, os planos e os programas para as fases de prevenção, dissuasão, controle e investigação de condutas que afetam a segurança.

Quero abordar, sinteticamente, um aspecto que todas as sociedades devem conhecer: a importância da polícia nas sociedades modernas e seu papel preponderante, conferindo-lhe o *status* a que essa condição faz jus em cada Estado. Nas sociedades modernas, as polícias são elementos fundamentais para proteger, resolver e promover ações que definem o papel que devem desempenhar para virem a ser partícipes da construção da sociedade.

O alcance que tem a promoção de ações que permitem a apropriação e a aplicação de valores e princípios de convivência é enorme, e também a responsabilidade que isso acarreta para a polícia. Esse fator obriga essas instituições a contarem, necessariamente, com estruturas muito organizadas, planos e programas decorrentes de processos metodológicos rigorosos, pessoal altamente capacitado e especializado, tecnologia de ponta e recursos logísticos suficientes. Porém, diante da precária disponibilidade de recursos que sempre existe, um fator primordial é dispor de uma filosofia de trabalho que tenha como razão de ser a comunidade e a vocação de servir.

A síntese da realidade da Colômbia indica que a polícia nacional está comprometida com o desenvolvimento de estratégias básicas no âmbito da segurança cidadã, dirigidas à recuperação da governabilidade e do controle territorial, à redução da criminalidade, ao enfrentamento do terrorismo e do narcotráfico, à ênfase à prevenção, ao aumento da percepção de segurança, ao fortalecimento da disciplina social, ao estímulo à cultura da segurança e à cultura da legalidade. Destaco aqui que, pelas condições que a Colômbia apresenta, são essas as responsabilidades da polícia.

Todavia, o mais importante dessas responsabilidades é poder mostrar que, através de um enfoque integral e guardando um equilíbrio estrito na atividade preventiva, de controle e de investigação, é possível alcançar os objetivos, tendo como premissa a inter-relação efetiva entre polícia, comunidade e autoridades administrativas.

Na Colômbia, a polícia lançou um programa que vem se mostrando fundamental. Trata-se do programa "Departamentos y Municipios Seguros". Os prefeitos iam para um lado e as polícias para o outro. Esse foi um dos passos iniciais para que a autoridade local primeira, o prefeito, assumisse a liderança que a lei lhe atribui em matéria de segurança e se apropriasse de sua responsabilidade política na condução das localidades.

Há alguns anos, nas campanhas políticas, oferecia-se e garantia-se que todos os requerimentos dos cidadãos teriam uma resposta positiva, mas quando chegavam ao poder os candidatos esqueciam suas responsabilidades. O tema da segurança era um tema que não importava à classe dirigente, que o deixava nas mãos dos corpos policiais.

Essa realidade mudou substancialmente. Quero deixar claras algumas colocações, que considero importantes, e isso foi o resultado de um processo de médio prazo. Começamos a falar do tema em 1995, quando os prefeitos de Bogotá começaram a responsabilizar-se pelos problemas de segurança de sua própria cidade e quando passou-se a situar a polícia no lugar primordial como instrumento primeiro para assegurar a tranquilidade dos cidadãos.

As colocações gerais são: primeiro, a necessidade de o tema segurança ser conduzido pela primeira autoridade administrativa da localidade, ou seja, o prefeito. Buscou-se uma informação confiável, percebeu-se que isso era importante, e criou-se uma instituição chamada Sistema Unificado de Informações sobre a Violência e a Delinquência (Suivd). Esse aspecto é fundamental, pois para trabalhar devemos dispor de bases claras para sermos capazes de atuar em uma localidade, com informações críveis, informações que sejam produto de investigação, e que nos apresentem a realidade objetiva quanto à segurança. Caso contrário, as soluções não seriam adequadas.

O segundo aspecto é a discussão do plano de segurança e a convivência entre o prefeito e a polícia. O terceiro diz respeito à criação da infraestrutura administrativa e à aquisição de recursos humanos, técnicos e financeiros, para a polícia (quando o prefeito começou a liderar o processo, ele deu-se conta de que era importante fortalecer a polícia). O quarto tem a ver com a prestação de contas, a avaliação e a observação exaustiva. Mensalmente, o prefeito de Bogotá reúne o Conselho Distrital de Segurança, com a participação dos comandantes da polícia, do procurador, com os agentes da fiscalização (na Colômbia, a fiscalização é a entidade investigativa dos delitos). É um controle integral. Por conseguinte, a prestação de contas iniciou-se com os pedidos de informações encaminhados aos comandantes de polícia e aos prefeitos locais. Bogotá possui 19 localidades e cada uma tem um prefeito, que responde integralmente por todos os progressos de sua localidade.[1] Procede-se a uma avaliação externa. Existe um programa, chamado "*Bogotá, ¿cómo vamos?*", do qual participam a Câmara de Comércio, o principal jornal (*El Tiempo*) e algumas ONGs, no qual discute-se a situação de Bogotá em relação ao tema da segurança. Trata-se de um examinador externo, muito confiável, muito crítico. Ainda, conta-se com a auditoria cidadã, que se encarrega de fiscalizar as autoridades que lidam com a segurança de Bogotá. Para tal, procedeu-se à capacitação de cidadãos e policiais no tema de segurança e convivência.

Verificou-se um sentido de corresponsabilidade nas instituições e na própria cidadania. A interação intensificou-se como caminho para harmonizar a lei, a moral e a cultura cidadã. Para se conseguir um maior cumprimento das normas de convivência, foi dada prioridade à cultura cidadã. Se não se ensina, as pessoas não podem aprender. Então, como mecanismo básico, devemos capacitar os policiais; prepará-los para que rompam o gelo que existia entre a polícia e a comunidade, para que eles passassem a ser vistos como amigos da comunidade. Foram enfatizadas, no papel preponderante da polícia, sua função educativa e sua função social. Não é somente a polícia que reprime o delito, que persegue o delito; ao contrário, com base na cultura cidadã, a comunicação é assegurada, e em pouco tempo geram-se espaços para que não se cometam irregularidades.

Dentro dessa perspectiva, foi possível estabelecer controles a fatores de risco, tais como o consumo de álcool, o porte de armas, a mendicância e a prostituição, que são sempre fatores que geram risco a uma sociedade. Foram promovidas jornadas de reconciliação para superar conflitos cotidianos e eventos culturais em espaço público. Tudo isso revela uma polícia formadora de cidadãos. Com esse objetivo, a prefeitura de Bogotá atribuiu uma parcela elevada do seu orçamento para que os policiais fossem às universidades. Universidades privadas, como a Universidade Javeriana de Bogotá, conhecida internacionalmente, e a Universidade de Rosario. Chegou-se a enviar policiais à Universidade Nacional, uma universidade pública que historicamente rechaçou a presença da força pública em seus prédios. Mas, com o processo de capacitação, esses mitos foram rompidos. Organizou-se o Observatório do Delito, composto por organismos — uns autônomos, outros patrocinados pela prefeitura — para que observem permanentemente o desenvolvimento criminológico das condutas criminais, o porquê das coisas. Não se trata simplesmente de dizer que a comuna de Ciudad Bolívar existe (viver na comuna de Ciudad Bolívar é como viver nas favelas). As comunas eram impenetráveis. A essas comunas chegou-se com a força. A criminalidade e a delinquência têm que ser enfrentadas pela força. Sem consideração de nenhuma espécie. Essa é uma situação que quero deixar bem clara aqui, porque não há como chegar, como dizemos na Colômbia, com panos quentes. Há que se recorrer à força para se poder romper os esquemas, as cadeias da criminalidade, para depois, aí sim, gerar os ambientes de convivência pacífica e cultura cidadã.

Essas observações do delito são difíceis de ser feitas numa sociedade, porque se lida com a criminalidade aparente (a que se denuncia), mas existe outra, que é oculta, que não se denuncia. Então, para suprir essa deficiência (não se tem dados claros acerca da realidade, da estatística delinquencial), promovem-se pesquisas sobre vitimização, que complementam a estatística delinquencial denunciada. Isso é importante para se ter condições de tomar medidas mais acertadas.

O efeito mais importante alcançado foi que os habitantes da cidade de Bogotá se apropriaram de sua cidade, passaram a se sentir orgulhosos de poder viver em Bogotá. Se antes Bogotá era uma cidade de ninguém, agora é dos cidadãos que vivem nela.

As recomendações anteriores implicaram mudanças estruturais no interior da instituição que se traduziram, necessariamente, por uma maior eficiência e qualidade do serviço. Modificações em todos os níveis, nos planos de estudos das escolas de formação, nos cursos de capacitação e de treinamento. Era preciso aumentar a motivação, incrementar a mística institucional e profissional, em síntese, gerar uma nova cultura do trabalho que comprometesse todos os seus integrantes. A mudança só se concretizaria à medida que o policial modificasse seu trabalho em correlação com as necessidades atuais em matéria de segurança.

Polícia comunitária — vigilância comunitária

Antes de 2002, lidavam-se simultaneamente com três fases do serviço de polícia: a inteligência delinquencial, a investigação criminal e os grupos de choque com funções essenciais de reação, atuando com cobertura nacional e com o desenvolvimento de atividades operativas-reativas. A vigilância ordinária, que é o serviço essencial da polícia em qualquer país, lidava com atividades dirigidas à dissuasão, sua cobertura era nacional e a atividade essencial era preventiva-reativa. A participação cidadã ocorria apenas por meio da agência de participação cidadã. Recorria-se a atividades de prevenção e reação, mas somente diante das queixas da comunidade sobre o serviço de polícia ou as condutas negativas do pessoal. Sua cobertura restringia-se à agência de queixas.

Foi depois de se analisar a situação sobre insegurança, sobre o desinteresse da comunidade e das autoridades locais, e diante da necessidade de avançar para um novo estágio de segurança, que se iniciou o processo de desenvolvimento do Programa de Polícia Comunitária. Foram tomados como fundamento os procedimentos da polícia de proximidade da Espanha e o plano de quadrantes do Chile, e adotou-se uma orientação com bases sociológicas e no trabalho social. Seu objetivo era nitidamente preventivo, restringindo a função de reação aos policiais uniformizados.

A cobertura também era reduzida e sua atividade essencial era na área de gestão comunitária. Buscou-se, com esse modelo, a melhoria nas relações com a comunidade, uma melhor compreensão das problemáticas que afetam a convivência e a segurança e a possibilidade de adotar mecanismos para sua intervenção. Os resultados foram excelentes, mas ao mesmo tempo ficou patente a necessidade de se dispor de policiais com maiores competências cognitivas e práticas, que permitam sua ação qualificada no trabalho com a comunidade. Hoje em dia, ultrapassamos essa modalidade de serviço, passando para o de vigilância comunitária.

Esse modelo reúne em um só homem as ações preventiva (prevalecente nessa fase), reativa, dissuasória. A prevenção busca que esse delito não seja cometido, busca eliminar o fator que gera o delito, as causas ou fatores geradores, as ações que orientam a vítima e os mecanismos de controle social formal e informal. A dissuasão tenta evitar que se cometa o delito e está voltada para o delinquente, para que os custos de delinquir não aumentem. Uma vez cometido o delito, a reação é ativada por meio da investigação criminal.

Portanto, o serviço de polícia comunitária que prevalece é o que cuida da prevenção, que vai à gênese do delito, sem desconhecer que a polícia sozinha não é capaz de eliminar os problemas ou os fatores que geram a violência. Por isso, as autoridades administrativas têm que estar presentes, para eliminar os fatores que todos conhecem muito bem: as drogas, a violência intrafamiliar e tantos outros problemas que incidem sobre o tema da segurança. Ruas maltratadas, buracos, falta de iluminação, lixo nas ruas, essas situações são fatores que geram violência. É por isso que a polícia tem que buscar o tema da prevenção, e por isso tem que ser uma polícia mais profissional, mais capacitada no tema sociológico.

Na Colômbia os policiais têm que proteger as zonas produtivas do país. A eficiência dos comandantes não se mede somente em termos de se mais ou menos delitos foram cometidos; mede-se igualmente pelo aumento da produtividade em termos da capacidade hoteleira, por exemplo. Como vai o turismo? O turismo aumentou em sua cidade? Como vai o desenvolvimento industrial? Como está a situação agrícola? O comércio está se reaprumando? Busca-se, com isso, que o comandante de polícia situe mentalmente o serviço policial mais além da simples presença. Trata-se de criar nesse policial, que se localiza num determinado trajeto, que ele deve atuar mais além, observar seu entorno, verificar até que ponto é um cenário de tranquilidade e de progresso, de convivência cidadã, com o gozo das liberdades e dos direitos, sem riscos importantes. Se a resposta é negativa, ele deve estabelecer por que ou o que está impedindo essa realidade de ser positiva.

Com essa concepção do policial moderno, desenvolve-se o conceito do serviço de vigilância comunitária, que se traduz no policial integral. Quero insistir nesse aspecto porque, nos últimos tempos, foi reiterada a necessidade, na nossa polícia, de o policial procurar atuar no "antes" (a prevenção), no "durante" (a dissuasão) e no "depois" (a reação e a investigação).

A organização da polícia na Colômbia é diferente da do Brasil. Nós contamos com uma polícia nacional de aproximadamente 140 mil integrantes. Contamos com um nível assessor, um nível operativo, um nível administrativo, um nível educativo e uma direção da segurança cidadã, dividida em oito regiões de polícia. Dependendo dessas, temos os comandos de polícia, sendo um deles a Polícia Metropolitana de Bogotá.

Bem, uma polícia nacional, mas como ela se organiza? Defende-se o modelo para que as diretrizes do comando se irradiem a todos os níveis e em todos os rincões da geografia nacional. Isso garante uma política unificada e critérios e diretrizes unificados nos procedimentos do policial. Isso é uma vantagem. Alguns poderão dizer que não é, e terão suas razões, mas para nós esse modelo de polícia profissional nacional tem funcionado, com unidade de direção, mas ao mesmo tempo com a desconcentração de funções necessária, conforme seja a instância regional, departamental, municipal ou local, e de acordo com as especificidades da missão.

Bogotá é uma cidade de aproximadamente 7,5 milhões de habitantes. Tem 19 localidades, entre elas Ciudad Bolívar, que é a zona mais difícil, uma das comunas com mais problemas, e que atualmente apresenta condições muito melhores. Em cada localidade há um prefeito e um comandante de polícia, com unidades de polícia, que contam hoje com pessoal, logística e tecnologia de comunicações e de informática. Um crescimento sustentado em termos de mobilidade, de resposta em tempo real e visibilidade. Esta é a Bogotá policial. A cidade está dividida em quatro comandos operativos, 21 estações de polícia, 145 comandos de atenção imediata (CAIs), 28 zonas seguras. A idéia é que a cada ano sejam construídos 20 novos CAIs, que deverão ser erguidos não por acaso, mas sim após um estudo sobre a segurança da localidade ou do setor e sobre todos os fatores incidentes, para que, dessa maneira, seja decidido se serão criados CAIs móveis, fixos ou outro tipo de unidade policial mais adequada.

Organizou-se a polícia de um ponto de vista empresarial, com indicadores rigorosos de medição de gestão, sob a liderança do prefeito. Em Bogotá, houve um investimento muito significativo das administrações locais em veículos, comunicações, elementos de inteligência, construções e adequação de estações, e também o incremento de recursos para programas de capacitação e atualização de oficiais, de pessoal do corpo executivo e patrulheiros.

O tema do menor e do adolescente é de suma importância, pois entende-se que é nessa faixa etária que se pode prevenir com maior efetividade a criminalidade e é possível assegurar a disciplina social. Para isso, criou-se um novo Código do Menor, o Código da Infância e da Adolescência. A polícia, assim como os pais de família, tem grande responsabilidade em sua aplicação.

Outro âmbito de atuação fundamental para recuperar a tranquilidade e a segurança é a retomada do espaço público, no qual a vontade política do prefeito deve primar pela mão firme, e poder utilizar a força, a coerção legal, que a polícia detém, para que os espaços públicos constituam cenários livres, tranquilos. Um fator gerador da percepção de insegurança, de medo e terror, são os espaços cobertos com as vendas ambulantes, por pessoas que obstaculizam o desenvolvimento normal da vida cotidiana dos cidadãos, com lixo.

Conta-se ainda com a chamada Lei da Cenoura (*zanahoria).* As análises estatísticas indicaram que entre uma e quatro horas da manhã era o horário que se cometia o maior número de homicídios. É uma política do prefeito. Em Bogotá, as pessoas dançam, se divertem até a uma da manhã e, por isso, a polícia está atenta fechando todos os estabelecimentos, bares, cantinas, prostíbulos. Falemos então da hora da cenoura. Pensou-se em princípio que as pessoas não iam atender a essas medidas tão drásticas, mas a resposta foi contrária. A cidadania acomodou-se porque imperou o princípio de autoridade e da consciência cidadã, estimulada pelo processo pedagógico. Em uma cidade onde a autoridade não se faz presente, cada um faz o que quer; porém, quando a autoridade é vertical, radical, mas ao mesmo tempo consciente, todas as decisões são tomadas para favorecer a comunidade, as pessoas. A cidadania entende isso de forma muito clara.

Devemos falar, também, das "zonas seguras", desenvolvidas em coordenação com a Câmara de Comércio, já que a sociedade privada introduziu-se na responsabilidade da segurança. Esse plano gerou a criação de 28 zonas seguras em Bogotá. Sua organização é a seguinte: selecionar 10 quadras ao redor de um sítio problemático, destacar para lá um número significativo de policiais, uma cabine para receber denúncias (não era algo simples para o cidadão fazer uma denúncia por ter sido roubado, ferido, maltratado perante uma autoridade competente). Com as cabines, ficou mais fácil para os cidadãos fazerem essas denúncias. Nas zonas seguras, convocou-se a vigilância privada (os vigilantes dos edifícios, pertencentes a empresas legalmente constituídas). Eles foram chamados para trabalhar em conjunto com os policiais, e conscientizados de que também deviam observar fora de seus edifícios. Essa obrigatoriedade permitiu uma relação muito estreita entre os policiais e os vigilantes privados, e a comunidade em geral, para que as zonas seguras funcionassem.

Outro tema fundamental dentro desse esquema de segurança é o dos CAIs (atualmente 145 deles funcionam em Bogotá). Os CAIs tiveram que ser blindados porque o terrorismo estava acabando com tudo, matando os policiais. Cada CAI conta com 25 policiais, motos, veículos. Esses policiais não somente reagem diante do acometimento de um fato, como também exercem seus procedimentos de vigilância comunitária, de aproximação da cidadania, porque isso é o mais importante. O tema da cultura da legalidade e o tema da cultura cidadã são aspectos que se fortalecem por serem os CAIs instrumentos muito importantes de aproximação da cidadania.

Conta-se, também, com programas de apoio, como as escolas de segurança cidadã ou espaços acadêmicos dos quais participam líderes comunitários (de 20 a 30), que consistem numa espécie de curso, que inclui temas como as obrigações e os deveres do cidadão, civismo e segurança. Esses líderes representaram uma ponte importante nos procedimentos de segurança em seus setores. Outro programa de apoio são as frentes de segurança local, empresarial ou setorial. O que é uma frente de segurança? Ela tem início com a convocação dos moradores de um quarteirão. Nessa ocasião, verifica-se que dona Fátima não conhece seu Jorge, que mora na casa em frente. Seu Juan não conhece seu Pedro. Seu Pedro não conhece dona Maria. E todos se olham e fecham a porta. Para superar esse desconhecimento generalizado foram criadas as frentes de segurança local. Primeiramente, para que as pessoas se conheçam entre elas. Nesse processo, cria-se a chamada "árvore telefônica", para que eu, Jorge, saiba qual é o telefone de dona Fátima. Dona Fátima de seu Pedro. Criamos uns alarmes, de tal modo que, antes de qualquer movimento suspeito alguém dispare o alarme, e o vizinho saia. Não se trata de enfrentar o delinquente, mas sim de alguém chamar imediatamente a polícia (porque eles coordenavam a polícia), de modo que a comunidade se manifeste, até chegar o momento de os delinquentes não se atreverem a agir onde as frentes existem. Esse é um mecanismo da cultura da segurança cidadã.

As frentes empresariais de segurança agrupam setores voltados para o fortalecimento da comunicação entre os departamentos de segurança dessas empresas e as autoridades preventivas, de controle e de investigação.

Outros programas de apoio são as redes de comunicação de apoio, a rede de cooperantes, de pessoas que são altruístas e cívicas, e o programa "Departamentos y Municípios Seguros", que é como uma aliança estratégica entre as autoridades locais, a polícia e a comunidade, para promover e consolidar a gestão das políticas públicas de convivência e segurança cidadã.

Que resultados foram obtidos? Resultados importantes em Bogotá. Em primeiro lugar, a interação das autoridades locais com a cidadania e, o que é imprescindível, com a polícia. Articulação entre autoridades e comandantes de polícia para o desenho e o desenvolvimento de planos de segurança. Direcionamento de recursos da segurança cidadã. Bogotá, como todas as cidades do país, dispõe de um fundo de segurança e vigilância, de um orçamento específico e intocável, destinado unicamente a atender à segurança cidadã. Implementação e funcionamento de conselhos periódicos de segurança municipal e departamental. Havendo ou não problemas, os prefeitos reúnem-se com os comandantes de polícia, a cada oito, 15 dias, mais tardar a cada mês, para analisar como vai sua cidade, sua localidade. Para essas reuniões são levadas estatísticas, são levados estudos criminológicos, e os cidadãos são convidados a participar desse estudo e do desenho dos planos de segurança.

Outras conquistas obtidas são: a construção da cultura da segurança cidadã e da convivência pacífica; o estímulo do civismo e da tolerância; o fortalecimento da sensação de segurança; a credibilidade e a confiabilidade nas autoridades. Superou-se a equivocada neutralidade passiva da população (esse problema não é meu; esse problema é do vizinho; esse problema é da polícia; esse problema é do prefeito). Acredita- se que essa questão da neutralidade passiva já foi rompida, porque todos nós agora nos sentimos responsáveis por tudo que acontece.

Um indicador tangível é a significativa diminuição dos homicídios. Bogotá é uma cidade diferente. Em Bogotá o pico mais alto na taxa de homicídios foi registrado em 1993, com 80 casos por 100 mil habitantes. Hoje, estamos com 16 mortos por 100 mil habitantes, o que permitiu que passássemos a ser considerados uma cidade intermediária quanto à criminalidade violenta. O estigma da cidade mais violenta já foi superado. Em Buenos Aires, que é a melhor cidade, a taxa é de oito mortos por 100 mil habitantes. Em Bogotá, hoje, o cidadão se incomoda e reage diante do furto de uma carteira. Antes, podia acontecer um massacre, com oito, 10 mortos, e as pessoas não diziam nada. Estavam acostumadas. Hoje, quando alguém comete uma pequena ação delitiva, as pessoas se queixam, e os meios de comunicação são inclementes com a polícia e com as prefeituras. Mas isso é bom. Temos de responder às exigências da sociedade.

Que lições o tema da segurança em Bogotá pode oferecer? A participação do cidadão na formulação dos planos de segurança cidadã fundamenta e dá legitimidade ao processo. O diálogo entre os diversos atores é essencial para uma melhor convivência e uma redução nos índices delitivos. A aproximação entre a polícia e a comunidade revitaliza a instituição policial, incrementa seus níveis de apoio social e impulsiona reformas profundas em sua estrutura e em seu funcionamento.

É importante reforçar os temas da segurança cidadã, que é participativa, da cultura da legalidade, da participação e da interação entre a comunidade e as autoridades locais, e todo o conglomerado social, público ou privado. Essa é a única maneira de gerar ambientes seguros, onde haja paz e tranquilidade. Os problemas persistem. Por isso, minuto a minuto, segundo a segundo, a polícia da Colômbia está atenta e em perfeita harmonia com os prefeitos. O esquema mundial é o da segurança cidadã.

Nota

1 N. do T.: Aparentemente, o que o autor chama de localidade corresponde à região administrativa ou subprefeitura das grandes cidades brasileiras, como Rio de Janeiro e São Paulo.

Policiamento comunitário: o modelo de Chicago

Wesley G. Skogan*

Este artigo descreve como os princípios gerais subjacentes aos programas de policiamento comunitário presentes em todos os Estados Unidos foram implementados numa cidade específica, Chicago. A iniciativa em Chicago começou em 1993, quando teve início um programa experimental em cinco de seus 25 distritos policiais. Conhecido como Caps (*Chicago's Alternative Policing Strategy* — Estratégia de Policiamento Alternativo de Chicago), essa experiência tornou-se um programa para toda a cidade em 1995, depois que o modelo foi aperfeiçoado com base na experiência.

Com uma população de quase 3 milhões de habitantes (e mais de 8 milhões em toda a região metropolitana), Chicago é uma das maiores cidades americanas. Sua população é quase igualmente dividida entre três grupos: brancos, afro-americanos e hispânicos. Este último inclui um grande número de imigrantes recentes do México, e incorporá-los à vida da cidade é um dos seus maiores desafios.

Chicago não é a única cidade americana com policiamento comunitário, mas o que as cidades realmente fazem quando implementam esse programa varia muito. Em algumas cidades, o programa está nas mãos de

---

* Professor de ciência política e membro do corpo docente do Institute for Policy Research at Northwestern University. Desde 1992, desenvolve uma pesquisa sobre o programa de policiamento comunitário em Chicago. Avaliou os programas de policiamento em várias cidades norte-americanas e atuou como consultor do British Home Office Research Unit. Seus outros projetos de pesquisa estão voltados para vitimização, medo do crime e os programas de prevenção da criminalidade baseados na comunidade.

equipes especiais dirigidas pelos centros de operações da polícia, enquanto em outras implica a transformação de toda a organização. Sob o rótulo "policiamento comunitário", policiais fazem patrulha a pé e de bicicleta, e os departamentos de polícia abrem pequenas delegacias nos bairros e promovem pesquisas para avaliar a satisfação da comunidade, além de trabalhar em conjunto com órgãos municipais no intuito de colocar em prática os regulamentos relativos às áreas de saúde e segurança.

Contudo, o policiamento comunitário não é um conjunto de projetos específicos. Sob essas táticas encontra-se uma estratégia organizacional mais profunda, envolvendo processos mutáveis de tomada de decisão que, de uma maneira ou de outra, deixam a definição das prioridades e os recursos para implementá-las nas mãos dos moradores e dos policiais que servem em sua área. Resulta daí que os projetos de policiamento comunitário devem parecer diferentes em cidades diferentes, e mesmo em bairros diferentes, porque os crimes e os recursos que a polícia e a comunidade podem reunir para combatê-los diferem de um lugar para outro.

Subjacente a esses programas aparentemente diferentes, encontram-se três elementos estratégicos centrais: o comprometimento da comunidade, a descentralização e a resolução de problemas via policiamento. Esses três elementos estão estreitamente inter-relacionados e os departmentos que não centrarem seu foco nos três não conseguirão implementar um programa bem-sucedido. Em Chicago, a polícia conseguiu estabelecer um programa efetivo, especialmente em se tratando de uma cidade grande e problemática, e este texto descreve o que foi feito para tornar realidade cada um desses elementos do policiamento comunitário.

O primeiro traço comum dos departamentos de polícia que adotam esse novo modelo de policiamento é o comprometimento da comunidade. O policiamento comunitário leva os departamentos a desenvolverem mecanismos que implicam o compartilhamento construtivo de informações com o público e a incorporação da colaboração dos cidadãos para a definição de prioridades e a avaliação se elas serão ou não bem-sucedidas no atendimento das necessidades locais. Para levar isso adiante, os departamentos promovem encontros comunitários, formam comitês consultivos e fazem pesquisas de opinião junto à população a fim de identificar suas prioridades. Em alguns locais, a polícia compartilha informações com os moradores por meio de programas educacionais ou matriculando-os em academias de polícia cidadã que lhes dão conhecimento detalhado do cumprimento da lei.

O comprometimento estende-se, normalmente, ao envolvimento do público, de certa maneira, nos esforços para aumentar a segurança da comunidade. Os moradores são instados a auxiliar a polícia, informando-a prontamente sobre os crimes, tão logo eles ocorrem, e cooperando como testemunhas, mas o policiamento comunitário também visa fortalecer a capacidade das comunidades para combaterem e prevenirem o crime por sua própria conta. Os moradores podem ser envolvidos nos projetos de prevenção coordenados ou nos colaborativos e podem participar de grupos de patrulhamento de bairro, oficialmente autorizados (isso é menos comum por causa das responsabilidades legais que advêm se alguém fica ferido). Mesmo onde essas idéias são velhas, deslocá-las para o centro do palco como parte de um plano estratégico maior pode servir de vitrine para o comprometimento dos departamentos policiais com o envolvimento do morador.

No plano de Chicago, os encontros comunitários da ronda de policiais constituem o mais importante mecanismo para construir e manter relações próximas entre a política e o público. As rondas da polícia são a menor unidade administrativa do departamento. Há 280 rondas e, em média, são realizados cerca de 250 encontros todos os meses, envolvendo aproximadamente 6.700 moradores. Esses eventos, que acontecem no início da noite, são realizados em saguões sociais de igrejas, estacionamentos de edifícios, cantinas de hospitais, salões de festa de condomínios e em outros locais situados nos trajetos das rondas. Os moradores se reúnem, em média, com cinco policiais que, em sua maioria, patrulham regularmente a área. Policiais de ronda que trabalham em outros horários recebem pagamento extra para assistir a esses encontros e para garantir que os problemas que ocorrem durante o dia e tarde da noite também serão discutidos. Os policiais que servem em unidades especializadas, tais como os policiais que combatem gangues ou os detetives, também são presenças frequentes, juntamente com um representante da unidade do distrito policial de relações com a vizinhança. Os encontros são algumas vezes assistidos por representantes dos departmentos de serviço da cidade e de organizações comunitárias da área e por representantes locais da Câmara Municipal.

As reuniões têm o objetivo de constituir um fórum para a troca de informações e um espaço para identificar, analisar e priorizar os problemas numa determinada área. Os mapas locais de criminalidade, as listas dos "10 primeiros" crimes mais frequentes e outros materiais de divulgação são distribuídos nesses encontros. Há sempre uma discussão sobre o que aconteceu com relação a questões levantadas no encontro anterior, e isso revela um pouco da visão da comunidade sobre a atividade policial.

Os moradores de Chicago não são tímidos e um estudo observacional constatou que críticas à polícia eram verbalizadas em cerca da metade dos encontros. Os novos itens das pautas das reuniões centram seu foco na identificação de novas questões, procurando esclarecer se elas são problemas gerais ou motivo de preocupação de apenas um único morador. Os encontros de ronda são um espaço muito adequado para distribuir anúncios acerca dos eventos que terão lugar futuramente na comunidade, circular petições e convocar voluntários para participarem de projetos de ação. Importante assinalar que esses encontros também oferecem uma oportunidade para que os moradores e os policiais que trabalham na área, e que provavelmente atenderão às suas chamadas, fiquem frente a frente e tornem-se próximos

A cidade investe muitos esforços para atrair os moradores para os encontros mensais. Os policiais do distrito distribuem panfletos e afixam cartazes nas entradas de lojas e edifícios de apartamentos. Os policiais do distrito que trabalham nos escritórios de relações com a vizinhança encorajam as organizações a se envolver e enviam seus membros para as reuniões, e mantêm listas de correio a partir dos dados que os moradores que comparecem às reuniões fornecem. Um distrito conseguiu colocar mapas dos encontros da ronda e uma relação das reuniões futuras afixados nas partes superiores das caixas de pizza distribuídas em sua área. Rondas com baixo comparecimento muitas vezes doam detectores de fumaça e equipamento anticrime no encerramento dos seus encontros, como uma maneira de recompensar os participantes.

Numa tentativa de atingir, de forma mais eficaz, a crescente população latina de Chicago, o Departamento de Polícia colocou em circulação, a partir de 2002, horários e mapas em espanhol e em inglês de reuniões das rondas em centenas de igrejas católicas. Ocasionalmente, os alunos de escolas primárias levam para casa anúncios dos encontros comunitários das rondas. Os moradores que têm acesso a computador podem checar os horários da sua ronda pela internet. Os dois canais de televisão a cabo da cidade apresentam, semanalmente, um novo *infomercial* de 15 minutos de duração, chamado *Crime Watch*, que destaca as "histórias de sucesso" de bairros e conclama os espectadores a "estar junto com a ronda" e a assistir aos encontros. Além disso, cerca de 40 organizadores comunitários montaram um escritório para a implementação do Caps, que está encarregado de estimular o comparecimento a encontros, marchas, reuniões e discussões de projetos voltados para a solução de problemas. Eles vão de porta em porta, em áreas selecionadas, tentando formar clubes de quarteirão e encorajar os moradores a tomarem parte dos encontros de ronda.

Os encontros de ronda constituem um dos aspectos mais distintivos do programa de policiamento comunitário de Chicago, atraindo a atenção de observadores de todo o mundo que para lá se dirigem para ver como ele funciona. O que se constata é que as taxas de comparecimento aos encontros geralmente são as mais elevadas nas rondas que necessitam que a maioria apóie. Uma crença inicial era de que o comparecimento aos encontros de ronda e o estabelecimento de alianças com a polícia seriam mais frequentes em áreas da cidade com população em melhores condições financeiras, branca e proprietária das casas, mas algo muito difícil de ser alcançado em outros lugares. Contudo, os encontros de ronda, e sobretudo os Caps, são bem mais conhecidos e contam com um maior comparecimento nos bairros habitados predominantemente por afro-americanos.

Pesquisas indicam que cerca de 80% dos moradores de Chicago conhecem o programa de policiamento comunitário da cidade e 60% sabem da existência dos encontros de ronda de vizinhança, e que essa consciência é mais elevada entre os afro-americanos. Seu entusiasmo pelo programa pode ser considerado, ao mesmo tempo, positivo e negativo, uma vez que as taxas de comparecimento às reuniões de ronda são determinadas principalmente pela preocupação com crimes violentos, desordem social, venda de drogas nas ruas e outros problemas de bairro. O resultado disso é que a frequência é mais alta nos bairros mais pobres, mais desorganizados e com as taxas de criminalidade mais elevadas da cidade.

Um segundo aspecto comum dos departamentos de policiamento comunitário é que eles buscam tentar descentralizar a responsabilidade e a autoridade. As estratégias de descentralização são em parte gerenciais e em parte operacionais. Em termos de gerência, muitos departamentos procuram delegar mais responsabilidade, na identificação e na resposta a problemas crônicos de criminalidade e desordem, a comandantes distritais de nível intermediário. Isso obrigou-os a procurar estruturar e gerenciar a descentralização de maneira que os funcionários de nível intermediário sejam responsáveis pelas medidas a serem tomadas. Aqui, o policiamento comunitário cruza com outro movimento presente no policiamento, direcionado a uma cultura de avaliação sistemática de desempenho e de responsabilidade gerencial.

Ao mesmo tempo, muitas vezes delega-se mais responsabilidade para identificar e responder a problemas comunitários a policiais membros de patrulhas e a seus sargentos, que são estimulados a tomar a iniciativa em encontrar caminhos para lidar com um amplo espectro de problemas, específicos das comunidades a que servem. A descentralização, juntamente com um comprometimento com a consulta e com o engajamento das comunidades locais, permite que a polícia responda aos problemas que são relevantes para comunidades específicas, e isso legitima que se tenha uma determinada prioridade em uma parte da cidade, e que sejam alocados recursos de outra maneira, para outras áreas.

Chicago reorganizou completamente o trabalho de sua divisão de patrulhamento a fim de apoiar o policiamento comunitário. O departamento formou equipes de policiais com responsabilidade pelas 279 equipes de rondas da cidade. Cada equipe é constituída por nove policiais — aproximadamente o número necessário para dar conta do serviço o dia inteiro, todos os dias —, mais um sargento, que é destacado para coordenar suas atividades. O sistema 911 foi reconfigurado para concentrar suas atividades na ronda que lhe foi atribuída, o que significou a reestruturação efetiva do trabalho diário de milhares de oficiais de patrulha. O sistema prioriza o desempenho específico da tarefa, de modo que os policiais são mantidos fazendo ronda cerca de 70% do tempo, sobrando algum tempo "não comprometido" para deixarem seus carros e assistirem às reuniões e conversar com moradores, comerciantes e síndicos de edifícios. As chamadas para as suas rondas que eles não podem responder são encaminhadas para os carros de resposta rápida, o que compensa essa deficiência.

O objetivo de se garantir o comprometimento do público foi diretamente apoiado por essa descentralização operacional. Os carros da ronda são identificáveis por seu número de ronda, que é colocado no topo do veículo, e eles se tornaram muito familiares para os moradores locais. Os membros da equipe comparecem regularmente aos encontros em "suas" rondas. Eles exibem um senso de propriedade do local que não existia antes das equipes terem sido constituídas. Os moradores se queixam quando não veem os "seus" policiais da ronda por perto, um sentimento recíproco de propriedade que certamente não existia antes dos Caps. A equipe inteira reúne-se de três em três meses para discutir prioridades e estratégias.

Uma das tarefas a eles confiada é trabalhar com os problemas prioritários da sua ronda. Sob o olhar atento do sargento, cada equipe mantém uma lista de três problemas prioritários que foram identificados com base nos relatórios criminais e nas chamadas 911, nas queixas verbalizadas nos encontros de ronda e em suas próprias observações das rondas que lhes são atribuídas. Eles criam um esboço de plano de ronda para cada uma, que descreve a natureza do problema e registra as principais ações tomadas para combatê-lo. O esboço do plano segue a pista dos crimes denunciados e das chamadas

911 referentes ao problema. Tudo isso é mantido online, podendo ser revisto pelo respectivo sargento e pelo chefe da ronda, o "tenente Caps". O tenente Caps do distrito deve aprovar cada plano e tem de dar uma segunda aprovação mais tarde, no final, quando o problema estiver sob controle. Esses planos fornecem uma importante contribuição à montagem dos planos de nível distrital, de modo que os gerentes sêniores, que atuam nesse nível, também os reveem regularmente. Um estudo de campo feito em 2002 sobre o que acontecera com uma amostragem de 68 planos de ronda constatou que, em um ano, cerca da metade deles foi levada adiante com sucesso. Uma vez que a definição de "problema" dada pelo departamento determina que ele não pode ser resolvido pelas rotinas regulares do trabalho de patrulha, esse feito é realmente muito significativo.

Um terceiro aspecto de muitos departamentos de policiamento comunitário é que eles adotam uma orientação bem ampla para a solução de problemas em boa parte dos trabalhos que realizam. A solução de problemas é uma estratégia organizacional. A solução dos problemas do policiamento comunitário envolve o público ao identificar e priorizar uma extensa gama de condições crônicas do bairro, e isso pode envolver o público na resolução deles. Os departamentos policiais envolvidos quer com o policiamento comuitário, quer com a solução dos problemas também constatam que devem perseguir uma variedade muito maior de questões do que faziam antes. Essa é uma das consequências de eles terem se aberto para o público. Nos encontros comunitários, os moradores não se queixam apenas de roubos, mas também de edifícios construídos precariamente, barulho e de pessoas que consertam seus carros nas ruas. Se os policiais respondem que "isso não é responsabilidade nossa" e tentam passar para outros assuntos, ninguém comparecerá ao encontro seguinte.

Como resultado, eles precisam formar parcerias com outras agências governamentais, que podem ajudá-los, uma vez que lixo amontoado e ratos na rua podem ser uma questão importante para os moradores, mas a polícia não está organizada para providenciar a limpeza. Seus parceiros incluem, frequentemente, as burocracias responsáveis por saúde, alojamento e mesmo pela iluminação pública. O policiamento comunitário também envolve o público na solução dos problemas. Os moradores de determinado bairro podem grafitar muros, levar seus cachorros para passear em áreas frequentadas por prostitutas e promover vigílias de oração no meio da venda de drogas de rua.

A resolução do problema é um dos componentes-chave dos Caps. Em Chicago, um "problema" é definido como "um conjunto de incidentes relacionados ou uma situação em andamento que traz preocupação a uma parcela significativa daqueles que vivem ou trabalham numa determinada área". Os elos entre incidentes podem surgir porque eles compartilham vítimas, infratores ou métodos de operação em comum, mas em sua maioria são definidos por sua concentração em locais específicos. Os problemas também são persistentes. Dificilmente desaparecem sem uma intervenção de algum peso, porque geralmente sobrevivem aos esforços rotineiros empreendidos pela polícia para resolvê-los. Porque são persistentes, os incidentes repetidos provavelmente compartilham causas comuns. Assim, lidar com essas fontes subjacentes pode prevenir problemas futuros.

É igualmente importante que os problemas possam ser potencialmente resolvidos usando os recursos que a polícia e a comunidade podem reunir para enfrentá-los; eles não podem tratar dos problemas mais vastos da sociedade no nível da ronda. Finalmente, embora enfrentar o crime continue no cerne da missão policial, os problemas podem abranger uma ampla gama de preocupações da comunidade. Eles variam do barulho à condição de dilapidação de muitos dos edifícios para aluguel mais antigos da cidade, e incluem uma quantidade de desordens sociais, reduções orçamentárias com serviços municipais e um amplo leque de assuntos ligados ao cumprimento dos regulamentos.

A polícia de Chicago e milhares de moradores foram treinados para responder a problemas locais recorrendo a um processo de cinco etapas. Eles receberam treinamento para identificar problemas e priorizá-los, e então analisá-los, mediante a reunião de dados sobre infratores, vítimas e locais de crimes. Posteriormente, tiveram de planejar estratégias que deviam lidar com o caráter crônico dos problemas prioritários. Eles são estimulados a "pensar fora da caixa" das tradicionais táticas policiais de coerção e a usar novas ferramentas que foram desenvolvidas para apoiar os esforços voltados para a solução dos problemas. O modelo de Chicago também reconhece um estágio durante o qual a comunidade, a polícia e outros órgãos da administração municipal implementam estratégias. Isso enfatiza as habilidades e os esforços especiais requeridos para efetivamente colocar os planos em ação. Finalmente, a polícia e os moradores têm de avaliar sua própria eficácia, estimando o quanto eles implementaram satisfatoriamente o seu plano.

A participação do público na solução do problema está bastante difundida. Os moradores estão envolvidos sobretudo na limpeza de pichações durante os fins de semana e em campanhas de "ócio positivo", que procuram retirar prostitutas das ruas e coibir o beber em público. O prefeito da cidade lidera, quase todos os sábados de manhã, uma marcha do Caps cuja motivação é promover a retomada do bairro pelos moradores. Uma pesquisa realizada junto a participantes dos encontros de ronda constatou que 53% deles declararam estar envolvidos em um ou mais projetos de solução de problemas relacionados ao Caps ou então levam os problemas à consideração dos conselheiros municipais. Outros grupos patrocinam patrulhas de bairro, que o Departamento de Polícia oficialmente não apóia por causa do risco de ações judiciais; 20% dos participantes dos encontros de ronda afirmaram tomar parte ativa nelas. Todo esse ativismo era mais frequente nas partes da cidade predominantemente afro-americanas, onde as taxas de criminalidade são mais elevadas.

As parcerias com as agências são outro aspecto-chave de um programa efetivo. Em cidades onde o policiamento comunitário é o programa adotado pelo Departamento de Polícia, a solução de problemas geralmente tem a ver apenas com uma gama estreita de questões, e não com a ampla variedade de problemas que o Caps encara. Em Chicago, o Caps é o programa da cidade, e todos os órgãos importantes da administração municipal estão empreendendo esforços para apoiar a solução de problemas nas rondas e no nível distrital. O escritório de implementação do Caps garante a coordenação interagências necessária para abordar os problemas mais significativos. O escritório do procurador municipal e uma força-tarefa de inspeção, formada por diversos órgãos municipais, apóiam os esforços do distrito para combater as gangues e os locais de venda e consumo de drogas, recorrendo aos códigos de moradia, incêndio e de sáude, no intuito de forçar os proprietários de imóveis a tomarem a atitude adequada.

O policiamento comunitário ao estilo de Chicago envolve, portanto, todos os principais elementos desse modelo de policiamento. Pretendeu-se que ele fosse transformacional, isto é, que mudasse a maneira pela qual todo o Departamento de Polícia e mesmo o governo da cidade, e não apenas as unidades especiais, desenvolviam suas atividades. Ele insere a responsibilidade para a solução do problema nas rotinas diárias dos policiais da ronda e as integra ao tecido da comunidade. Ele criou um mecanismo mediante o qual o público pode influenciar e monitorar o trabalho dos policiais em seu bairro, fazendo isso de um modo construtivo e colaborativo. E, provavelmente, veio para ficar. Imensamente popular junto ao público, o policiamento comunitário tornou-se o caminho rotineiro pelo qual os habitantes de Chicago esperam que os serviços policiais sejam prestados, o que confere ao programa o apoio político de que necessita, para sobreviver aos cortes orçamentários e às mudanças na administração.

Este livro foi impresso nas oficinas gráficas da Editora Vozes Ltda.,
Rua Frei Luís, 100 – Petrópolis, RJ,
com papel fornecido pelo editor.